Fichte

TEXTE ZUR KUNST
WWW.TEXTEZURKUNST.DE
NEW!
ENGLISH
SECTION

Titelabbildung: *these.null*
»Das imaginäre Werk Hubert Fichtes«

Buchhandel mit Ambiente
kompetent
modern
entspannt
cohen
+
dobernigg
Illu: Larissa Bertonasco

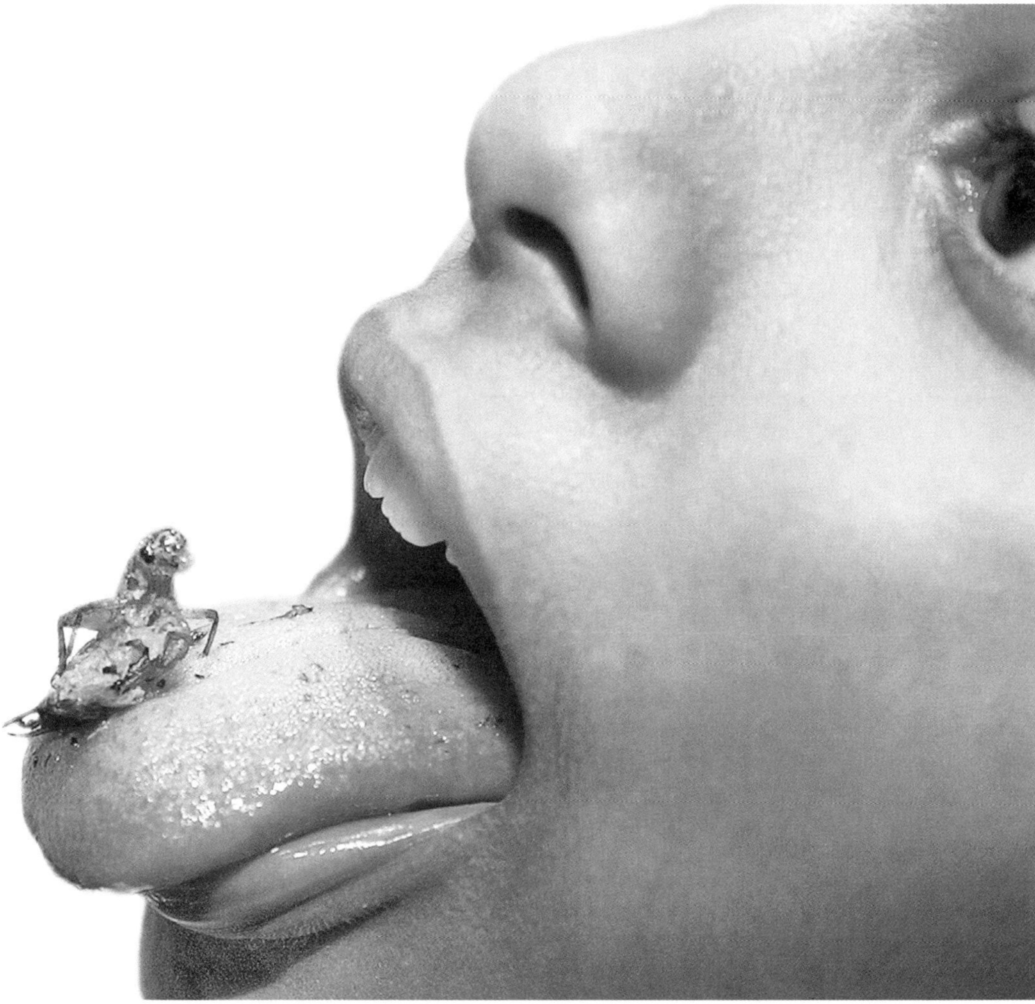

Leo Leowald, 2006

Kultur & Gespenster
Ausgabe 1, Sommer 2006

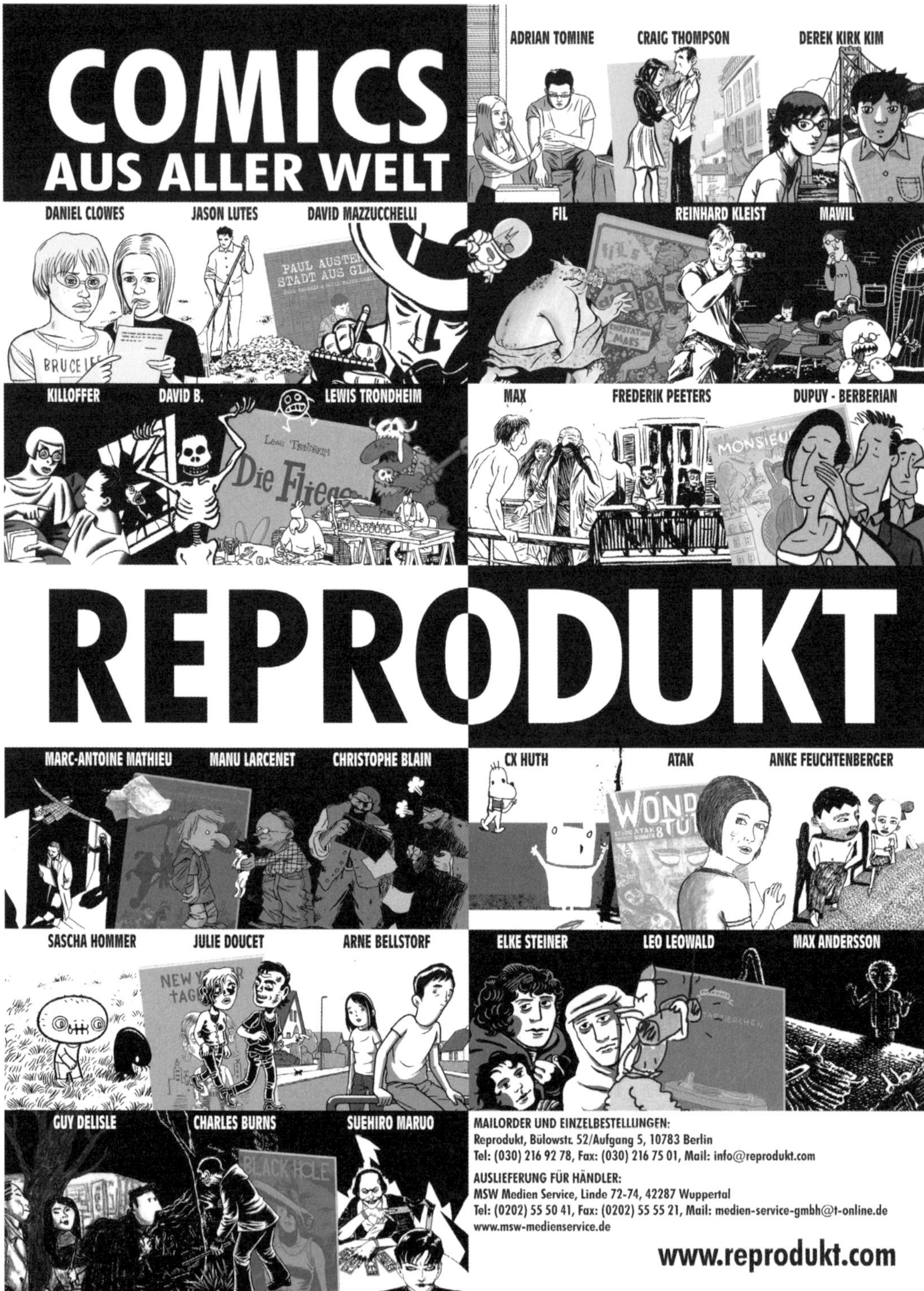
COMICS
AUS ALLER WELT
ADRIAN TOMINE
CRAIG THOMPSON
DEREK KIRK KIM
DANIEL CLOWES
JASON LUTES
DAVID MAZZUCCHELLI
FIL
REINHARD KLEIST
MAWIL
KILLOFFER
DAVID B.
LEWIS TRONDHEIM
MAX
FREDERIK PEETERS
DUPUY - BERBERIAN
REPRODUKT
MARC-ANTOINE MATHIEU
MANU LARCENET
CHRISTOPHE BLAIN
CX HUTH
ATAK
ANKE FEUCHTENBERGER
SASCHA HOMMER
JULIE DOUCET
ARNE BELLSTORF
ELKE STEINER
LEO LEOWALD
MAX ANDERSSON
GUY DELISLE
CHARLES BURNS
SUEHIRO MARUO
MAILORDER UND EINZELBESTELLUNGEN:
Reprodukt, Bülowstr. 52/Aufgang 5, 10783 Berlin
Tel: (030) 216 92 78, Fax: (030) 216 75 01, Mail: info@reprodukt.com
AUSLIEFERUNG FÜR HÄNDLER:
MSW Medien Service, Linde 72-74, 42287 Wuppertal
Tel: (0202) 55 50 41, Fax: (0202) 55 55 21, Mail: medien-service-gmbh@t-online.de
www.msw-medienservice.de
www.reprodukt.com

Kultur schwappte Mitte des 17. Jahrhunderts in den deutschen Wortschatz und bedeutete zunächst Pflege. Gespenster kommt vom althochdeutschen Wort »gispanst« für Lockung. Mit der Losung »Locken und Pflegen« ist KULTUR & GESPENSTER nicht nur als ernst zu nehmender Ratgeber für alle kulturellen Verlockungen – von denen man noch nicht weiß, wohin sie einen führen – zu verstehen, sondern fungiert auch als Fachmagazin des Hair-Entertainments im Sinne von: »Was Friseure können, können nur Friseure.« Die beiden nur willkürlich trennbaren Komponenten »Locken und Pflegen« werden wir in Zukunft vierteljährlich für Sie übernehmen. Gegen einen geringen Eigenanteil auch Föhnen, Pediküre, Maniküre – Sie wissen schon, das ganze Programm eben. Und während Sie unter unserer Föhnhaube so dasitzen, bietet der Themenschwerpunkt dieser ersten Ausgabe Texte zum Hamburger Schriftsteller Hubert Fichte. Wir haben Autoren und Künstler eingeladen, Impulse seines Schreibens, aber auch Impulse ihrer Auseinandersetzung mit seinem Werk und seiner Person zu thematisieren.

Die folgenden Ausgaben beschäftigen sich – in ihren Dossiers – mit dem Interview als Form (Nr. 2 »Unter vier Augen«, Oktober 2006), dem Dokumentarismus in Film, Literatur und Kunst (Nr. 3, Januar 2007) und dem Schriftsteller Georges-Arthur Goldschmidt (Nr. 4, April 2007). KULTUR & GESPENSTER präsentiert sich somit als Laufmappe und Katalog gegenwärtiger ästhetischer Praxis und Theorie.

Die Redaktion

bbooksz av präsentiert
mit sabine timoteo, aljoscha weskott,
annika blendl, lennie burmeister, esther bus
mario mentrup, tamer yigit, lars eidinger,
andreas köss, michael sideris,
claudia basrawi, penelope georgiou, soph huber,
susanne sachsse, laura tonke, bastian tro
AFTER
EFFECT
ein film von stephan geene und
volker sattel [kamera], jonas schmager,
manuel kinzer [licht], regina dold,
katia fouquet, florian gass [ausstattung],
claudia rössler [kostüm], mel n. meyer [maske],
garip özdem, nicolas siepen [ton],
william wheeler [effekte], ulrike müller [casting],
mirjam thomann [aufnahmeleitung],
esther buss, julia lee [produktionsleitung]

bernhard bianca landkleidung 06

DER SICH ENTFREMDETE GEIST
DIE BILDUNG

AUSWEITUNG DER TANZZONE

Von Ralf Schulte

In einer Februarnacht des Jahres 1926 ruft der Berliner Theaterregisseur Max Reinhardt bei Harry Graf Kessler an. Er bittet ihn zum Pariser Platz in das Haus des Autors Vollmoeller. Josephine Baker sei da, und nun sollten »fabelhafte Dinge« gemacht werden. Gegen ein Uhr trifft Kessler dort ein und findet die Herren mit »einem halben Dutzend nackter Mädchen«, darunter auch »Miss Baker, ebenfalls bis auf einen rosa Mullschurz völlig nackt, und die kleine Landshoff … als Junge im Smoking«.

Die Überlieferung dieser Schlüsselszene in der Karriere Josepine Bakers verdanken wir den Tagebüchern Kesslers. Es sind bereits viele Komponenten der Baker-Mythologie darin enthalten: Exotik, Erotik, Expressionismus. Schlüsselszene auch, weil Josephine Baker das Angebot Max Reinhardts kurze Zeit später ablehnen wird, der die 19-Jährige ans Deutsche Theater holen möchte. Sie entscheidet sich für Paris und das Varieté-Theater Folies-Bergère. Und Schlüsselszene, weil die Episode in keiner biografischen Skizze fehlen darf. Durch ihre wiederholte Darstellung wurde sie selbst eine Keimzelle der Legende.

Am Pariser Platz befinden wir uns in gediegenem Ambiente, sozusagen im Salon des mythologischen Baker-Anwesens. Die Wahrnehmung ihres Körpers wird durch die humanistische Bildung Reinhardts und Kesslers angetrieben und gelenkt. »So müssen die Tänzerinnen Salomos oder Tut-ench-Amuns getanzt haben«, notiert dieser und stellt sich ein Ballett vor, Salomo nackt, Sulamith im Smoking, zu einer Musik »halb Jazz und halb orientalisch, vielleicht von Richard Strauss komponiert«.

Bei einer Art Audition für dieses Projekt umtanzt Josephine Baker wenige Tage später in Kesslers Bibliothek die Skulptur einer hockenden Frau, vor einer Tafelrunde geladener Gäste. Kessler schreibt: »Dann machte sie einige Bewegungen, stark und ausdrucksvoll grotesk, vor der großen Maillol-Figur. Offenbar setzte sie sich mit dieser auseinander; sah sie lange an, sprach mit ihr, sichtbar beunruhigt von der ungeheuren Starre und Wucht des Ausdrucks, tanzte um sie herum wie eine kindlich spielende, über sich selbst und ihre Göttin sich lustig machende Priesterin. Man sah: der Maillol war für sie viel interessanter und lebendiger als die Menschen, als Max Reinhardt, Vollmoeller, Harden, ich. Genie (denn sie ist ein Genie der Grotesk-Bewegung) sprach zu Genie. Dann brach sie plötzlich ab und tanzte ihre Negertänze und Karikaturen von allerlei Bewegungen.«

Harry Graf Kesslers Schilderung konserviert den ethnologischen Blick der Berliner Gesellschaft, der einer nackten dunkelhäutigen Tänzerin folgt, voller Unverständnis und voller Bereitschaft, den leeren Raum zwischen Baker und Berlin mit Bedeutung zu füllen. »Ultramodern und ultraprimitiv« findet Kessler Miss Baker. »Ein bezauberndes Wesen, aber fast ganz unerotisch«, notiert er. »Man denkt bei ihr an Erotik ebenso wenig wie bei einem schönen Raubtier.«[1]

Metamorphosen

An Tiervergleichen fehlt es nicht. Das Publikum, dem sonst Afrikaner, Cowboys und Indianer bei Völkerschauen und Kolonialausstellungen im Zirkus oder Tierpark präsentiert werden, bedient sich wahllos beim zoologischen Vokabular. Es demonstriert darin – wie mit der vorgeblichen Abwesenheit von Erotik – einen Mangel an Praxis. Josephine Bakers steilen Aufstieg behindert das nicht. Innerhalb kürzester Zeit wird sie zum Star aller Bühnen. Revue- und Theaterkarriere stehen ihr offen. Berlin und Paris. Sie wird mit Geschenken überhäuft und ist das einzige Mitglied ihres Ensembles, das einen Vertrag für die Folies-Bergère erhält – also in Europa bleiben kann. Sie ist das Symbol des Jazz-Zeitalters und der neuen Frau. Sie wird ein Vorbild an weltbürgerlichem Engagement, ihre Karriere bestaunt als aschenputtelhafter Aufstieg aus dem Nichts. Zwischen den grimasseschneidenden Gesichtern, die die 19- oder 20-Jährige ablichten lässt, und den wogenden Stolen

1 Harry Graf Kessler, *Tagebücher 1918–1937*, Frankfurt am Main 1961, S. 455

der alternden Diva stehen Anpassung, Kampf um Anerkennung, Ablehnung, Trotz, Idealismus. Im kollektiven Bildergedächtnis erscheint zuerst das Foto der jungen Wilden im Bananenrock, schielend unter Verrenkungen. 1969 geht ein Foto um die Welt, das die Baker im Moment der Niederlage zeigt: auf der Hintertreppe ihres Schlosses »Les Milandes« in der Dordogne. Nach vergeblichen Rettungsbemühungen räumt sie ihr Anwesen. Barfuß, krank, verlassen. Die Männer im Vordergrund, deren breite Rücken man nur sieht, sind Vollstrecker eines unerbittlichen bürgerlichen Rechts, das sich um Bakers karitative Motive als Adoptivmutter von zwölf Kindern nicht schert. Wer darüber berichtet, muss hinzufügen, dass Baker die Fotoreporter selbst bestellt hat.

Mehrfach hat Josephine Baker autobiografische Texte verfasst oder an der Entstehung von Biografien mitgewirkt, die erste erscheint 1927. Die 20-Jährige spricht dem Journalisten Marcel Sauvage ihr bewegtes Leben in den Block, distanzlos und umso direkter. Oft fällt es schwer, ihren Schilderungen zu glauben. Baker versteht es durchaus, die Definitionsmacht über ihre Lebensgeschichte auszuüben, allerdings gleitet das Ergebnis gelegentlich ins Triviale. »Die starke Tendenz, ihr Leben als Metapher sehen zu wollen«[2], gibt ihren Schilderungen trügerische Strukturen. Zudem hat sie nicht lange eine Schule besucht. Ein Biograf ist verblüfft, dass Baker nicht einmal mit ihren Klischees komplett übereinstimmt.[3] In dieser Art Enttäuschung verrät sich ein auf die Codes von Vorder- und Hintergrund fixiertes Deutungsverfahren. Selbst Adorno, der diese Disziplin beherrschte, gestand der Kulturindustrietheorie poröse Stellen zu: »Verdinglichung als Selbstverständlichkeit schlägt in Amerika zuweilen ohne Zwang in den Schein von Humanität und Nähe um, und er ist nicht nur Schein.«[4] Die zweite Natur rückt zur ersten auf, wenn man die erste genug infrage stellt. Aber der Regress dieses Gedankens ist programmiert.

Vielleicht hat Josephine Baker es einfach als komfortabel empfunden, mit ihrem öffentlichen Bild so gut es ging zu verschmelzen – nur die Ikonen verschmelzen nicht: Das Prädikat »Jazz-Cleopatra« bezieht sich auf die 20er Jahre und ist für die 60-jährige Queer-Queen eine ebenso wenig zutreffende Metapher, wie die junge Tänzerin eine prätentiöse Diva war. Die junge Josephine Baker steht für etwas, das die reife Chansonette nicht einlösen möchte. Ihr politisches Engagement zur Zeit der Besetzung Frankreichs befreit sie vom leichten, womöglich enttäuschenden, Dasein der Tänzerin. Tanzen ist nicht ihr Ziel. Sie möchte etwas tun. Baker hat ihrem Publikum Ausblicke aus seinem kulturellen Kontinuum geboten, und dann glaubhaft versichert, draußen sei alles Showbiz und Fassade. Brauchbar immerhin, um die Erlöse ihren guten Zwecken zuzuführen.

Ein Prototyp aus USA

Winter in der Industriestadt St. Louis. Josephine tanzt im Keller gegen die Kälte. Auf einer winzigen Bühne erscheint sie in abgelegten Kleidern der Erwachsenen, High-Heels, der Vorhang aus Stoffresten, am Rand der kleinen Bühne Kerzen auf Konservendosen, die das Geschehen beleuchten. Jeden Abend Vorstellungen für die Kinder der Nachbarschaft.

Die Familie ihrer Mutter war nach der Sklavenbefreiung aus den Südstaaten in die Städte des Nordens gezogen. Josephines Vater soll Spanier gewesen sein. Weder weißer noch schwärzer wolle sie sein, erklärt sie. Aber Mischlinge erleiden Gemeinheiten von beiden Seiten des Spektrums. Der Direktor der Folies-Bergère hat später überliefert, Josephine Baker habe ihre Haut mit Zitronensaft eingerieben, in der Hoffnung, sie aufzuhellen. Die Verleugnung ihrer Herkunft wäre angesichts ihrer Wirkung in Europa ein eher paradoxes Verhalten gewesen. Die afroamerikanischen Traditionen des Verkleidens und Maskierens legen deshalb andere Deutungen nahe. Sie sind »Ausdruck der Freiheit, die eigene Identität neu zu erfinden und Ausdruck der sprichwörtlichen *Lust,* die Amerikaner schon immer daran haben, Erwartungen provokativ zu

2 Phyllis Rose, *Josephine Baker oder Wie eine Frau die Welt erobert*, Wien/Darmstadt 1990, S. 359

3 Dieter Kühn, »Aus der öffentlichen Biografie der Josephine Baker«, Frankfurt am Main 1976, S. 120 f.

4 Theodor W. Adorno, »Leichte Musik«, in: *Einleitung in die Musiksoziologie*, Frankfurt am Main 1981, S. 52

enttäuschen«.[5] Baker arbeitet an ihrer Corporate Identity. Sie glättet ihre Haare und trägt – mit »Bakerfix« – zum Pomade-Hype der 20er Jahre maßgeblich bei. Für ihr Selbstverständnis als Afroamerikanerin lassen sich identitätsstiftende Ereignisse herbeizitieren: Sie hatte 1917 in St. Louis – mit elf – Angriffe der weißen Bevölkerung auf die Viertel der Schwarzen erlebt, bei denen Dutzende Menschen ermordet und Tausende obdachlos wurden. Später begann sie ihre Lebenserzählung mit dieser Erinnerung. Ihr politisches Engagement beginnt im Zweiten Weltkrieg als Agentin für Charles de Gaulles antifaschistischen Widerstand, und sie gibt es nach dem Krieg nicht auf, sondern widmet sich ihrer adoptierten »Regenbogenfamilie« von Kindern aus aller Welt sowie der Bürgerrechtsbewegung. Als erste schwarze Künstlerin setzt sie 1951 in Miami Verträge durch, die die Möglichkeit eines gemischten Publikums fordern. Sie reagiert empfindlich auf Rassendiskriminierung. Symbolischer Höhepunkt ihres Engagements ist ihre Teilnahme am Marsch auf Washington 1963 an der Seite Martin Luther Kings.

In den 20er Jahren verkörpert Baker für die Europäer ein Fantasie-Amerika wie später für die Amerikaner ein Fantasie-Europa.[6] In der alten Welt ist Josephine Baker der Prototyp einer dunkelhäutigen Künstlerin. Begegnungen mit Afroamerikanern und Afrikanern in größerer Zahl hatten erstmals im Krieg stattgefunden. Viele blieben in Europa, denn im Vergleich zu den amerikanischen Provinzen war Paris ein permissives Pflaster. Als Künstler werden Schwarze geduldet. Im rauen Alltag hört der Spaß allerdings auf. Bei der französischen Besetzung des Rheinlands kommt es 1923 wegen des Einsatzes kolonial-afrikanischer Truppen zu einer internationalen Krise. Das Reichskolonialamt erklärt, die Franzosen gefährdeten die europäische Zivilisation. Die Proteste gegen den »schwarzen Horror am Rhein« werden auch von dem englischen Radikalen Morel geschürt, der sich gegen das Eindringen von »Barbaren … mit ungeheurem Sexualtrieb … in das Herz Europas« wendet. In Schweden unterschreiben 50 000 Frauen eine entsprechende Petition.[7] Es ist die Spezialität der Unterhaltungsindustrie, Emotionen für sich arbeiten zu lassen, vernachlässigte Bewusstseinsströme und mentale Nebenschauplätze hervorzukitzeln. Revueplakate zeigen die Illustration Josephine Bakers zwischen dunkelhäutigen Männergestalten wie Primaten im Smoking – diese Ästhetik müssen die Nationalsozialisten für das Plakat »Entartete Musik« nicht erfinden, sondern nur in entwürdigender Absicht umdeuten. Die *Revue nègre,* mit der Baker in Berlin gastiert, war in Paris komplett für den europäischen Geschmack umarrangiert worden: das heißt exotischer und erotischer. Um die Illusion von Wildheit und Urwald wirkungsvoll umzusetzen, fügten die Verantwortlichen unter anderem eine Schlussszene hinzu: *Danse sauvage,* den »wilden«, »barbarischen« Tanz, eine anspielungsreiche, klischeetriefende Urwaldszene als Duo für die halbnackte Baker und ihren männlichen Partner Joe Alex aus Martinique. Bakers Markenzeichen, der Bananenrock, entstammt einer im Jahr darauf folgenden Revue der Folies-Bergère, die die kolonialen Fantasien auf die Spitze treibt: Josephine als die Eingeborene *Fatou* klettert vom Baum und in das Leben eines weißen Forschungsreisenden. Ein exotisches Objekt der Begierde, fremd, verfügbar und zutraulich.

Das moderne Afrikabild der Europäer entsteht, seit die Weltausstellungen des 19. Jahrhunderts den Daheimgebliebenen die Ressourcen, die Riten und die Lebensweise der fremden »Rassen« als Trophäen des Kolonialismus vorführen. Künstler wie Picasso oder Matisse finden Inspiration durch Masken und Skulpturen afrikanischer Herkunft – noch heute werden die Ansprüche am kulturellen Erbe und die rechtmäßige Urheberschaft verhandelt. In der Sammlung von Stammesobjekten des Trocadéro macht Picasso wichtige Entdeckungen. Die imaginative Kraft der Objekte zwischen materieller und magischer Existenz vermengt sich mit der sinnlichen Wahrnehmung am Ort ihrer Betrachtung, einem schlecht belüfteteten Nebenflügel, mehr Lager-

5 Stanley Crouch, »Man In the Mirror«, in: Diedrich Diederichsen (Hg.), *Yo! Hermeneutics! Schwarze Kulturkritik. Pop, Medien, Feminismus,* Berlin 1993, S. 151. Crouch bezieht sich hier auf Michael Jackson.

6 Vergl. Rose, aao.: S. 285

7 ebd.: S. 173

Foto: Uli Strempel

als Ausstellungsplatz – »Es war ekelhaft … Ich wollte unbedingt raus. Ich brachte es nicht fertig. Ich blieb.«[8]

Eine symptomatische Mischung aus Faszination und Abwehr liegt auch im Interesse der Filmbranche, die einer dunkelhäutigen Frau sozialen Aufstieg nur innerhalb fester Muster zugesteht. In *Zouzou* darf Baker mit ihrem von Jean Gabin gespielten Partner nicht zusammenkommen. Schwarze Frau und weißer Mann sind schwer verkäuflich – schwarzer Mann und weiße Frau ohnehin.

Bei Bakers Europa-Tournee 1928 wendet sich der Xeno-Schauder in Aggression. Schon in den Folies-Bergère war sie Ziel ausländerfeindlicher und kulturpatriotischer Proteste gewesen. Das macht auf sie durchaus Eindruck. Sie ist überzeugt, dass Rassenkonflikte mit Armut zu tun haben. In Wien muss die *Revue nègre* wegen rechter Proteste in einen kleineren Saal ausweichen. Bei Bakers Ankunft in der Stadt läuten die Glocken. Die katholische Kirche warnt die Gläubigen vor ihrem Anblick, Bußgottesdienste für ihre Sünden inklusive. Längst werden die Emotionen öffentlich-rechtlich angefacht. Die Münchner Justiz verbietet eine Veranstaltung unter dem Vorwand, es sei Krawall zu befürchten und peinlich für die Polizei, die »Negerin vor dem Volkszorn schützen zu müssen«.[9]

Tanz die Signifikanz

Picasso überführt das Ultraprimitive ins Ultramoderne und gewinnt die beim Wechsel des Aggregatzustandes freiwerdende Energie. Auch Max Reinhardt ist von schwarzer Kunst zutiefst beeindruckt: »Die ausdrucksvolle, perfekte Körperbeherrschung, die Spontaneität der Bewegung, der Rhythmus, die farbige Gefühlsskala … Mit solcher Körperbeherrschung, solcher Pantomime glaube ich Emotion darstellen zu können, wie sie noch nie dargestellt wurde.«[10] Es gibt in den 20er Jahren neben Josephine Baker mindestens eine Aufsehen erregende Tänzerin, und die hat sich auf den Ausdruck elementarer Gefühle wie Leidenschaft und Trauer spezialisiert: Mary Wigman. Möglich, dass Max Reinhardt vor diesem Hintergrund auch Bakers Bewegungen als *Ausdruck von etwas* (anderem, Tieferem) liest.[11] Natürlich adelt die Beachtung durch Reinhardt Josephine Bakers Wahrnehmung über den Erfolg eines internationalen Revuestars hinaus. Ihr ungläubiger Einwand, sie sei nicht einmal schwarz, mag darauf zurückzuführen sein, dass ihr Erfolg von einer Exotik und von künstlerischer Bedeutung abhängt, die nicht mit ihrer Selbstwahrnehmung übereinstimmen. Traurige Einsicht in ein nützliches Missverständnis. Es bleibt ein ostinater Grundton, dass an ihr mehr sein müsse. Aber Josephine Baker ist lediglich ein – außergewöhnlicher – Revuestar.

Was macht Revuen so populär? »Das wichtigste Element – das auch in der Fantasie und in den Gelüsten des Publikums eine große Rolle spielt – ist die Zurschaustellung halbnackter weiblicher Körper.« In Deutschland und Frankreich hat man deshalb komplizierte juristische Vorschriften entworfen. »Die ständige Gefahr polizeilichen Eingreifens zur Durchsetzung dieser Vorschriften verstärkt die gattungsspezifische Faszination, die durch unverblümt pornografische Programmhefte sowie durch die schlüpfrigen Titel … zusätzlich gesteigert wird.«[12]

Immerhin hat sich die Zurschaustellung der dunklen Haut vom Tierpark Hagenbeck bis zum Nelson-Theater am Kurfürstendamm zu einer Bühnenkunst angereichert, die sich der Rezeptionsklischees bereits selbst bedient. Überhaupt versteht es Josephine Baker, die rassistischen Stereotype für ihre Zwecke einzusetzen. In ihre Selbstdefinition als Tänzerin hat sie die animalische Nackte integriert, und sie bedient die Fantasien ihres weißen Publikums gezielt. Sie zelebriert sich als Ergebnis der Projektion und macht sich zum schillernden Exponat, wenn sie mit einem Leoparden durch Paris spaziert. Der heißt Chiquita. Auch der Bananenrock bleibt jahrelang Bestandteil der Programme, im Lauf der Zeit wird daraus eher eine Art Stachelschurz; ikonografisch mehr *Metropolis* als *Tarzan*.

Ob ihr Tanz Ausdruck von etwas ist oder Bewegung als Bewegung inszeniert, ist Gegenstand

8 vergl. ebd.: S. 185

9 vergl. ebd.: S. 69

10 ebd.: S. 125/126; vergl. Gumbrecht, aao., S. 253

11 Hans Ulrich Gumbrecht, *1926. Ein Jahr am Rand der Zeit*, Frankfurt am Main 2003, S. 257

12 ebd.: S. 217

der Interpretation ihrer Zeitgenossen. Die Grundlage ihrer Tanzkunst ist der Charleston, den sie durch Übertreibung, Komik und Akrobatik verfremdet. »Ein seltsamens Wesen betritt die Bühne«, schreibt ihr Ko-Biograf Marcel Sauvage (sic!). »In ungeheurer Eile läuft es mit krummen Knien umher ... eine unwahrscheinliche Mischung von Kaugummi, boxendem Känguru und Rennradler.«[13] Sie macht Faxen und Grimassen. Der Körper windet sich wie ein Saxofon, und die Musik scheint daraus zu entspringen. In der Eile kann man sie nicht identifizieren: Mann oder Frau, weiß oder schwarz, Mensch oder Tier, hat sie Haare, oder ist ihr Kopf bemalt? Sie läuft auf allen vieren. Sie konnte sich gehen lassen. Sie führte Bewegungen vor, die sich ohne Normübertritte nicht nachahmen ließen. Sie schien keine Hemmungen zu haben. Phyllis Rose führt Bakers Ausdrucksrepertoire auf afrikanische Traditionen zurück. Reste der kultischen Bräuche hatten sich in den Gottesdiensten der Schwarzen erhalten, die auch Josepine Baker besucht hat. Dort sind für Außenstehende unbeherrscht wirkende Bewegungen in hohem Grade Konventionen unterworfen. Wo den Schwarzen die Ausübung ihrer Religion untersagt war, verschmolzen ihre Riten mit denen der katholischen Kirche. In den karibischen synkretistischen Religionen übernehmen die christlichen Heiligen die Rolle der afrikanischen Gottheiten: Babalu Ayé wird Lazarus, und auch die Götter der Yoruba aus Nigeria wurden vom Heidnischen ins Christliche übersetzt.

Welt ohne Eigenschaften

Weder stammen Josephine Baker noch der Jazz aus Afrika. Dem Publikum scheint das egal zu sein. »Was macht das aus? Die Eingeborenen sind alle schwarz«, spottet Phyllis Rose. Die Unerschütterlichkeit der stereotypen Wahrnehmung kulminiert 1931 darin, dass Baker in Frankreich als »Königin der Kolonialausstellung« vorgesehen ist, bis den Veranstaltern klar wird, dass sie gar nicht aus einer Kolonie stammt.

In Deutschland wird die Ethno-Fiktion Baker ideologisch aufgeladen und der Jazz »zur Hoffnung einer Kultur, die von dem Gedanken besessen ist, sie habe den festen Boden unter sich verloren.«[14] Auch Harry Graf Kessler wird angesichts der »Negerrevue bei Nelson« von kulturellem Selbstzweifel gerührt: »Wir kommen im Vergleich dazu aus einer wohlumhegten ›guten Stube‹; ohne innere Spannung und daher ohne Stil: eine schlappe Bogensaite.«[15] Die Katastrophen des Krieges, die rapide Industrialisierung und Urbanisierung sind die Nährmedien. Der Jazz und Josephine Baker desorientieren die Kulturnation vollends, deren liebstes Selbstbild in hyperromantischen Geisterreichen verankert ist. Ein geniales Raubtier lässt die Erkenntnis reifen, eine Welt ohne Eigenschaften zu sein.

Die deutsche Intelligenz trägt einen Kampf um Kultur und Zivilisation aus. Kultur steht für Tiefe, Seele, organische Gemeinschaft und ursprüngliche Moral, während in den Begriff der Zivilisation Vorstellungen von einer geplanten, künstlichen, rationalisierten Gesellschaft eingehen. Die pejorative Rede vom »System« gehört in dieses Sprachbild. Alte und neue Welt werden auf die Pole verteilt. Zivilisation verhält sich der Kultur gegenüber defizitär, oberflächlich oder äußerlich. Städtisches Leben, Industrialisierung und Technisierung gefährden die organischen, natürlichen Lebensgrundlagen der Kultur. Zwar herrscht quasi Konsens, dass die alte Welt die überlegene Kultur besitzt, aber der Zweifel nagt, ob deren Immunsystem nicht schon labil ist. Mit zunehmendem Einfluss der USA durch Investitionen wächst seit 1924 die Furcht vorm »Untergang des Abendlandes«. Modernisierungseuphorie und -panik sind der Überbau der ökonomischen Gewinn- und Verlustrechnungen. »Es müssen hundert Proben vorhergegangen sein«, notiert der reaktionäre Komponist Hans Pfitzner nach dem Besuch einer Jazz-Veranstaltung. Eine »nach tausenden zählende und – zahlende Menge. Im verarmten Deutschland! Ernste Konzerte und Vorstellungen klassischer Opern sind meist leer.«[16]

13 Josephine Baker, *Ich tue was mir paßt. Vom Mississippi zu den Folies-Bergères*, Frankfurt am Main 1980, S. 13

14 Gumbrecht, aao., S. 160

15 vergl. ebd.: S. 255

16 Hans Pfitzner, »Die Ästhetik der musikalischen Impotenz. Ein Verwesungssymptom?«, *Gesammelte Schriften II*, Augsburg 1926, S. 116

Indem die Fronten verhärten, manifestiert sich der Kulturkampf als gesellschaftliche Realität. Die Grenze zwischen Magie und Räson ist fließend. Die Bilder sind suggestiv. Das kulturpolitische Trommeln wächst sich zu einer eigenen Trance aus. Pfitzner fühlt sich »in feindliche Gesellschaft geraten«. Der Jazz sei »ohne Seele, ohne Tiefe und Gehalt, fern vom Bereich des Schönen … Sensation, Betäubung, tönende Gemeinheit. Das Publikum ist geradezu fasziniert, beglückt von diesem seelenlosen amerikanischen Maschinismus …« Dass »alle Darbietungen … den Stempel der Vollkommenheit« tragen, gilt dabei keineswegs als Zeichen der Qualität, sondern als Indiz der Manipulation und einer Auslöschung des Subjekts im »musikalischen Ausdruck des Amerikanismus … Dieser tötet die Seele.«

Tatsächlich genießt Seele nicht mehr das größte Ansehen. In den *Musikblättern des Anbruch* proklamiert Paul Stefan 1925 seinen Jazz-Gedanken: »Auflehnung dumpfer Völkerinstinkte gegen eine Musik ohne Rhythmus. Abbild der Zeit: Chaos, Maschine, Lärm, höchste Steigerung der Extensität – Triumph des Geistes, der durch eine neue Melodie, neue Farbe spricht. Sieg der Ironie, der Unfeierlichkeit, Ingrimm der Höchstegüterwahrer. Überwindung biedermeierischer Verlogenheit, die noch allzu gerne mit Romantik verwechselt wird; Befreiung also von der ›Gemütlichkeit‹. Reichtum, Glück, Ahnung lichterer Musik.«[17]

Dies ist nur Musik; aber rhetorisch geht es um alles. Vorerst residiert Jazz in einer kognitiven Halbwelt zwischen Dschungel und Wolkenkratzer. Während »afrikanische« Ursprungs- und Echtheitssehnsüchte darauf projiziert werden, stammt er eigentlich aus den Slums der amerikanischen Großstädte und entsteht gerade in der Begegnung der Kulturen. Nach Europa gelangt er auf einem Umweg über jene Welt, deren Unterlegenheit das alte Europa beständig zu beweisen versucht. Darauf reagiert Theodor W. Adorno – auch einst Redakteur der *Musikblätter des Anbruch* – als er 1931 erleichtert »Abschied vom Jazz« nimmt: »Es ist nicht großstädtische Entartung, wurzellose Exotik, gewiß nicht, wie Arglose meinen, die Bizarrerie aufpeitschender oder greller Asphaltharmonien, die im Jazz sich darstellt und mit ihm verschwindet. So wenig er mit echter Negermusik zu tun hat, die hier längst industriell geglättet und gefälscht ward, so wenig wieder eignet ihm Destruktives und Bedrohliches.«[18] Adornos Weder-Noch ist eine scharfsichtige und in ihrer Zeit ziemlich einzigartige Einsicht in die verfeindeten Ideologeme seiner Zeitgenossen.

Crossover der Kolonialgeschichte

Josephine Baker stammte nicht aus den amerikanischen Südstaaten. St. Louis liegt nördlich des 38. Breitengrades wie Washington, Lissabon, Palermo oder Athen und fast auf Höhe des 40., wie New York, Madrid, Ankara. Zeitweise unter spanischer Kontrolle, hat die Stadt hauptsächlich französische Wurzeln. Seit 1803 gehörte sie zu den Vereinigten Staaten und war oft Ausgangspunkt für Trecks in den Westen. Von St. Louis, Missouri, zur Karibik gelangt man auf dem Mississippi. Richtung New York häufen sich kulturelle Barrieren. Paris, Frankreich, ist mehr in zeitlicher als in räumlicher Dimension wahrnehmbar. In der Fantasie lassen sich die Distanzen überwinden. Aber es kann nicht leicht gewesen sein, den Weg anzutreten, der Josephine Baker schließlich in die Bibliothek Harry Graf Kesslers beförderte. Die 19-Jährige betritt die europäische Bühne ohne zu ahnen, dass die Bretter der Folies-Bergère die Welt bedeuten könnten.

Keine harmlose Begegnung. Der Einwand, dass »alles Klischees« wären, rechnet die Wahrscheinlichkeit mutiger Welterschließung gegen null, um sich davon nicht normativ behelligen zu lassen. Josephine Baker spitzt die Konflikte nicht zu. Sie deeskaliert. Ihr Witz bringt sinnliche Gewissheit in die intellektuellen Windmühlenkämpfe. Ihr Charme unterwandert die Fronten. Auf Dutzenden von Bildern ist sie in Posen zu sehen. Sie verrenkt sich lasziv, aber komisch. Ein Finger senkt sich auf den Scheitel, als könnte sie sich an dieser Achse drehen. Als setze sie sich selbst mechanisch in Bewegung. Oft geht der Blick am Betrachter vorbei. Sie schielt und schneidet

17 Paul Stefan, »Jazz?«, in: *Musikblätter des Anbruch,* Wien 4/1925, S. 187

18 Theodor W. Adorno, »Abschied vom Jazz«, *Gesammelte Schriften XVIII,* Frankfurt am Main 1984, S. 795

Grimassen. Die Fotos scheinen immer wieder eine neue Josephine Baker zu zeigen. Dasselbe Gesicht – ein anderes Gesicht. Für sie persönlich ist das Schielen in die Kamera oder während ihrer freizügigen Tanzdarbietungen vielleicht ein Moment des Widerstandes. Sie verweigert die Annahme des auf sie gerichteten Blicks. Sie ironisiert die offensive Erotik, spielt mit ihrer sexuellen Ausstrahlung und schwächt deren Wirkung ab. Sie kanalisiert und zerstreut. Sie entkommt dem Blick des Betrachters, dem sie sich ausliefert. Sie negiert die theatralisch aufgeladene Situation und die sexuelle Attraktion mit ihren Gesichtern.

Durch die Geschwindigkeit ihrer Darbietung wird sie unfassbar. Josephine Baker führt etwas vor und entzieht es wieder. Sie hält dem Publikum sein Afrikabild entgegen und dementiert es zugleich. Baker habe gezeigt, dass das animalische Innere jedes Menschen nicht böse und wild, sondern komisch ist, hat Phyllis Rose optimistisch formuliert. Immerhin hat die improvisierende Körperkünstlerin ihrem europäischen Publikum die Möglichkeit einer rhythmischen Bewegung vorgeführt, deren Stabilität auf Flexibilität beruht. *You can be walking and falling at the same time.* Rückfälle ins Marschieren sind nicht auszuschließen, lassen sich aber zunehmend leichter erkennen.

Einst waren die Nachfahren von Christoph Kolumbus seinem Weg in die neue Welt gefolgt. »Hinter der Unendlichkeit des Meeres gibt es Küsten und die alten Fesseln hier sind schon ziemlich brüchig: das setzte die Realisierung von Wünschen frei … In der Entdeckung Amerikas war mitgesetzt die Entdeckung der eigenen Körper … Am Horizont erschien eine Erkenntnis: es gibt nur die Menschen und die Natur, nur dich unter vielen anderen und was ihr damit macht. Es gibt zwar noch Despoten, aber gottgewollt sind sie nicht. Ihre Macht ist begrenzt auf die Reichweite ihrer Armeen – das ist alles.«[19]

Falls wirklich Siedler in diesem Geist nach Amerika aufgebrochen sein sollten, sie raubten nebenbei im Laufe der Zeit 13 Millionen Menschen aus ihren afrikanischen Dörfern. Despoten, schon eigenen Rechts. Es wäre vielleicht eine schöne Pointe gewesen, dass die Nachfahren der Sklaven, als sie sich in die Gegenrichtung aufmachten, den Nachfahren der Sklaventreiber ein bisschen unheimlich waren.

Es ist nur so: Was hat Josephine Baker damit zu tun? ❑

19 Klaus Theweleit, *Männerphantasien 1*, Reinbek 1980, S. 318

»Im Grunde bin ich Ikonoklast«

Ein Gespräch mit Alexander Kluge über die Abbildungen in seinen Texten

Von Thomas von Steinaecker

Wie es sich für jemanden gehört, der in seinen Werken stets die »Produktionsöffentlichkeit« betont, steht Alexander Kluges Telefonnummer auf seiner Homepage. Am anderen Ende der Leitung sitzt dann nicht etwa eine viel beschäftigte Sekretärin, sondern es meldet sich dieselbe dünne Stimme mit »Kluge«, die man aus dem Off zahlloser Kulturmagazine kennt. Ebenso atemlos wie dort antwortet Kluge auf die Frage, ob er ein Interview über die Rolle der Fotografien in seinen Texten geben würde, es gehe um ein Dissertationsprojekt. Eigentlich sei schon alles fertig, nur die Verfahrensweise bei den diversen Fassungen seiner Bücher, in denen im Lauf der Zeit zum bloßen Text Fotos dazukamen und dann teilweise wieder herausgenommen wurden, die sei noch nicht klar ... Ja, Interview, gern, es könne zwar sein, dass er während des Gesprächs am anderen Apparat telefonieren müsse (man stellt sich in diesem Moment einen Schreibtisch mit Bücher- und Papierstapeln vor, Kluge in der Mitte, gleichzeitig mit drei künftigen Interviewpartnern redend – die dann tatsächlich innerhalb der nächsten Stunde anrufen werden – und nebenher noch seine Texte über mindestens 1000 Jahre deutsche Geschichte, das Universum und den 11. September schreibend), aber ja, bitte, die Fragen, jetzt. Im Folgenden wischt Kluge dann zwar hin und wieder mit einem Wort so manche über Monate ausgeklügelte literaturwissenschaftliche These zu den Fotos in seinem Werk einfach weg, weil er sich, wie auch schon in seinen Büchern und Filmen, als träumender Pragmatiker erweist und ihm manchmal ein Seitenumbruch wichtiger erscheint als der kohärente Einsatz von Abbildungen; gleichzeitig weiß man aber nicht, über was man mehr staunen soll: die offensichtliche Freude Kluges, über das eigene Werk zu reden; oder über seine schier endlosen Exkurse durch die gesamte Welt- und Geistesgeschichte.

Die ersten drei Fassungen der »Schlachtbeschreibung« sind unillustriert. Erst in der vierten Fassung, 1978, haben Sie Abbildungen eingefügt. Wie kam es zu diesem Entschluss? Es gibt ja so etwas wie einen Perspektivismus. Das heißt, etwas, was einen noch sehr nahe berührt. Sozusagen wenn man die Menschen, die in Stalingrad eingeschlossen waren, noch persönlich kennt, oder meine Eltern kennen sie. Da war bei mir die Tendenz, so puristisch vorzugehen, wie ich nur irgend könnte. Da kommt zwar die Abbildung »Winterschutz für Grenadiere« vor, aber sonst nichts. So wie auch das Ganze so diesen dokumentarischen Charakter hat und versucht, nur mit Belegen überhaupt zu argumentieren.

Jetzt nehmen Sie mal den Zeitpunkt 1978/79. 1979 habe ich »Die Patriotin« gedreht, 1977 war der »deutsche Herbst« – ein Ereignis, das mich sehr bewegt hat, was die Gegenwart betrifft. Nehmen Sie einen Stab von [Helmut] Schmidt, der den Schleyer nicht wieder zurückholen kann. Dann hat das unterirdisch eine Ähnlichkeit mit der Tatsache, dass man eine Armee nicht zurückholen kann. Verrat von oben nennt man *Philonie.* Und wenn das jetzt sozusagen in die Gegenwart reißt, dann öffnen sich mehrere Dinge und sind jetzt auch nicht mehr sozusagen so nahe. Also das Jahr 1942 – ich habe da ja schon gelebt, da war ich zehn Jahre alt, und habe jetzt also das Bedürfnis, nach zwei Richtungen gründlicher zu werden, auch: freier zu sein. Es ist so: Nach Dien-Bien-Phu sehe ich Stalingrad relativiert. Ich sehe den ganzen Zweiten Weltkrieg inzwischen relativiert, weil ja so vieles andere vor sich gegangen ist.

Hier in der Zone 1977, also »Herbst in Deutschland«, und 1978, da wird der italienische Ministerpräsident meinetwegen tot aufgefunden, also: gemordet. 1979 mache ich »Die Patriotin«. Sie können schon aus diesem Interessenkontext entnehmen, dass jetzt für mich eine Abbildung einen Sinn macht, wie die »Wie eine Großstadt in 50 Jahren aussehen wird«. Das ist eine Zeichnung von 1932, wo eine Zukunftsstadt zu sehen ist. Das hätte ich ursprünglich 1964 nicht gemacht. Aus puristischen Gründen.

Aber diese Überlegung, dass Sie zu nahe dran sind und nicht mehr so puristisch vorgehen müssen, führt ja nicht automatisch dazu, Abbildungen einzufügen. Das sehe ich nicht so. Also, zum Purismus gehört, dass eine Abbildung auf ihre Herkunft genau untersucht werden muss. Das gilt jetzt 1979 genauso. Aber: Ich muss das nicht auf Stalingrad zurückführen können. Ich könnte genauso gut ein Bild nehmen, in dem ich das Mittelalter beschwöre. Das Rolandlied. Das kommt ja in der Urfassung [der »Schlachtbeschreibung«] nicht vor. Aber wenn ich die Nachhut nicht zurückholen kann, dann ist die Autorität des Kaisers beschädigt. Das, was in der Antike die *Clementia* ist, das Imperium oder die *Auctoritas,* d. h., dass ein Kaiser, der seine Autorität, sein Ansehen verliert, auch sein Amt verliert. Das ist noch bei Karl dem Großen so gehalten: Er kann den Roland nicht retten, er kommt zu spät.

Das ist natürlich etwas, was ausgreift. Hier habe ich jetzt die innere legitimatorische Schiene, nach der ich mich richte. Mein Gewissen sozusagen als Schriftsteller. Das erlaubt, jetzt die Korrelation nicht auf Stalingrad, sondern auf Deutschland zu ziehen. »Je näher man ein Wort ansieht, desto ferner sieht es zurück.« Das ist ein Punkt. Dieser Satz – der ist von Karl Kraus –, das ist ja auch ein Bild und hat direkt mit Stalingrad nichts zu tun. Ich könnte Ihnen genauso gut den Zusammenbruch der Heeresgruppe Mitte beschreiben und würde dieselben Metaphernketten anfügen können.

Um jetzt mal auf die Bilder konkret zu kommen. Sehen Sie »Verhedderung« [aus der Neufassung der »Schlachtbeschreibung«]. Da sehen Sie meinetwegen einen Rückzug, die italienische Einheit.

Sie sehen, wie die im Schnee läuft, wie verloren, wie verirrt die läuft. Das ist schon anders aussehend als Napoleons Rückzug 1812. Aber gleichzeitig hat es doch eine Erinnerung daran. Nehmen Sie meinetwegen eine andere Geschichte, »Ehebruch und seine Folgen«, »Mitteilung von Falin«, »Engel der Vergeltung«. Das sind alles *Erzählungen.* »Der Friseur des Führers«. Sie dürfen nicht denken, dass das erfunden ist. Das stimmt alles. Das ist alles nur in der Form freier geschrieben.

Warum an dieser Stelle Zeichnungen? Weil ich die Erzählweise ändere. Sie haben vorne meinetwegen die Offiziere [in dem Interview-Kapitel: »Die Praktiker«]. Da würde ich ja nicht plötzlich eine Geschichte von mir reinhängen, wie die interviewt sind. Ich würde das Dokumentarische und, wenn Sie so wollen, das Erzählerische nicht mischen. Sondern: Das sind zwei Genres mit eigenen Verantwortlichkeiten, und sie müssen getrennt sein. *Infotainment* ist das Schrecklichste, was ich kenne. Sie dürfen das nicht mischen. So wie Sie Dämonen und Engel nicht mischen dürfen. Es gibt ja eine reiche Erzähltradition. Und die ist nicht dokumentarischer Natur. Aber sie erzählt auch wirkliche Ereignisse, die existieren. Und den Grad der Änderung der Erzählweise, den bezeichne ich durch die Bilder. Ich gebe ein Signal: Jetzt ist hier Oper, leger gesagt. Hier geht jetzt die subjektive Berücksichtigung von Gefühlen anders vor als in einer objektiven Beschreibung. Sie müssen das so sehen: Nehmen sie Tacitus. Das ist mein größtes Vorbild, was ich überhaupt habe. Ich halte gar nichts von Literatur oder Traditionen, wenn sie nicht verwurzelt sind. Insofern wäre z. B. Tacitus jemand, der sehr dokumentarisch schreibt, bloß erzählt – und alles, was er schreibt, stimmt; und hat die Form der Lakonie, der Kürze, der dramatischen Verkürzung. Wenn Sie mich mit Kleist und Tacitus ausstatten, dann bin ich zufrieden.

Aber Sie müssen kennzeichnen für den Leser, wie sie erzählen. Und das mache ich mit Bildern in erster Linie. Ich brauche diese Bilder hier nicht für den Inhalt. Aber die Frau Schroeder, der, wie der italienische Maler annimmt, Hitler unters Kinn fasst – was ich persönlich nicht glaube, dass das Hitler gemacht hat – das ist, wenn Sie so wollen, schlechtes Kino. Also »Ein Nachmittag mit Hitler« und »Der Friseur des Führers« sind gewissermaßen mit leichter Hand geschrieben. Wenn Sie jetzt in »Die Lücke, die der Teufel lässt« nachgucken, da gibt es eine Geschichte, in der er [Hitler] nachgeahmt wird von einem österreichischen Lehrer in Zimbabwe. Da sehen Sie, dass er als Wachsfigur dargestellt ist. Man kann ihn aufklappen. Und da sehen Sie den Zeitpunkt der Hirngrippe. Da ist nun gar kein Bild nötig. Weil das im Buch so beschrieben ist, ja weil das ganze Buch so geschrieben ist. Da muss ich nicht führen. Und das ist die Fortsetzung hiervon. Meine Erzählungen, die mäandern sozusagen durch verschiedene Bücher und haben miteinander zu tun.

Also: Die Bilder setzen entweder Zeichen oder sie betreffen ausgeprägte Nebensachen. Um von einem Pars pro Toto, wie man so schön sagt, einer Nebensache also, den Absprung zu finden zu einer Sache, an der mir sehr liegt. Nehmen Sie mal »Meine Heimat ist da, wo meine Produktionsstätte ist, wo meine Arbeit liegt«. Das heißt also: Im Urlaub, da kann ich mich gar nicht wohl fühlen. Ich will wieder zurück zu den Kameraden. Und das ist also sozusagen schräg abgefedert durch diesen Hund.

Aber es wäre ja auch z. B. denkbar gewesen, ein Bild von dem Soldaten selbst abzubilden. Aber das brauche ich doch nicht. Da sind doch alle Bilder in der Erzählung enthalten, von [dem Soldaten] Albers. Ein geschriebener Text ist genauso bildhaft unter Umständen. »Albers küsst sie und steigt aus«; »ich habe sie eigentlich nur beim Brüten gestört«. Das sind Sachen, das sind auch Bilder. Anders gesagt: Ich mache sehr viele Sendungen, die kaum Bild enthalten. Ich befrage ja nur einen Menschen. Und das sind Bilder, die dabei entstehen. Also Bilder bestehen nicht aus Abbildungen. Ich bin im Grunde Ikonoklast. Ich würde Bilder eher vernichten, als sie zu häufen. Deswegen ist hier [»Die Heimat ist da, wo meine Produktionsstätte ist, wo meine Arbeit liegt«], weil es ja auch kein Film ist, keine Verdopplung nötig.

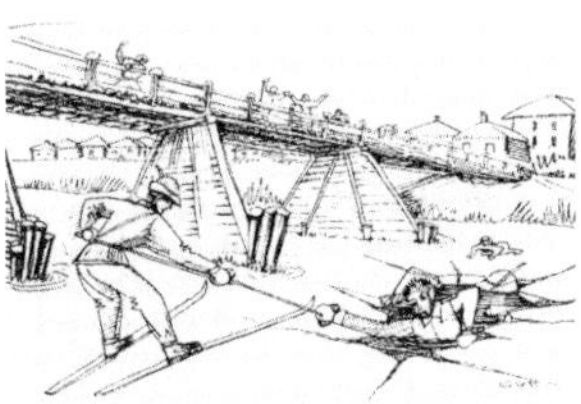

Und jetzt kommen wir zum Rolandlied. Da bin ich also wieder 800 oder 1000 Jahre nach rückwärts gegangen. Und deswegen sind jetzt hier wieder Bilder. Die setzen ab. Und zwar ein Italiener – das kann sein, dass das der Hundebesitzer ist, ja? –, der im Eis eingebrochen ist. Ein Bild aus einer italienischen Illustrierten. Und der wird von einem Skifahrer aus dem Eisloch gerettet. Sie sehen also: Das Prinzip, nach dem ich Bilder verwende, ist nicht das der Abbildungen, dass ich etwas unterstütze, sondern dass ich einen Kontrast bilde. Dass ich Raum gewinne. Dass ich Zeit gewinne. Und deswegen ist unter dem konkreten Bild – einer rettet dem anderen das Leben – dieses sehr kapriziöse, eigentlich verrückte Bild eines italienischen Künstlers. Sie müssen immer darauf achten: Wo wechsle ich, wo wechsle ich nicht. Dann können Sie die Bilder gut lesen.

Und dann kommt »Stalingrad als Nachricht«. Da ist ein Foto von meinem Neffen mit seiner Freundin und daneben steht: »Diese Kinder kennen Stalingrad aus Comics.« Also kennen sie es gar nicht. Ich gehe vom Text weg. Und warum ich anders schreibe? Weil die Entfernungen zu Stalingrad sich verändert haben. Stalingrad ist in die Ferne gerückt und sieht kleiner aus, und die gegenwärtigen Eindrücke, dazu gehören auch Kinder, die werden größer.

»Es gibt keinen Menschen, der so fühlt wie ein Mensch 1942.« So endet [das Kapitel] »Stalingrad als Nachricht«. D. h.: Jetzt muss ich die Nachricht aufarbeiten. »Nachricht« ist ja auch der Anfang [des Buches überschrieben]. Und wenn der Anfang mal gesetzt ist, dann wiederholt er sich im ganzen Stück. Er nimmt nur andere Masken, andere Gestalten an. Insofern sind das alles Variationsketten. Also: Ich schreibe weder rein dokumentarisch noch erzählerisch, sondern das sind alles Variationsketten. Da hat die Einzelheit eine Autonomie. Das sind alles Kommentare. Das hat ja eine alte Tradition. Z. B. im Talmud haben Sie in der Mitte den heiligen Text und am Rand Kommentare und wieder Kommentare. Und so wäre eigentlich die richtige Schreibweise: eingerollte Geschichten.

Wären an dieser Stelle statt der Zeichnungen auch Fotos denkbar gewesen? Nein. Das müsste dann einen Grund haben. Aber hier bleibe ich ja in einer bestimmten Erzählweise. Die Autonomie des Einzelnen fordert auf der einen Seite, dass ich mich mit dem Leser immer verständige und nicht nach willkürlichen Gründen, nach Geschmack z. B. oder stilistischen Gründen verfahre. Und wenn ich ein Foto habe, dann würde ich anders arbeiten. Dann würde ich alles mit Fotos machen.

Aber der Rückzug der italienischen Soldaten, das ist ja zum Beispiel ein Foto. Ja, ja. Aber wenn ich ein Foto einsetze, dann mit Grund. Ein Foto besagt ja: Dies gibt es hier wirklich. D. h. an diesem Ort ist ein Beobachter da, der hat ein Gerät. Und der Zeichner, das ist etwas anderes.

Warum aber am Ende von »Die Wünsche ... sind um 1200 etwas sehr Einfaches« ein Comic? *[Lange Pause]* Ein Comic ist keine Nachricht. Und von meinen Gefühlen am weitesten weg. Wenn ich da ein Foto hinmache. Aber bitte glauben Sie nicht, dass ich das immer so ganz zuverlässig weiß. Also mir fällt auf, dass ich in einer Welt, in der mit Realitätspartikeln propagandistisch umgegangen wird, zunächst mal vom Gegenpol ausgehe. Das hier [der Comic] ist also für Propagandazwecke wenig brauchbar. Weil ich ja alles mit so was machen kann. Kein Mensch würde das glauben, was die da sagen. Das ist einfach nur Quatsch.

Abb.: Diderot: Aucun homme n'a reçu de la nature le droit de commander aux autres

Inwiefern bezieht sich die letzte Abbildung in der »Schlachtbeschreibung« auf das Zitat von Diderot? *[Lacht]* Also, wenn Sie haben: ein Kind, also jemand wird geboren, dann einen Elefanten, also ein Zeichen von Klugheit. Also in der Ikonografie ist dem Elefanten doch Gedächtnis, Klugheit, all so was zugeschrieben. Und es kommt weiterhin hinzu, dass mich nichts so sehr erstaunt, wie dass Elefanten auf Kommandos reagieren. Wie man aus dem Zirkus kennt. Und deshalb: Kein Mensch hat von Natur aus das Recht, andere Menschen zu kommandieren. Und hier haben Sie zwei Leute, die auf jeden Fall außerhalb der Befehlshierarchie sind. Das Kind kann kein Offizier sein. Und der Elefant kann es nicht werden. So müssen Sie sich das vorstellen. Aber rational ist das nicht. Sonst würde ich es ja hinschreiben.

Im »Luftangriff auf Halberstadt« gibt es acht Abbildungen, die in der »Chronik der Gefühle« weggefallen sind. Einmal eine Karte mit dem Weg des Fotografen und des Bomberstroms und dann Fotos von General

Anderson und dem Reporter Kunzert ... Ja, das Interview, das reichte. Das kann auch manchmal vom Satzspiegel kommen. Dass mir das einfach zu lang wird. Also, es musste jetzt einfach wieder Text kommen. So etwas entscheidet sich manchmal im Umbruch, und es hätte mich gelangweilt, wenn jetzt noch ein Bild kommt.

Dann war es wahrscheinlich ebenso mit den Bildern vom brennenden Bahnhof in Halberstadt und der Karte vom Einsatzweg der Feuerwehr? Ja, ja. Ich sage Ihnen jetzt mal etwas: Ich war neulich in Halberstadt und habe da also gelesen. Und da waren diese ganzen Zeitzeugen und haben so aufmerksam zugehört. Und man kann manches knapper fassen. Ich würde lieber mehr Geschichten darüber schreiben. Z. B. ist ja auch ein Kapitel über Halberstadt in »Die Lücke, die der Teufel lässt«. Also: Lieber neue Geschichten schreiben und die alten ein bisschen kürzen. Und da fängt man mit ein paar Bildern an.

Die Ware

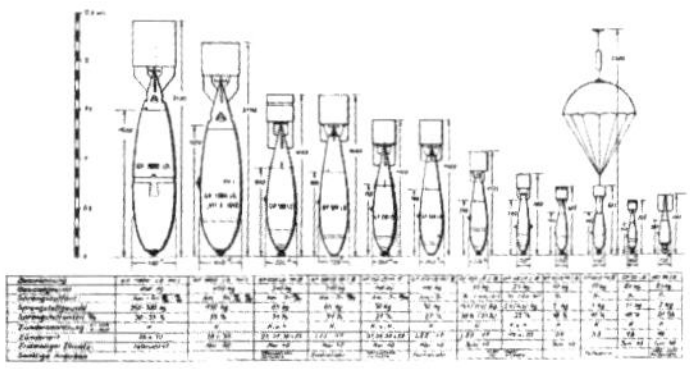

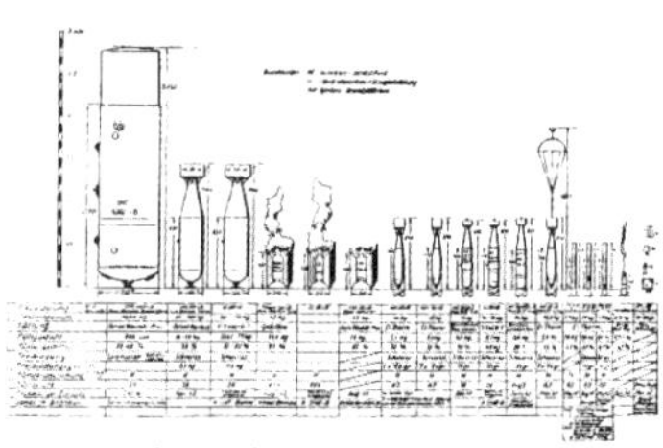

Oberes Bild:
Abb.: GP = General Purpose, Mehrzweckbombe; HEF High Explosive Fragmentation ≠ Splitterbombe

Unteres Bild:
Abb.: Brandware

Gab es konkrete Vorbilder für diese Text-Bild-Geschichten? Ich habe z. B. oft an Brechts »Kriegsfibel« denken müssen. Ich komme ja vom Film und bin es daher gewohnt, Bilder einzusetzen. Lassen Sie mich mal überlegen. Also diese Bomben z. B. Das könnte ich im Grunde mit nichts textlich beschreiben. Und deswegen Bilder. Für mich sind Bilder dieser Art genauso wie Buchstaben.

Also es kam eher aus einer logischen Überlegung heraus als angeregt durch konkrete literarische Vorbilder. Kannten Sie W. G. Sebald persönlich? Nein, aber ich verehre ihn sehr. Wir haben uns gerade verpasst. Er ist ja dann tödlich verunglückt. Ich wollte eine Sendung mit ihm machen, aber das hat sich zerschlagen. Ich habe ihn also nie gesehen. Aber ich bin im selben Verlag wie er in den USA.

Eine letzte Frage noch: Mir ist aufgefallen, dass es sich bei fast allen Porträts in Ihren Texten um Fotos handelt, die auch alle ähnlich kleinformatig abgedruckt sind. Ist das Zufall oder Strategie? Das ist kein Zufall. In der Regel sind das ja Leute, die mich interessieren, die mich angehen. Aber ich möchte die ... unaufdringlich einbringen. Das ist also nichts weiter als eine Verstärkung von Sätzen. Ich kann z. B. sagen: Sie war eine anschmiegsame Person. Manche hielten sie für dürr. Die Nase war von ihrem Vater. Da habe ich dann auch ein Porträt gemacht. Da ist das Foto so etwas wie eine Korrektur. Es setzt die Sätze, die man schreibt, in einen Rahmen und korrigiert sie indirekt. Das ist also mehr so wie ... *[überlegt]* ... ein Ausrufezeichen.

Würden Sie die Bilder, wenn Sie die Möglichkeit hätten, auch gern farbig abbilden? Also, nicht weil farbige Bilder mein Ideal wären. Aber so Bilder mit gelbem Oberrand z. B., das würde ich schon gerne haben. Aber man kann es auch hinschreiben, das ist dann genauso wie eine Farbe. ❑

Dass man es mit Kunst zu tun hat, merkt man daran, dass es ungemütlich wird.

Ein Interview mit dem Systemtheoretiker Dirk Baecker

Von Jens Kiefer

Jens Kiefer: Mich würde interessieren, ob es ein systemtheoretisch aufgeklärtes Alltagshandeln gibt bzw. inwiefern systemtheoretisches Denken sich im Bewusstsein einnistet, auch in nicht-wissenschaftlichen Kontexten. Ich habe dieses Semester ein Seminar zu Systemtheorie unterrichtet. Vielen Studenten erschien die Systemtheorie zunächst als ein reines Gedankenexperiment mit wenig Wirklichkeitsbezug. Vor allem die Trennung Bewusstsein und Kommunikation erschien vielen, meine ich, als eine unnötige, »typisch wissenschaftliche« Verkomplizierung der Dinge. Mir scheint die Systemtheorie aber durchaus im lebensweltlichen Denken verankerbar zu sein. Und anhand des Erfolges innerhalb der Organisationsberatung oder der Therapie scheint sich so etwas wie ein Praxisbezug zu bestätigen. Nur dass systemtheoretische Hilfestellungen eben keine Verhaltensvorgaben beträfen, sondern eher auf der Wie-Ebene lägen. Können Sie Beispiele nennen, in denen der Privatmensch Dirk Baecker in seiner Lebenswelt systemtheoretisch aufgeklärt erlebt oder handelt? Und daran anschließend: Wird das systemtheoretische Denken bei einem Wissenschaftler Teil des Habitus, der sämtliche Alltagswahrnehmung generiert, oder kann man die Differenzbrille absetzen, wenn man vom Schreibtisch aufsteht?

Dirk Baecker: Ich habe sehr viel Verständnis für eine Auffassung der Systemtheorie als Gedankenexperiment. Bei allem Ernst in der Sache habe ich sie sowohl bei Niklas Luhmann als auch bei Heinz von Foerster als ein solches Gedankenexperiment erlebt. Man muss sich reiflich überlegen, wann man auf ein Beobachtungsschema wie das der kausalen Zirkularität, der Selbstreferenz und der Selbstorganisation umsteigt. Jeder Alltag ist damit überfordert. Und es scheint mir überaus sinnvoll, ein Bewusstsein der eigenen Theorieperspektive als Perspektive mitzuführen, weil jeder allein selig machende Anspruch hohe psychische und soziale Folgekosten nach sich zieht. Aber ein solcher pragmatischer Umgang mit der Systemtheorie liegt zugleich ja auch ganz und gar auf der Linie der Systemtheorie, die es immer mit Beobachtern und immer mit der Differenz der Perspektiven der Beobachter zu tun hat. Man würde sich ja den Spaß an der Welt und das Interesse an den Motiven der Divergenz der Perspektiven verderben, wenn man da immer nur auf der einen Perspektive beharren würde.

Mir selbst geht es immer dann, wenn es für mich persönlich knifflig wird, so, dass ich versuchsweise einmal die systemtheoretische, was allerdings für mich immer auch heißt: soziologische Brille aufsetze, um zu schauen, ob ich damit zum einen etwas weiter komme, zum anderen aber auch gelassen ertrage, keinen Schritt weiterzukommen. Das geht mir im Seminar bei der Lehre, in der Universität im Umgang mit den Entscheidungen der Hierarchie und in der Familie bei der Beobachtung von Erziehungsdynamiken so. Es hat lange gedauert, bis ich gelernt habe, ein systemtheoretisch begründetes Sensorium auch in flüchtigeren und/oder allgemeineren Situationen anzuwenden und etwa für meine Kolumnen über Management oder Gesellschaft fruchtbar zu machen. Ich musste erst lernen, meine eigenen Empfindlichkeiten sowohl zu nutzen, als auch in Klammern zu setzen. Dann erst konnte ich mich selbst so als Sensor einer Situation einsetzen, dass ich anschließend auch beschreiben konnte, was für andere möglicherweise interessant ist. Überhaupt habe ich mir für meinen Lernprozess sehr viel Zeit gelassen und dabei auch gemerkt, dass es kaum möglich gewesen wäre, schneller zu sein. Ich habe in Bielefeld erst nach etwa zwei Jahren des Herumlesens in der allgemeinen Systemtheorie das Gefühl gehabt, einigermaßen zu ahnen, worum es geht; und wären mir nicht die intelligenten Beschränktheiten der ökonomischen Theorie, über die ich damals gearbeitet habe, entgegengekommen, wüsste ich es vermutlich heute noch nicht.

Deswegen bin ich auch nach wie vor in der Situation, am Schreibtisch erst einmal alles Mögliche andere zu versuchen, um mich einem Thema zu nähern, bis ich dann merke, dass ich so der Sache, der ich auf der Spur bin, nicht näher komme, und mich regelrecht zwinge, es wieder einmal dogmatisch systemtheoretisch zu versuchen. Und siehe da: Sobald ich mich an die Dogmen halte, wird es spannend, und je spannender es wird, desto lockerer kann ich die Dogmen nehmen. Sobald ich vom Schreibtisch aufstehe, bin ich wieder ganz woanders.

Jens Kiefer: Sie sagen, ein auch privat-lebensweltliches Festhalten an der systemtheoretischen Perspektive versperre den Spaß an der Welt. Das würde ich sofort unterschreiben. Dennoch habe ich das Gefühl, dass sich bestimmte Denkfiguren von ganz alleine im Bewusstsein ablagern. Eine automatische Folge systemtheoretischer Lektüre scheint mir etwa, von personalen Zuschreibungen immer stärker abzusehen. Mit der Aneignung systemtheoretischen Denkens geht einher, dass man sich etwa schwerer tut, bestimmte Konstellationen in der Politik einem einzelnen Politiker oder einer Partei anzulasten. In Beziehungsproblemen jedoch würde man automatisch wieder auf Ultra-Personenzentriertheit verfallen. D. h., selbst wenn man systemisches Denken in vielen Bereichen verdaut hat, kommt es sofort dazu, dass man sagt: »Du hast aber dies und das …« und damit einen Anfang markiert für Beziehungsprobleme. Geht das eingefleischten Systemdenkern auch so? Und liegt das nur an der emotionalen Involviertheit, dass man plötzlich nicht anders beobachten kann, bzw. hat es vielleicht eine bestimmte Funktion in Liebesbeziehungen, dass diese sich gar nicht anders beobachten lassen, da sonst der Partner fehlende emotionale Beteiligung unterstellen müsste? Hier könnte man doch auch sagen, dass es durchaus bauernschlau wäre, wenn das Bewusstsein die Situation ohne Schuldzuweisung beobachten könnte?

Dirk Baecker: Ich denke, Sie haben Recht. Wenn man das systemische Denken einmal richtig verdaut hat, wird man sich auch in persönlichen und auch in intimen Beziehungen eher an Situationen, Zirkeln, Kontingenzen und Unterscheidungen orientieren als an Personen, Absichten, Notwendigkeiten und Substanzen. Man wird sich Leute suchen müssen, die das mitmachen, das heißt, die entweder ähnlich gestimmt sind oder sich nicht daran stören, dass man so denkt, wie man denkt. Dann kann das systemische Denken auch im Privatbereich eher eine Bereicherung sein als eine Belastung. Man muss nur, wie immer, darauf verzichten können, die eigene Perspektive für die einzig mögliche halten zu müssen.

Jens Kiefer: Noch einmal zum Gedankenexperiments. Können Sie sich das Szenario ausmalen, was geschehen würde, wenn Systemtheorie ein Schulfach werden würde? Was passiert etwa, wenn Jugendliche in der achten Klasse den Zusammenhang von Kopieren und Individualität durchnehmen? Würden systemtheoretisch aufgeklärte Kinder versuchen, sich jeglicher Individualitätssemantik zu entziehen, um möglichst individuell zu sein?

Dirk Baecker: Als Schulfach kann ich mir die Systemtheorie schlecht vorstellen. Ich halte es da lieber mit Niklas Luhmann, der einmal gesagt hat, die Systemtheorie sei das ideale Zusatzstudium für Juristen, Theologen, Ökonomen, Literaturwissenschaftler, Ingenieure oder Soziologen: Man müsse genau wissen, welche Problemstellungen sich anders, einfacher nicht bearbeiten ließen, dann könne man sich gut auf die Systemtheorie einlassen und habe genug Boden unter den Füßen, um sich auf die mit der Systemtheorie einhergehenden Kontingenzbeobachtungen einlassen zu können. In der Schule wäre das zu früh. Da genügt es vollkommen, in Fächern wie Religion (wenn es gut geht) oder Ethik etwas über das Perspektivische einer Perspektive mitzubekommen. Und da kommt es viel mehr darauf an, eine Sprache inklusive der dazu passenden Vokabeln, Syntax und Pragmatik zu erlernen, die es erlaubt, eigenen Fragen, Empfindungen und Wünschen Ausdruck zu geben. Interessanterweise könnte ich mir die Kybernetik gut in der Schule vorstellen, etwa im Zusammenhang eines Schulfachs »Ökologie«: Etwas über den Unterschied von trivialen und nicht-trivialen Maschinen, über zirkuläre Kausalität, über Selbstorganisation zu lernen, und dies in Anwendung auf Mensch, Natur und Kultur, das schiene mir sehr sinnvoll. Aber das müsste von einem Lehrer gemacht werden, der die Sachverhalte auch zeigen und nicht nur über sie sprechen kann.

Jens Kiefer: Bedeutet das, dass die Information quasi nur implizit geliefert werden müsste, um die Schüler zum Beobachten zu stimulieren? Wie »zeigt« man kybernetisches Denken?

Dirk Baecker: Meine Überlegung ist etwas einfacher gebaut. Mir geht es darum, dass es dem Lehrer in Schule und Hochschule meines Erachtens gelingen muss, einen Sachverhalt erfahrbar zu machen, sodass sowohl der Text mit seinem Anlass und Autor als auch die Problemstellung, die er adressiert, aus der jeweiligen Beobachterperspektive lebendig werden. Immer mit Deleuze: Was taugen Konzepte ohne Perzepte, Ideen ohne Vorstellungen? Für die Kybernetik bedeutet das, dass man zirkuläre Vorgänge und Selbstorganisationen anschaulich machen muss, durch Gruppenspiele, wie sie von den Familientherapeuten eingesetzt werden, oder durch Anstrengung der Imagination, um sich vorzustellen, wie man durch Probleme wieder eingeholt werden kann, die man gerade noch geglaubt hat, isolieren zu können.

Jens Kiefer: Viele Probleme, die in Organisationen behandelt werden, kennt auch das psychische Bewusstsein aus seiner Lebenswelt: Es müssen Entscheidungen getroffen werden, und man ist mit Unsicherheit konfrontiert. Kann das Bewusstsein etwas von der Organisationstheorie lernen? Bringt ein Ratschlag wie »Seid Bienen wie die Fliegen«[1] das Bewusstsein weiter? Oder kann es sich eben nur nachträglich beobachten und sagen: Verflixt, wäre ich bloß eine Biene statt eine Fliege gewesen?

Dirk Baecker: Zum »Bewusstsein« kann ich wenig sagen. Ich kenne nur mein eigenes ein wenig. Aber dass persönliche Reflexionen aus sozialen Problemstellungen gespeist werden können, würde ich nicht bezweifeln.

Jens Kiefer: Die Soziologie ist für die Kommunikation zuständig, die Psychologie fürs Bewusstsein. Ihre Antwort, in erster Linie nur mit ihrem eigenen Bewusstsein vertraut zu sein, macht ja auch deutlich, dass das Bewusstsein Glatteis ist, auf das man sich als Systemtheoretiker ungern begibt. Eine der letzten Ausgaben der von Ihnen herausgegebenen Zeitschrift *Soziale Systeme* hat sich dem Thema Emotionen gewidmet, einem Thema, das auf beiden Seiten der Unterscheidung von Bewusstsein und Kommunikation auftaucht. Ist das ein Versuch, eine systemtheoretisch fundierte Psychologie anzustoßen? Oder muss die Soziologie zur Klärung bestimmter Phänomene auch ihr Territorium verlassen? Denn wenn wir die Emotionen durch Erwartungsabweichungen bzw. Erwartungserfüllungen erklären, befinden wir uns ja im Bereich der Psyche.

Dirk Baecker: Mit dem Thema »Emotion« haben wir uns in der Zeitschrift *Soziale Systeme* nicht beschäftigt, um nun auch das Bewusstsein in den Fokus der soziologische Systemtheorie zu nehmen – dazu gibt es von Niklas Luhmann Aufsätze, die ich erst einmal für unüberbietbar halte –, sondern weil Emotionen, die Kommunikation von und die Kommunikation über Emotionen, natürlich auch ein Thema für Soziologen, eine Struktur sozialer Systeme sind. Anlass des Heftes war die These von Luc Ciompi, Gefühle seien in der Theorie Luhmanns ein blinder Fleck. Uns fiel auf, dass das Thema in der Tat keine sehr prominente Rolle bei Luhmann spielt, es dazu jedoch vor allem im Buch über Soziale Systeme durchaus ernst zu nehmende und eingehende Hypothesen gibt. Nimmt man hinzu, dass Talcott Parsons wegen seines Interesses an Sigmund Freuds Psychoanalyse intensiver als Luhmann über psychische und psychologische Themen nachgedacht hat und Affekten eine in der Tat prominente Rolle in seiner Theorie zugeschrieben hat, kommt man zu einer durchweg nicht-trivialen Systemtheorie der Emotion, die das Heft der Zeitschrift zusammen mit der These von Luc Ciompi in Erinnerung zu bringen versucht. Ich habe eine mögliche Systemtheorie der Gefühle in meiner Einleitung in der These zusammengefasst, dass Gefühle eine kommunikative Technik darstellen, die attributionalen Zurechnungen auf entweder Person oder Situation unscharf werden zu lassen. Man macht sich, wenn man emotional reagiert, zu einem Bestandteil der Situation, und das Gegenüber weiß dann nicht, ob es auf die reagierende Person oder die Situation reagieren soll. Im Zweifel muss es auf beides reagieren und ist damit entweder überfordert oder findet einen geschickt oder ungeschickt gefühlvollen Weg. Mit dieser Form von Attributionsambivalenz, damit hätte Luc Ciompi, der das allerdings nicht gemeint hat, nun wiederum Recht, beschäftigt sich gerade die soziologische Systemtheorie zu wenig. Natürlich hat das auch Gründe im Personal dieser Theorie: Wir sind ja alle eher kühle Denker, die genug anderes, wenn auch nicht unbedingt Besseres zu tun haben, bevor sie sich ausgerechnet um Gefühle kümmern.

Jens Kiefer: In ihrem gemeinsamen Buch mit Alexander Kluge *Vom Nutzen ungelöster Probleme* liest man, dass Heiner Müller diesen auf Ihr *Postheroisches Management* aufmerksam gemacht hat. Können Sie sich erklären, was für einen Dramatiker und einen Fernsehmacher/Schriftsteller das Faszinierende an Management- und Organisationstheorie darstellt?

Dirk Baecker: Ich hatte Gelegenheit, mit Alexander Kluge über diese Frage zu sprechen. Für Heiner Müller bestand, so Kluge, die Faszination des Buches über das Postheroische Management zum einen darin, dass ihm die Welt des Managements und der Organisation als ein eigenes Drama bewusst wurde. Einerseits faszinierte ihn wohl, dass die Dramaturgie von Hybris und tragischem Scheitern des griechischen Dramas, aber auch die Dramaturgie von hehrem Anspruch und stillem Leiden des bürgerlichen Theaters hier neue Anwendungsfelder fand, und andererseits muss er erleichtert gewesen sein darüber, dass es jenseits des Staates und seiner Tragödie noch andere Themen für das Theater gab. Zum anderen jedoch gefiel ihm wohl der Tonfall der Glossen in *Postheroisches Management*, eine leicht sarkastische Ironie, gemischt mit Unglauben über die kalifornische Emanzipation des Unternehmens zum Terrain der Selbstverwirklichung des postmodernen Individuums. Aber wenn ich ehrlich bin, dann glaube ich, dass für Kluge ebenso wie für Müller einer der interessanteren Punkte an diesen Gelegenheitsglossen darin bestand, dass in ihnen eine eigene Sprache für die Organisationswelt, die Welt von Hierarchie, Bürokratie und Entscheidung, gesucht wurde. Weder hatte ich mich auf die offiziöse Selbstbeschreibung von Unternehmen und anderen Organisationen eingelassen, noch stimmte ich in die zynische Beschreibung dieser Welt durch ihre Mitarbeiter und durch kritische Beobachter, die so viel zu schnell fertig waren mit dieser Welt, ein. Und ich denke in der Tat, dass eine der Aufgaben des soziologischen Diskurses darin besteht, für Phänomene eine Sprache zu entwickeln, die scharfe Beobachtung ebenso wie abweichende Meinungen ermöglicht und so den Evolutionsspielraum für diese Phänomene eher erweitert, als ein weiteres Mal schließt.

Jens Kiefer: Wenn ich mich systemtheoretisch unbefleckt fragte, was sich die Gesellschaft ausgedacht hat, um das Problem zu behandeln, dass Bewusstseine nicht in die Kommunikation hineindenken können, wären mir spontan die Psychoanalyse oder bestimmte Therapieformen eingefallen. Nicht aber die Kunst. Können Sie diese ja doch recht ungewöhnliche These nochmals illustrieren?

Dirk Baecker: Das ist eine interessante Frage. Die Psychoanalyse wie andere Formen der Therapie, aber auch wie Medizin und Pädagogik, gehört zu jenen sozialen Praktiken, die in Bewusstseinssysteme (und Körper) einzugreifen versuchen, um das Personal der Gesellschaft zu verändern – zu heilen, wie man annimmt. Bei der Kunst denke ich nicht an Absichten der Veränderung des Bewusstseins durch die Kommunikation, weder in Richtung Beherrschung noch in Richtung Emanzipation, sondern ich denke an Formen, mit deren Hilfe die Kommunikation das Bewusstsein zu attrahieren, zu faszinieren und auf seinen eigenen Operationsmodus aufmerksam zu machen versucht. Die Kunst greift nicht in die Bewusstseinssysteme und Körper ein, sondern sie kommuniziert Wahrnehmungen, und dies mal verführerisch, mal gewalttätig, mal subtil. Diese Kommunikation ist für einen Soziologen und Systemtheoretiker aufregend, der gelernt hat anzunehmen, dass Bewusstseine als psychische Systeme und Kommunikation als soziale Systeme einem Typus jeweils geschlossener Operation angehören, dem es unmöglich ist, in das jeweils andere System hineinzuoperieren. Weder kann die Kommunikation in ein Bewusstsein hineinkommunizieren, denn das, was sich das Bewusstsein angesichts bestimmter sprachlicher, optischer, musikalischer oder sonstiger Eindrücke denkt, ist und bleibt seine Sache, so schwer es ihm auch fällt, seinen Eigensinn angesichts einer auf die Faszination des Bewusstseins spezialisierten Kommunikation zu wahren. Noch kann das Bewusstsein in eine Kommunikation hineindenken, so sehr es sich auch wünschen mag, sich wirklich verständlich zu machen. Die Kunst nutzt und überspielt diese Problematik der operationalen Schließung und tut so, in der Poesie zum Beispiel, als könne es dem Individuum zu gerade jenen Mitteilungen verhelfen, die niemandem mitzuteilen und von niemandem zu verstehen sind. Und sie tut so, als könne sie die Welt so wahrnehmen, wie nur ein Bewusstsein dank des ihm angeschlossenen Körpers wahrnehmen kann, nämlich mit allen verfügbaren Sinnen. Tatsächlich nimmt die Kommunikation, inklusive der Kunst, jedoch gar nichts wahr, sondern findet nur mehr oder minder plausible, für ein Bewusstsein plausible Formen der Kommunikation über Wahrnehmung. Meistens überspielt die Kunst ihr Wissen um diese Problematik, manchmal jedoch, zum Beispiel bei Gerhard Richter, findet man Kunstwerke, die vor der Schwelle der Kommunikation ebenso innezuhalten scheinen wie vor der Schwelle des Bewusstseins – und dennoch nichts mit der Veranschaulichung einer wissenschaftlichen These zu tun haben. Ich würde mir wünschen, dass die Soziologie mit Beobachtungen dieser Art mehr Gehör bei den Kognitionswissenschaften finden würde. Aber diese sind gegenwärtig vollauf damit beschäftigt, die Visualisierungserfolge der Neurowissenschaften zu verdauen. Vielleicht wird es, wenn dies einmal geschehen ist, wieder interessant in der Kunsttheorie.

Jens Kiefer: Sie sagen, die Kunst kommuniziert Wahrnehmungen. Ich muss nachfragen: In dem Sinne, dass der Rezipient beim Beobachten unterstellt zu beobachten, wie zuvor das Bewusstsein eines Künstlers /einer Schriftstellerin beobachtet hat? Das schiene mir nicht Kunst von anderer Kommunikation zu unterscheiden, da diese Unterstellung immer im Spiel ist. In Ihrem Aufsatz »Die Adresse der Kunst« scheint es, als ob Kunstkommunikation anders verläuft als jede andere Kommunikation und sie einfach ohne Anschlusskommunikation im Bewusstsein verhallen darf. Ich insistiere hier so auf mein Nichtverstehen bzw. bohre nach, weil ich die Frage, wie sich Kunst als Kommunikation verstehen lässt, wichtig und innerhalb der Theorie widersprüchlich beantwortet finde. Denn aus der Frage, ob und wie Kunst kommuniziert, generiert sich die Anschlussfrage, aus was Kunst eigentlich besteht: aus Kommunikation über Kunst, aus den Wahrnehmungen der Rezipienten oder aus der Kommunikation zwischen den Kunstwerken, wie es Luhmanns Aufsatz zur Selbstproduktion der Kunst überzeugend nahe legt.

Dirk Baecker: Ich verstehe die Nachfrage. Es geht in der Tat nicht darum, dass die Kunst wie jede andere Kommunikation auch (inklusive der Kommunikation mit Gott) Wahrnehmung in Anspruch nimmt (mindestens: der eigenen Befindlichkeit bei der jeweiligen Kommunikation), sondern es geht darum, dass sie Wahrnehmung als Wahrnehmung kommuniziert, das heißt aus der Wahrnehmung wahrnehmbare Gegenstände der Kommunikation gewinnt. Ich möchte damit unter anderem die Problemstellung Ernst Blochs oder Theodor W. Adornos aufgreifen, dass die Kunst das Unkommunizierbare kommuniziert. Damit muss sie jedoch in Gedichten, in der Musik, in Bildern und in Theateraufführungen den Umweg wählen, den Beobachter/Betrachter/Zuhörer auf den Eigensinn seiner Wahrnehmung aufmerksam zu machen, das heißt ihm mitteilen, dass er es ist, der liest, hört, sieht, betrachtet. Kunst macht Beobachtung beobachtbar.

Und führt so Freiheitsgrade in das Wechselspiel von Kommunikation und Wahrnehmung ein, die Gesellschaftskritikern als revolutionär oder subversiv gelten können, die jedoch in jedem Fall von Normalkommunikation, die aufs Funktionieren aus ist, so nicht konzediert werden. Wobei, das ist immer zu beachten, auch die Kunst, auch die subversive Kunst, funktionieren, also als Normalkommunikation daherkommen können muss, um dann ihre möglicherweise subversive Rolle spielen zu können. Worauf es mir also ankommt, ist diese Zurückbeugung der Wahrnehmung auf dem Umweg ihrer Kommunikation auf sich selbst, um zu entdecken, dass es das Individuum ist, das sieht, hört, liest, riecht, leidet und genießt, nicht die Kommunikation selbst. Das war ja das Skandalon, mit dem die Ästhetik des 18. Jahrhunderts (Baumgarten, Kant) es zu tun hatte. Die Kunst inszeniert die Freiheitsgrade, indem sie Inkongruenzen in die Wahrnehmung und Inkongruenzen in die Kommunikation einführt, in beiden Fällen jedoch auf die operationsfähige Differenz, den Zusammenhang von Kommunikation und Wahrnehmung angewiesen bleibt.

Jens Kiefer: Kommunikation von Nicht-Kommunzierbarem. Das hört sich für mich weniger wie eine Beschreibung als wie eine normative Setzung an, die zwischen gelungener/subversiver Kunst und Massenkunst unterscheiden will (wie eben bei Adorno). Ähnlich wirkt für mich die Trennung von Kunst und Unterhaltung, die Sie in ihrem Aufsatz »Die Adresse der Kunst« vorschlagen. Können Sie die beiden unterschiedlichen Erfahrensweisen von Kunst und Unterhaltung noch mal aufzeigen und erklären, welche Bewandtnis die Unterscheidung hat, wenn Kunst nicht Unterhaltung ist, aber auch unterhalten kann? Überschneidet sich die Unterscheidung Unterhaltung und Kunst nicht mit Vorstellungen von Populär- und Hochkultur. Was spricht dagegen, von der Unterhaltungsfunktion von Kunst auszugehen?

Dirk Baecker: Das ist eine knifflige Frage. Mehr oder minder geht es mir um etwas ebenso Einfaches wie Schwieriges. Wenn Kunst auf die Kommunikation von Wahrnehmung zielt, dann »gipfelt« jedes Kunstwerk darin, dass der Betrachter/Beobachter/Genießer seiner eigenen Wahrnehmungen und ihrer aktiven Rolle ansichtig wird. Im Unterschied dazu zielt alle Unterhaltung darauf, die Wahrnehmung kommunikativ so zu bedienen, dass der Betrachter/Beobachter/Genießer sich einschwingen kann und im Wahrgenommenen, seinem Rhythmus, seinem Klang, seinen Farben, seinem Schwung usw. aufgeht. Deswegen meine ich, dass Unterhaltung eher die Identität von Wahrnehmung und Kommunikation bedient, also produziert, die Kunst eher deren Differenz. Dass man es mit Kunst zu tun hat, merkt man also daran, dass es ungemütlich wird. ❑

1 Dirk Baecker, *Postheroisches Management*, Berlin 1994. Insekten dienen hier der Veranschaulichung der Frage, inwiefern zielorientiertes Verhalten Organisationen von Nutzen ist. Während Bienen, die in einer Flasche gefangen sind, die mit der Öffnung vom Fenster abgewendet liegt, mit großer Sorgfalt den der Lichtquelle zugewandten Flaschenboden absuchen und nicht herauskommen, sind die Fliegen schlauer. Sie flattern aufgeregt und ohne Plan durch die Gegend und finden eine nach der anderen den Ausgang. Die Bienen sterben, die Fliegen überleben.

Textem

Klabund: Deutsche Literaturgeschichte in einer Stunde
Kommentierte Neuauflage, mit einem Vorwort von Volker Weidermann, 2006, ISBN 3938801107

Karol Potrykus: Glanz und Elend.
Drama, 2006, ISBN 3938801085

Simon Wint: Das falsche Meer
2006, ISBN 3938801093

Achim Stegmüller: Nagaoka
2006, ISBN 3938801301 (erscheint demnächst)

Carsten Klook: Korrektor
Roman, Hardcover, 2005

Gabi Schaffner: Narzissen.
Four Recitals. 2005, ISBN 3938801018

Martin Lechner - Bilder einer Heimfahrt
2005, ISBN 3938801026

Carsten Klook: Senna!
2004, ISBN 3-938801077

Raul Zelik: Ein Ausflug an der Costa del Sol
2004, ISBN 3938801050

Thomas von Steinaecker: Götz.
2004, ISBN 3938801042

Dieter Wenk: Videostar
2004, ISBN 3938801069

Textem-Verlag
Textem-Kulturmagazin
Postfach 30 63 41
20329 Hamburg
post@textem.de
www.textem.de

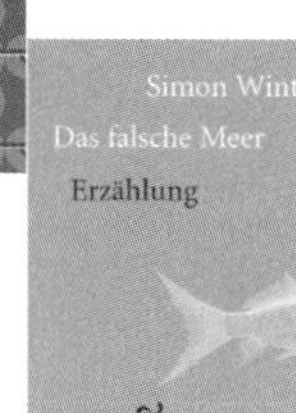

DIE LUST UND DIE NOTWENDIGKEIT

ein anmaßungskatalog für herrn fichte

von kathrin röggla

1: stimme der reisezögerlichen autorin
2: stimme der unautobiografischen autorin
3: fichte als zitatmaschine

a

anmaßung: als autor zu reisen

1: und ich dachte, ein autor kann so was nicht.
und ich dachte, ein autor macht so was nicht.
nein, nein, das ist gar nicht drin, dass ein deutschsprachiger gegenwartsautor unterwegs ist. ich meine: durch alle welt. also in aller welt.
das ist auch klar, als ich mich in salzburg 1989 gegen südamerika entscheide. und 1991, als ich mich immerhin in new york gegen new york entscheide. und 1992 in berlin in berlin bleibe.
nein, man macht so was nicht.
nach brasilien reisen, durch westafrika, nach mittelamerika. wie denn auch? und ein deutscher autor als synkretismusforscher im brasilien der 70er ist schon mal gar nicht vorstellbar.
2: bitte?
1: dass es so was in der deutschsprachigen gegenwartsliteratur gibt, dass es so einen autor gibt, eine art anti-brinkmann, oder komplementär-brinkmann – einen autor, der in zwanzig ländern gelebt hat, der sowohl über st. pauli schreiben konnte als auch über die favelas von bahia – einen autor, der dabei seine ästhetik nicht an den nagel hängen musste, eine ästhetik, die sich aus barocktraditionen und aus der ästhetischen moderne gleichermaßen nährt, um nicht zu sagen, avancierte barocktraditionen schafft –
2: von wem in aller welt –
1: hubert fichte.
2: who the fuck is hubert fichte?
1: jedenfalls nicht irgendwer. und niemals in der einzahl. denn es gibt den st.-pauli-fichte, den waisenhaus-fichte, den starclub-fichte, den kinderschauspieler-fichte, den synkretismus-fichte –
2: ethno-fichte?
1: den synkretismus-fichte! den paletten-fichte, den gesprächs-fichte, den hans-henny-jahnn- und daniel-casper-von-lohenstein-fichte, den reportage-fichte.
2: jetzt hör aber mal auf!
1: und alle diese unterschiedlichen fichtes sind miteinander verbunden, sie korrespondieren, sind in ein unaufhörliches gespräch verwickelt, manchmal quatschen sie, manchmal wird doziert, manchmal ziehen sie noch jemand anderen hinzu oder über jemand her, stecken die köpfe zusammen, ich sehe eine vielzahl von köpfen, die ständig miteinander…
2: oh gott! dann fang doch mit den füßen an!
1: stimmt: die füße! fichte sagte ja auch mal in einem gespräch:
3: »der wichtigste körperteil im leben eines bisexuellen ethnologen und schriftstellers bei der erforschung einer bikontinentalen kultur sind die füße.«[1]
1: siehst du!
2: ja, man erfährt das meiste, wenn man zu fuß geht.
1: hat er auch gesagt. und fichte war viel zu fuß unterwegs, unglaubliche strecken. nicht umsonst beginnt sein erfolgsbuch …
2: erfolgsbuch!
1: … *die palette,* mit der jeweiligen zahl der schritte …
2: ein renner!
1: … die man benötigt, um zum gleichnamigen kellerlokal zu gelangen. von ver-

1 rüdiger wischenbart, »ich schreibe, was mir die wahrheit zu sein scheint.« ein gespräch mit hubert fichte, in: *text + kritik* nr. 72, 1981, s. 67–85, hier: s. 82

schiedenen geografischen punkten aus. die palette, eingesponnen in ein netz aus schritten, einem getrappel, getrödel, geschlender, gehetze. diese fußmärsche, diese fußläufe und fußigkeit wird ihn ein leben lang auf seinem weg begleiten.
3: »er erwanderte sich den plan der stadt, wie man einen körper streichelt …«[2]
1: *(zu 3)* pssst! *(zu 2)* vom schauspieler und schriftsteller zum ethnologen und schriftsteller.
3: »hier sitzt nun die demokratische berufsberaterin und fragt mich, was ich werden wolle, und ich antworte: schauspieler und schriftsteller. ich kann das nicht trennen.«[3]
1: so heißt es im *versuch über die pubertät,* seinem roman …
2: … über die spätbürgerliche pubertät … sagte er nicht spätkapitalistisch?
1: nein. spätbürgerlich.
3: »plötzlich – aber vielleicht vorbereitet durch langsam zur oberfläche geschwemmtes material – entdeckte ich, daß alle meine versuche bisher nur eine bewegung verrieten: zurückzufinden in frühere schichten …«
1: das wird dem roman vorangestellt.
3: »… ich beschloss, von nun an die handlungen einzuteilen in magische und vom magischen abgelöste …«
1: jetzt ist aber gut.
3: »wobei ich den begriff des magischen für meinen gebrauch etwas umwandelte.«
1: pssst!
3: »… ich überlegte, ob nicht auch meine vorstellungen in der pubertät ritualisierungen wären, wie die zeichensprache der aderflügler, schwurgifte und wie das schminken von novizen.«[4]

(kurze pause)

2: *(setzt erneut an)* er war also schauspieler, schon als kind – also kinderschauspieler – um darüber schreiben zu können?
1: zumindest dachte er damals schon daran, daraus einen roman zu machen. ihn interessierten die menschlichen inszenierungsformen. also die anwendung eines formalen repertoires von gesten, intonationen, allerlei ausdrucksformen des menschlichen. er sagte mal: ihn hätte eine stelle in selma lagerlöfs *jerusalem* fasziniert, in dem jemand durch das drücken einer türklinke charakterisiert werden kann. als 14-jähriger begann er das zu planen: wie man über ein kleines detail die ganze lebensgeschichte eines menschen entwickeln könnte …
2: von der oberfläche in die tiefe! d. h. nicht tiefe zu behaupten, sondern im äußerlichen zu bleiben, in den details.
3: »die oberfläche genügt mir. die anordnung der materialien am hafen. ich will keine inhalte.«[5]
1: so jäcki zum fortschrittlichen leiter des goethe-instituts in bahia. explosion. der roman der ethnologie. aber dazu später.
3: »ich glaube, in einer ins innenleben einer versuchsperson zielenden methode wie der meinen sind äußerlichkeit, oberflächlichkeit, veräußerlichung, abkürzung, also schminken, letztlich ritualisierungen etwas sehr wichtiges.«[6]
1: also zunächst ist es ein ganz grundsätzlicher blick? dieses nach den alltagsinszenierungen zu fragen, die wir ständig durchführen, den verhaltensmustern.

2 hubert fichte, *explosion. roman der ethnologie,* frankfurt am main 1993, s. 180

3 hubert fichte, *versuch über die pubertät* [1974], frankfurt am main 2005, s. 112

4 ebd., s. 9, fichte, *explosion,* s. 427

5 fichte, *explosion,* s. 133

6 wischenbart, *gespräch,* s. 76

und in zusammenhang dazu: nach den riten, die uns heute bereitstehen, den magischen resten.
2: den initiationsriten der spätbürgerlichen pubertät?
3: … als sekundäre oder säkularisierte riten …
1: ja. aber so viel ist klar: es gibt keinen inszenierungsurlaub bei fichte.
2: keinen inszenierungsurlaub?
1: keinen inszenierungsfreien raum. und das interessiert ihn. das zu verfolgen, das aufzuschreiben.

(pause)

1: kein inszenierungsurlaub. d. h. also auch kein schreiburlaub, kein leben jenseits des zu verschriftlichenden. das bedeutete bei fichte auch den unausgesetzten blick auf sich selbst. es hat fast was protestantisches, diese ständige selbstbeobachtung, zwar nicht als selbstrechtfertigung vor gott, aber als rechtfertigung einer ästhetik gegenüber, eben säkularisiert –
2: so ein bisschen wie samuel pepys.
1: der war kathole.
2: aber im london des 17. jahrhunderts.
1: und außerdem schrieb fichte nicht tagebuch während der londoner pest, sondern eine *geschichte der empfindlichkeit.*
2: empfindlichkeit?
1: ja genau. aber dazu später …
2: merkst du nicht, dass er was sagen will?
3: »ich.
(ich).
ich habe ichbewußtsein, ohne daß mir dies wort bis zu dem augenblick unter der stehlampe zum bewußtsein gekommen ist.
alle meine ichs, die pozzi sich unterschlägt.
mein embryonales.
mein katholisches.
mein theatralisches.
mein konstruktives.
mein protestantisches.
mein plattdeutsches.
mein pinkelich.
mein turnstundenich.
und diese meine ichs nudeln mein ich gelegentlich so dünn, daß man kaum noch christbaumsternchen aus mir stechen könnte.
die welt und die anderen hängen sich mein ich um den hals, wie gründgens als orest in den »fliegen« von sartre. ich identifiziere mich mit der welt. die welt ist ich.
dann wieder verstärke ich mich und schlucke bei den proben in den kammerspielen die welt auf und imitiere alles. ich bin die welt.
ichbewußtsein zwischen ichverlust und ichverlust.
so imitieren, daß ich bin, was ich imitiere und imitation wieder für eine theaterewigkeit umschlägt in identifikation.«[7]

7 fichte, *pubertät,* s. 64 f.

Hubert Fichte als Johnny in *Mein Herz ist im Hochland*
von William Saroyan (Hamburg 1947)

Fotos: Rosemarie Clausen

b

anmaßung: das autobiografische: das eigene leben als material und: »ich« sagen

2: dass der so was macht!
1: was?
2: sich traut, über sich zu schreiben.
1: »ich bin die mir selbst am besten bekannte versuchsperson«, schreibt fichte im *versuch über die pubertät.* diesen satz zitiert rüdiger wischenbart, um noch mal nachzufragen. hubert fichte wird ihm antworten: »man berichtet ja immer von sich. jeder satz, den man ausdrückt, ist ein satz, der aus dem eigenen zentrum, aus dem eigenen ich herauskommt.«
2: soll das eine erklärung sein, soll das die entschuldigung sein für die gewaltige anmaßung, über sich selbst zu schreiben. sein eigenes leben als material? da kann fichte noch hundert mal sagen, das sei das normalste und überhaupt die bedingung des schreibens – ich halte mein leben doch nicht für die öffentlichkeit interessant.
1: und doch, das wörtchen »ich« hast du auch durchkonjugiert in deinen büchern, so wie fichte es vielleicht durch*de*kliniert hat, es durch verschiedene identitäten, figuren hetzend, sie wegschiebend, es mit erzählerpositionen umkreisend, kaschierend. dem ich immer identitäten vorsetzend, die jäcki oder detlev heißen mögen, figuren für den schauspieler fichte.
3: »ich, sage ich, würde nie ein buch in der ersten person singular schreiben.
im ich sitzt man im drehstuhl und sieht auf eine überwundene zeit.
mit dem ich kommt alles auf mich zu und verschließt sich mir und geht weg und wird zur vergangenheit.«[8]
2: bemerkt er nach dem sündenfall.
3: »ich – die weiße zeit, die so schnell ausverkauft ist.
nicht mehr die schwarze zeit der gegenwärtigkeit selbst.
ich: aufgeklärt, unmagisch, verlogen.
ich – wie plump!
– dann wirst du eben diese plumpheit riskieren müssen.«[9]
1: siehst du?
2: aber darum geht es mir doch nicht. mir geht es um dieses … das eigene leben als material. was kann das heißen? geht es um ein selbstdenkmal? um die geschichte? Ich könnte das nicht.
3: »ich.
wer ich?
ich?
du?
Sie?
wenn ich ›ich‹ schreibe, denken Sie an sich oder an mich?«[10]
1: siehst du?
2: was?
1: wie man schon sehen kann: es geht ihm um identifikationen, die interessierten ihn mehr als ein selbstmonument, errettung vor der selbststerblichkeit.
2: obwohl die auch ne rolle spielt.
1: tod als referenz, schon das ansprechen detlevs im *waisenhaus* gegen das nichts. das motiv der hauchbildchen, die sich als realitätsschichten eine nach der anderen ablösen lassen.

8 ebd., s. 36

9 ebd., s. 37

10 hubert fichte, *detlevs imitationen ›grünspan‹* [1971], frankfurt am main 2005, s. 69

2: der kinderdarsteller, der wusste: er macht einen roman daraus. das hat ihn interessiert, diese prozesse der identifikation, die imitation, dieses auslöschen des selbst.
1: wobei für den kinderdarsteller das problematische nicht eine identität ist, sondern deren kontinuität. eine rolle durchhalten …
2: können, dürfen, müssen?
1: die distanzmaschine fichte jedenfalls schafft sich aus der not einer gewaltsamen diskontinuität, erfahren in einer geschichte als halbjüdischer, homosexueller –
3: »bumms! bi! und schicksalssymphonie! ich bin fiftyfifty! bumms! bi! tüten! fünfte symphonie! fifty fifty, das heißt homosexuell!«[11]
1: … und später arbeitsloser kinderschauspieler während der 40er jahre in deutschland, immer eine gewisse beweglichkeit im wechsel der identitäten, das fließende, spielende.
aber was heißt das schon: hubert fichte schreibt über sich? das ist doch absurd. ich meine, all die gespräche mit wolli, dem ledermann, mit afroamerikanischen priesterinnen, lil picard und salvador allende. wie erklärst du dir das? und wie viel »ich« steckt noch in *psyche,* dem band der *geschichte der empfindlichkeit* über die psychiatrie in westafrika.
2: *psyche* aus der *geschichte der empfindlichkeit* oder *psyche* als fotoband zusammen mit leonore mau.
1: zur *geschichte der empfindlichkeit* kommen wir später. aber wie gesagt: das eigene leben als material – diese aussage griffe aber schon aufgrund der vielzahl journalistischer verfahrensformen viel zu kurz. man denke an seine interviewtätigkeit, der reportagecharakter vieler texte.
3: »ich habe ganze schichten von kultur, die auf den ersten blick nichts miteinander zu tun haben, in meine literatur hineingezogen.«[12]

11 fichte, *pubertät,* s. 35

12 wischenbart, *gespräch,* s. 68

(pause)

2: ja, autobiografismus und dokumentarischer blick müssen sich nicht unbedingt ausschließen, wenn man das eigene leben seinem interesse widmet. »leben, um eine form der darstellung zu finden« ist ja nicht umsonst eine der oft zitierten aussagen fichtes.
1: in diesem fall ermöglichte die autobiografische figur erst, ein projekt einer persönlichen wahrnehmungsgeschichte zu verwirklichen. sich selbst verwenden als rezeptionsinstanz, der empfindsame punkt, auf den die welt zugeht.
2: der veränderliche empfindsame punkt.
1: die veränderung der forscherinstanz durch den gegenstand seiner forschung?
2: auch das ist die *geschichte der empfindlichkeit!*
1: noch nicht so schnell. dazu später.

c
anmaßung: die anderen fragen. gespräche führen

2: auch das macht man nicht.
1: ja, das macht man nicht.
2: man führt keine gespräche.
1: nein, also wirklich nicht.

2: da sind wir uns einig.
1: ja, da sind wir uns mal ausnahmsweise einig.
2: zudem: man geht nicht auf irgendwelche leute zu und bittet sie um ein gespräch. das habe ich in den 80ern so in salzburg gelernt, dass man das nicht macht.
1: ja, und ich dachte noch 1997: mit mir redet ja doch keiner. das hatte ich gelernt, dass man das nicht tut.
2: d. h. man redet nur mit bestimmten leuten.
1: bzw. wer mit wem redet, ist längst festgelegt.
2: da gibt es keine ausnahmen.
1: auch die gesprächsrichtung ist längst festgelegt. da gibt es so richtlinien.
2: spiegelrichtlinien.
1: spiegelrichtlinien.
3: »jäcki haßte die masche der spiegelinterviews.«
1, 2: bitte?
3: »jäcki war enttäuscht.
außerdem hatte die welt gekürzt.
jäcki wollte robbe-grillet nicht entlarven.
jäcki haßte die masche der spiegelinterviews.
er wollte den schreiber des neuen romans nicht bedrängen.
jäcki hatte sehr lange gebraucht, um seine fragen zu verringern.
er fand sie nicht wichtig.
es mußten wenige sein.«[13]
1: nein, nein, nein.
2: man führt keine gespräche und hält das für literarisch.
1: aber das muss man schon auch sagen: es gibt ihn ja, den grundstrom der mündlichkeit, auf dem unsere gesellschaft immer noch trotz schriftkultur beruht.
2: der grundstrom der mündlichkeit, den alexander kluge postulierte.
1: ob es eine verbindung gibt?
2: aber wie der fragen kann!
1: ja, wie der fragen kann!
2: manche sagen ja, inquisitorisch. und er bringt es auch selbst mal: gestapomethoden.
1: wo?
2: in der *palette,* das gespräch mit jürgen.
1: wobei die übertreibung den vorwurf einkassieren könnte und lächerlich machen.
2: eigentlich ein wunder, dass die sich nicht gewehrt haben.
1: *(lacht)* da ist wenig überliefert.
2: … man ist direkt erstaunt, worauf sie antworten.
1: *(lacht)* das ist der berühmte antwortreflex, der nicht ausbleibt.
2: … eben die frage, wann und warum man sich auf ein gespräch einlässt?
1: aber auch umgekehrt. manchmal ist man erstaunt, was man fragt. wie findet man dieses maß an vorsichtslosigkeit, mit der fichte in ein gespräch geht. fragen stellen, die man eben nicht stellt. die leute sind überrumpelt. wie er einfach weiterfragt.
3: »jetzt hast du ihn doch interviewt, sagte ulrich. – beim interviewen gibt es ein moment, da ist es stärker als du. du schreibst ein interview nicht selbst, es wird mit dir gemacht. – das stimmt nicht: du machst es. – du fragst. aber daß du zum fragen bereit bist, das wird mit dir angerichtet.«[14]
2: ja, wie weit lasse ich mich beeindrucken von meinem gegenüber. was macht mein gegenüber im gespräch mit mir. fichte sagt auch mal zu wolli:

13 hubert fichte, *der kleine hauptbahnhof oder lob des strichs,* frankfurt am main 1988, s. 186

14 ebd., s. 193

3: »ich will doch nicht quälen. ich frag mal so und du kannst ja sehen, ob du antworten willst.«
2: *wolli indienfahrer!* 1969, 1976.
1: *die interviews aus dem palais d'amour.* das hamburg der 70er. st. pauli. 1972 erschienen bei rowohlt mit dem cover, das aussieht wie fromms kondome.
2: da haben wir sie, die unterirdische verbindung von alexander kluge und hubert fichte. das ist das ansetzen an der erfahrungsebene des gesprächspartners, der sinnlich-konkreten erfahrung.
1: das sind bei einem bordellbesitzer durchaus steuerprobleme.
2: oder: wie sieht der ehealltag eines zuhälters aus?
1: aber er macht aus gesprächspartnern kunstfiguren, wie es wolli köhler mal über wolli köhler sagt: das ist so eine kunstfigur.
2: ja, wer erkennt sich wieder nach einem interview?
1: und inwieweit ist ein interview ein selbstporträt des interviewers?
2: die fläche der missverständnisse, bei den meisten riesengroß, scheint so klein zu sein bei ihm.
1: das macht die genauigkeit, das nachfragen, das nachhaken.
2: aber warum haben sie so selten rückfragen gestellt? oder nachgefragt? die gespräche wirken so, als wäre der interviewer selbst nicht so sehr infrage zu stellen.
1: bei wolli ist es anders.
2: und bei genet.
1: bei borges traut er sich selber nicht.
3: »jäcki war so verzaubert, daß er keine einzige vernünftige frage stellte, nicht um ein interview bat. und wen hätte er lieber interviewt. es war eine viertelstunde mit dem gedächtnis der welt als reiner goldstaub.«[15]
1: interviews als literarische praxis, als journalistische technik im literarischen feld.
2: für fichte war es aber auch eine eigenständige form.
1: ja, für ihn war es von vornherein literatur. nicht etwa nur materialsammlung.
2: aber wenn das interview eine eigenständige literarische form ist, dann muss es auch eine ästhetik geben.
1: klar, das öffentliche gespräch, bzw. das veröffentlichte gespräch hat seine eigene ästhetik. durch die rahmung eines gesprächs als interview wird eine verstärkung der ohnehin stattfindenden inszenierung, eine zuspitzung, erzeugt. eben dieser inszenierungsdruck, dieses gefühl, das entsteht, wenn man vor anderen spricht.
2: die vierte wand.
1: auf ne weise.
2: jedenfalls ragt in dieser rahmung schon die schriftlichkeit rein. das heißt, es wird von einer schriftlichkeit angefressen, die aus der tradition des schriftlichen interviews her kommt. also es ist von anfang an aus dem schriftlichen raum aus gedacht.
1: also wirklich, wir leser sitzen dann bei wolli im wohnzimmer. hören ihm zu, was er sagt. und in wirklichkeit ist das schriftliche tradition?
2: klar, das gefühl von akustik und präsenz, dieses gefühl dabei zu sein, all die mündlichen effekte, werden schriftlich erzeugt …
1: *(sinniert)* ich bin im moment der artikulation zugegen. die künstlichkeit tritt scheinbar einen moment zurück, während wir in wirklichkeit was höchst stilisiertes erleben.

15 fichte, *explosion*, s. 286

2: bingo.

3: »fichte: glauben sie, daß dies interview eine idee von ihrem augenblicklichen denken gibt?

genet: nein.

fichte: was fehlt ihm?

genet: die wahrheit ist nur möglich, wenn ich ganz allein bin. die wahrheit hat nichts mit einer beichte zu tun. sie hat nichts mit einem dialog zu tun. ich spreche von meiner wahrheit. ich habe versucht, ihre fragen so genau wie möglich zu beantworten. in wirklichkeit war ich aber weit weg.

fichte: das ist aber hart, was sie da sagen.

genet: aber sehr hart für wen?

fichte: für jeden, der sie ausspricht.«[16]

16 hubert fichte, jean genet, *ein interview* [1975], aachen 1996, s. 56

2: das erinnert mich an die unauflösliche vermischung des schriftlichen und mündlichen, wie man sie beispielsweise aus *1001 nacht* kennt.

1: die ordnungen der fiktion und die rahmenerzählungen, die unendlichen verweise!

2: und manchmal, wie in *explosion,* verschachtelt er seine interviews so gekonnt, dass man direkt von einer architektur des interviews sprechen möchte. so finden wir in das gelungene salvador-allende-interview, kurz nach seinem wahlsieg, sowohl sein gescheitertes gespräch mit borges eingefügt und sehen uns so mit den grenzen journalistischer befragung konfrontiert als auch ein gespräch mit dem dann schon ehemaligen pressesprecher allendes, jahre nach dem putsch, und erfahren die grenzen der politischen befragung.

1: permanent diese mündlichkeit, die einmal durch die schriftlichkeit gegangen ist, die wiederum in der mündlichkeit landen möchte. all diese formen des hybriden eben.

2: was hatte er vor?

1: eine neuordnung der welt. eine umgestaltung in seinem blick, einem erotischen blick. d. h. der blick eines homosexuellen –

2: bitte: bisexuell.

1: ja, stimmt, bisexuell – d. h. ein reisender blick, ein blick, der zu fuß geht.

2: also: bisexuell – klatsch – halbjude – klatsch – arbeitsloser kinderschauspieler – klatsch – nicht mal mittlere reife – bumms.

1: die etiketten kleben, aber sie kleben nicht so richtig, es ist der eifer des marginalisierten, sie sich immer wieder ranzukleben …

2: bevor es ein anderer tut?

1: nein, um es der welt zu zeigen!

2: und das hat er gemacht: *geschichte der empfindlichkeit* !

1: ja, *geschichte der empfindlichkeit.*

d
anmaßung: der autor als forscher und sammler: *die geschichte der empfindlichkeit*

3: »allmählich entwickelt sich in mir die freiheit, das diskrepante zu schreiben, das ich früher in der lokstedter einheitlichkeit sorgsam wegstrich; meine niederlagen fixieren, sprünge, widersprüche, das unzusammenhängende nicht kitten, sondern teile unverbunden nebeneinander bestehen lassen, mit zwei falschen, übertriebenen aussagen die tatsachen anpeilen.

ich will meine fehler so unweigerlich begehen, daß sie, wie ungenaue gegenübertragungen die evolution, ein stil werden. ich entschließe mich, während der sturm den schnee bis ans bett treibt, mein schönes buch zu schreiben, gesichter zu vergrößern, litaneien aufzuzeichnen – schichten statt geschichten, kiesel zeitraffer, zeitlupe, die uhrzeit verlieren und auch die wiedergefundene zeit wieder verlieren.
die schönheit ist ein fabeltier mit drei beinen, einem moralischen, einem instinkthaften, einem mathematischen – ein gütiges geschminktes monstrum ...«
2: wieso gütig?
1: pssst!
3: »... und schließlich frage ich mich, ob ich nicht ein lyrischer reporter werde, der die methoden der ethologischen und ethnologischen feldstudien auf das lokstedter innenleben anwendet und melopoeia, phaenopoeia, logopoeia auf yoruba, ewe und fon.«[17]

17 fichte, *pubertät,* s. 294

1: aristoteles?
2: ezra pound!
3: »jetzt hatte er sich zum ethnologen entschieden.
das war alles.
jetzt mußte er alles darstellen.
nicht emotional, oder spannend, oder innovatorisch, ex- oder impressionistisch, sondern genau und vollständig, sagte er sich
und er konnte sich eine genaue und vollständige darstellung der afroamerikanischen welt nicht vorstellen.«[18]

18 fichte, *explosion,* s. 191

2: jetzt hatte er sich zum ethnologen entschieden.
1: jetzt hatte er sich zum lyrischen reporter als ethnologen entschieden.
2: oder umgekehrt.
3: »jäcki lernte alle die schweigen.
die listen
die fallen
die sekundären riten die sich unter ethnologen an den riten der götter entlang entwickelten wie favelas um die prachthäuser der ehemaligen hauptstadt
er lernte die taktlosigkeiten
die ökonomie der frage
die zielstrebigkeit
die schärfe, entwaffnung, den schnitt ins gesicht ins bewußtsein
die überrumpelung
jäcki tat so, als würde er geduldig.
all das gerumpel einer geistlichen kolonisierung das jäcki oft interessant genug fand, weil ja vierhundert jahre kolonialismus, wie er meinte in vier monaten noch einmal wiederholte, daß er zögerte, ob er dies, die fieber und erschlaffungen der weißen, die hitze, das schwitzen der ethnologen nicht lieber zum gegenstand seiner forschungen machen sollte als das urmaterial, das blutbad, die kotsuppe, den geschächteten dackel
aber das stand ja nicht isoliert.
die könige von abomey wollten ja auch die gewehre haben.
ein gewehr für einen kriegsgefangenen, einen sklaven.
jäcki interessierte die reinheit nicht.«[19]

19 ebd., s. 195 f.

(pause)

2: *die geschichte der empfindlichkeit?*
1: *die geschichte der empfindlichkeit.* ein auf 19 bände angelegtes monumentalwerk, ein *roman fleuve* –
2: *roman fleuve?*
1: ein episches monstrum, wie es gustav rené hocke, der barock- und manierismusforscher, ausgedrückt hätte.
2: aber …
1: eben die verwörterung der welt, poetische anthropologie, wie man heute wieder gerne sagt, und poetik der verhaltensweisen des menschen.
2: aber –
1: ein werk, das sich an so unterschiedlichen orten aufhält wie dakar, hamburg, lomé, bahia de salvador, trinidad, new york, haiti, rom, frankreich, portugal …
2: ich meine –
1: … geschrieben von einem autor, der die jeweiligen landessprachen spricht. der sich nicht scheut nachzufragen. zu fuß zu gehen …
3: »der wichtigste körperteil im leben eines bisexuellen ethnologen und schriftstellers … sind die … [füße].«
2: *(triumphierend)* … und so ein netz subkultureller riten, gesten und praktiken freilegt, vom synkretismus in brasilien über die kunstszene der späten 70er in new york wie in *lil's book* über und mit lil picard, von den psychiatrischen projekten in togo, benin und dem senegal, bis hin zu den homosexuellen riten der klappen und absteigen in st. pauli.
3: »dieter e. zimmer: sie schreiben also an einem einzigen buch, einem roman fleuve, von dem bisher nur bruchstücke existieren?
hubert fichte: ja. roman fleuve? ›fluß ohne ufer‹? vielleicht ›roman-delta‹.
dieter e. zimmer: wie müßte dieser roman heißen?
hubert fichte: ›die touristische entwicklung in der zweiten hälfte des zwanzigsten jahrhunderts‹.
dieter e. zimmer: wie bitte?
hubert fichte: von ausnahmen abgesehen, gibt es zwei gruppen von leuten: die mit touropa reisen und die vor hunger militärkantinen plündern. es geht mir darum, die entwicklung der ersten gruppe zu schildern und ihre reaktion auf die zweite.«
2: *explosion.*
1: sein brasilienbuch. eine montage aus tagebuchnotizen, zeitungsausschnitten, interviews, reisebeiträgen, stadtlandschaftsschilderungen, concetti, legenden und litaneien, die einen »roman der ethnologie« entstehen lassen, in dem die entwicklung der synkretistischen …
2: afroamerikanischen!
1: … riten unter den bedingungen von diktatur und kolonialismus ins zentrum des textes rückt.
1: das ist sie, *die geschichte der empfindlichkeit,* poetische anthropologie und verwörterung der welt …
2: das epische monstrum. ein ästhetischer bastard, eine zwitterform durch und durch …
1: ja, formal handelt es sich um eine zusammenstellung von unterschiedlichsten genres und literarischen formen: es gibt hörspiele, interviewbücher, romane, tagebuchartiges, glossen, nachträge, auch randbemerkungen, aber auch, wie in *der platz der gehenkten,* das spiel mit religiösen texten, die den suren des korans

nachempfunden sind – und: features.
2: davon hat er sich ja hauptsächlich finanziert.
1: eben. einerseits hat fichte seine reisen mit radioproduktionen finanzieren können, und andererseits boten sie ihm auch formale möglichkeiten, denn das diesem genre genuine nebeneinander von reportage, interview, kommentaren, geräuschen und klängen entspricht einer ästhetik des disparaten, um die es ihm ja ging.
3: »bi
in othmarschen über den candomblé schreiben.
über irma an mario denken.
bikontinentalität.
eins ganz.
das konnte jäcki nicht.
die reinheit fand jäcki furchtbar
die reinheit gibt es nicht.«[20]

20 ebd., s. 336

1: das ist sie, die *geschichte der empfindlichkeit,* poetische anthropologie und verwörterung der welt …
2: stopp!
1: bitte?
2: warum ich den begriff des anthropologischen nicht hören kann? ist er nicht ganz deplatziert?
1: konnte eben in den letzten jahren in den feuilletons wieder reussieren …
2: und ist traditionell dem des historischen und des ethnologischen entgegengestellt.
1: wissensformen, an denen fichte unbedingt interessiert war.
2: zudem wird mit anthropologie nicht benannt, was diese texte motiviert hat. denn die gesten, rituale zeichnet er nämlich hauptsächlich dort nach, wo es um randgruppen geht, um außenseiter, er lässt zwar nicht nur slumbewohner, gammler, arbeitsimmigranten, prostituierte zu wort kommen, wenn er aber personen, die eine machtstellung haben, sprechen lässt, dann nur in bezug zu ihrer gesellschaftlichen position –
1: *(ruhig)* er lässt das hegemoniale eben nicht außer acht.
2: man kann also nicht sagen: er macht die machthaber – oder wie man heute sagt: entscheidungsträger – auf beckmann-kerner-art menschlich, sondern er befragt vielmehr randgruppen nach deren politischen vorstellungen.
1: und damals war das wort »utopie« noch nicht völlig einkassiert.
2: sein anthropologisches interesse hat eine richtung, ist eben die frage nach dem überleben unter den bedingungen des neokolonialismus und der ausbeutung, die fragen nach legalität und illegalität, der verfolgung und verdrängung von ethnischen, sexuellen minderheiten.
1: seine frage nach der säkularisierung archaischer riten und kulte in der modernen spätkapitalistischen und neokolonialistischen welt ist eben auch die frage, wie sich hunderte jahre kolonialismus und ausbeutung überleben ließen und lassen, welches psychologische modell, wie er einmal sagt, zu überleben hilft.
2: aber was waren das wohl für augen, mit denen fichte da in die synkretistischen riten und religiösen handlungen geblickt hat, wie hat er die strategien und systeme ordnen können?
1: und was waren das für augen, mit denen er aus diesen riten richtung hamburg

zurückgeblickt hat, ohne in eine zu schnelle identifikation zu geraten?
2: keine falsche esoterik bitte!
1: ja, die distanzmaschine fichte produziert auch hier für uns den nötigen abstand, den wir benötigen, um eine optische schärfe zu erhalten.

e
anmaßung: die neuordnung der welt

1: darf man das?
2: schon in der *palette* gibt es nicht nur ramonita, igor, jürgen, heidi und die blume zu saaron, es gibt auch den fensterputzerkarl und den postbeamten aus pinneberg. es gibt den fensterputzerkarl mit seinem notizbuch und seinem literaturhunger. der fensterputzerkarl, der sich die anregungen ins notizbuch schreibt, weil »wo soll man anfangen, sagt der fensterputzerkarl«.
3: »es ist so viel. alle die gebiete und das eine hängt mit dem anderen zusammen. das eine ist nicht zu verstehen ohne das andere. entweder muß ich dumm bleiben oder ich werde verrückt, wenn ich alles gründlich studiere. ich bin zu alt. ich kann doch nicht mehr alles lesen. vielleicht können mir die, die schon auf vorrat gelesen haben, ein bißchen helfen. deshalb habe ich mein notizbuch immer dabei.«[21]
2: ja, bücher in büchern verstecken –
1: bücher hinter büchern! das war seine erste lektüreerfahrung. der heine hinter dem steiner hinter dem schiller in mutters bücherregal.
3: »hinter schiller versteckt dr. rudolf steiner ›die geheimwissenschaft‹. hinter dr. rudolf steiner versteckt: heinrich heine ›der rabbi von bacherach‹.«[22]
1: das verborgene wissen, die enigmatischen, hermetischen wissenszusammenhänge, in die nur eingeweihte dürfen.
2: alles wissen der welt liegt eben nicht vor unseren augen dar. wir leben nicht in einer informationsgesellschaft, sondern in einer desinformationsgesellschaft, worauf man zugriff hat, verhindert den zugriff auf anderes.
1: so wie all die realitysoaps auf sat1 und rtl die realität eher verstellen, bzw. eine sekundäre realität aufbauen, in der *big-brother*-teilnehmer sich immer mehr *gute-zeiten-schlechte-zeiten*-schauspielern angleichen, die sich wiederum den *big-brother*-teilnehmern angleichen.
2: aber genau das hätte er auch schon wieder mit einbezogen.
1: richtig.
2: unhierarchisch.
1: aber nicht ungeordnet.
2: eben inszenierungen, die in den inszenierungen stecken, ein unendliches verweissystem der inszenierungen, die niemals sich abheben von einem authentischen, echten, quasi uninszenierten.
1: es gibt nicht nur die verschachtelung von räumen, also dieses nebeneinanderstellen von räumlich und kulturell weit entfernten orten, das auf eine analogische struktur hinweist, auf eine ordnung der dinge und der welt nach ästhetischen kriterien. es gibt auch den gedanken der kommunikation über imitation, der vernetzung über analogien, über die form, das ist doch ein höchst barocker gedanke, die ordnung der welt nach formen –
der biologie beispielsweise.
3: »sich selbst unter die lupe nehmen, wie eine pflanze,

21 hubert fichte, *die palette* [1968], frankfurt am main 2005, s. 42

22 fichte, *detlevs imitationen ›grünspan‹*, s. 70

ein endloses tagebuch über das milagre de sao joaquim
ethnologische gesten als biologische formen.
listen
litaneien.«[23]

2: aber wie erzähle ich die welt? das ist doch nicht nur eine materialfrage?
1: bei fichte ist's, wie soll man sagen: detailbesessenheit? oder »liebe zum detail«?, eben zu den kleinigkeiten, dem scheinbar nebensächlichen, die freude an den kontrasten und am positionswechsel. das gleitende des blicks, die das bildvermögen ausmachen.
3: »wie sollten seine texte werden.
er hoffte manchmal er könnte etwas erreichen, wie die darstellung von blüten.«[24]
1: die welt als welt der formen, die man analog setzen kann. das kennt man doch vom barock: naturgeschichte über ähnlichkeiten, ein morphologisches system. also verwandtschaftsbeziehungen wurden nicht genetisch, sondern nach ähnlichkeiten geordnet.
2: war das nicht die klassik? die frage der einteilung der gattungen? also der repräsentation?
1: barock ist jedenfalls, dass diese formen sich auffalten …
2: dass es üppig wurde, so als reflex auf die reformation.
1: … in unendlichkeiten entfaltet. denke nur an *vanitas* und *horror vacui* –
3: »deutsche literatur ist für mich barocke literatur.
orthographische phantasie, grammatische turbulenz, bildungsraserei und regelwut – sie zischt ab über die meisten literaturen ihrer epoche.«[25]
2: kein ende finden, immer neue wendungen finden.
1: kein antikes maß mehr vorhanden, stattdessen eine überschwängliche feier des lebens, der formen, man musste sich innerhalb des maßlosen neue grenzen setzen: so entstand der manierismus.
2: gustav rené hocke.
1: foucault: *die ordnung der dinge.*
2: deleuze: *die falte.*
1: wir kommen vom weg ab.
2: aber das ist doch der sinn der sache.
1: vielleicht für dich, für mich aber nicht.
2: ja, da scheiden sich wohl die geister.

23 fichte, *explosion*, s. 207

24 ebd., s. 191

25 hubert fichte, »elf übertreibungen«, in: ders., *mein lesebuch*, frankfurt am main 1976, s. 15

F
die anmaßung der anderen: vergessen. übersehen

1: zu früh gestorben –
2: nicht einzuordnen –
1: verlagspolitik!
2: quatsch: ökonomisches kalkül!
1: zu früh für die *gender studies.*
2: und dafür gleich auch wieder zu un-angloamerikanisch. traut man der eigenen literatur wohl so stark nicht zu, dass man nicht hinsieht.
1: von postkolonialismus hat man damals auch noch nicht gesprochen.
2: quasi diskursmäßig *lost in space.*
1: jedenfalls: sie kommen einem mit ausreden.
2: mal sehen, wie es weitergeht mit ihm. ❑

»Der Mensch ist ein Baum. Eichen meine Eltern. Die Fichte«

Zu Impulsen des Schreibens bei Hubert Fichte

Von Mario Fuhse

Hubert Fichte
Foto: Privat

»Singen heißt mich das Herz von
Gestalten, verwandelt in neue Leiber.«
Ovid

Ständchen

Fichtes Lebenslauf ist in groben Zügen bekannt und beschrieben. Die Feinheiten werden wohl bis in alle Ewigkeiten unter der Flut fast glaubwürdiger Geschichten[1] und dem eigenen, eng am Leben klebenden Werk des Autors verborgen bleiben oder zumindest Stationen davon als Cluster denkbarer Möglichkeiten bewahren. Man glaubt, das Leben Fichtes nach der Lektüre seiner Bücher so gut zu kennen wie das engster Freunde. Dabei mag man höchstens eine Ahnung haben, da Wirklichkeit und Fiktion in dieser Reißverschlussfiguristik dicht beieinander liegen. Den Filter der eigenen Interpretation noch gar nicht eingerechnet.

Für diesen Versuch erscheint der im Gesamtwerk Fichtes gezeichnete Lebensweg in der Analyse als deutliches Muster eines komplexen Schreibimpulses.

Fichtes Interesse an Trancen, Einweihungsgetränken, Zerbrechen des Bewusstseins, Geisteskrankheit, Sadismus, Masochismus usw. treffen sich immer wieder in einem wesentlichen Kulminationspunkt: dem der Verwandlung des Menschen und des dadurch möglichen Erkenntnisgewinns. Fichtes Interesse für die unterschiedlichsten Spielarten sexueller Lust, letztlich sein freier Umgang oder auch sein Spiel mit den literarischen Formen sind möglicherweise Ausdruck dieser Suche nach Verwandlung. Aber wohin führt dieser Weg?

Kanon

Der Hang zum Anderssein, sich vom Gewöhnlichen zu distanzieren, dieses programmatische Moment entwickelt Fichte für seine Figur des Jäcki bereits bei der Geburt:

> Jäcki wurde nicht in einer geisteswissenschaftlichen Klinik geboren.
> Jäcki erblickte das Licht des allopathischen Kreiskrankenhauses Perleberg.[2]

Der Autodidakt Fichte rückt seine Figur mit wenigen Worten ab von einer Gemeinschaft, die vorgibt, sich wissenschaftlich mit der Kultur und dem geistigen Leben auseinander zu setzen.

Der Geburtsort seiner Figur ist keine gewöhnliche Klinik. Die erwähnte geisteswissenschaftliche Variante sollte nur wenig seltener zu finden sein als der angegebene Geburtsort. Jäcki erblickt das Licht der Welt in einem Krankenhaus, das sich der Allopathie verpflichtet fühlt. Dies ist eine Heilmethode der Schulmedizin, bei der Krankheiten im Unterschied zur Homöopathie mit entgegengesetzt wirkenden Medikamenten behandelt werden. Hierin kann ein programmatischer Aspekt vermutet werden. Antagonistische Impulse sollen Heil bringen. Es wird am Schluss deutlich werden, welche Gegenspieler Fichte hier in seine komplexe Bilderwelt eingewoben hat.

Ebenfalls bezeichnend ist, dass die erste Reaktion der Hauptfigur ein Schauen ist. Der lebenswichtige Schrei, der die Lungenfunktion in Gang setzt, oder gar der Prozess der Abnabelung finden keine Erwähnung. Dies unterstreicht einen bereits nach der Geburt einsetzenden voyeuristischen

1 Vgl. Jan-Frederik Bandel, *Fast glaubwürdige Geschichten. Über Hubert Fichte,* Aachen 2005

2 Hubert Fichte, *Die Geschichte der Nanã,* Frankfurt am Main 1990, S. 38

Aspekt der Figur. Fichtes Haltung des beobachtenden Schriftstellers tritt ebenfalls hervor, u. a. für seinen Roman *Palette* recherchierte er mit einem Notizblock in der Hand meist abseits des Geschehens. Fichte war kein agitativer Autor, der empfundene Ungerechtigkeiten in die Welt hinausschrie.

Orte, Verortungen sind und bleiben weiterhin für Fichtes Figuren prägende Instanzen.[3] Vor allem deren Veränderungen und Verwandlungen sind es, die die heile Kinderwelt stören, die der Erzähler benennt. Bereits im ersten Buch Hubert Fichtes, *Der Aufbruch nach Turku*, finden sich solche Momente:

> Der Großvater, die Großmutter, die Mutter und Detlev gingen jede Nacht in den Keller. Als sie eines Morgens aus der Kellertür traten, war der Himmel schwarz und die Sonne rot. Überall im Garten fanden sie Dachziegel und Fensterscheiben. In den Erdbeerbeeten waren gelbe Löcher, und die Zweige der Apfelbäume und der Schattenmorellen lagen auf der Erde. Das Drahtgitter der Gartenpforte hing verbogen an den Stangen.[4]

Dieser zu einem expressiven Bild geronnenen ehemaligen Idylle schließt sich Fichtes durch das NS-Regime erzwungene Waisenhausaufenthalt im bayerischen Schrobenhausen an. Diese Nord-Süd-Verschiebung seines Lebensumfeldes lässt die für Detlev, Jäckis Alter Ego, surreale, weil stark ritualisierte, Welt des Katholizismus deutlich hervortreten.

Die kindlich empfundenen Wandlungen werden dann beruflich nutzbar gemacht, Detlev/Jäcki/Fichte arbeitet als Schauspieler bzw. Kinderdarsteller.

> Die Welt und die anderen hängen sich mein Ich um den Hals, wie Gründgens als Orest in den »Fliegen« von Sartre. Ich identifiziere mich mit der Welt. Die Welt ist ich.
> Dann wieder verstärke ich mich und schlucke bei den Proben in den Kammerspielen die Welt auf und imitiere alles. Ich bin die Welt.
> Ichbewußtsein zwischen Ichverlust und Ichverlust.
> So imitieren, daß ich bin, was ich imitiere, und Imitation wieder für eine Theaterewigkeit umschlägt in Identifikation.
> – Liebe.
> Mit jemandem anderen zusammentreffen ist für mich nicht selbstverständlich. Ich kann nicht ruhig weiteressen, wenn an den Nebentischen schon abgeräumt wird. Ich habe kein Vertrauen in das, was ich sage […]
> Ich möchte meinen Wörtern durch gelungene Gesten Nachdruck verleihen; aber die ich ausführe, sind die falschen. Ich will das Eine sagen, aber da das Eine allein so unvollständig ist, auch gleichzeitig das Andere, Gegenteilige.
> Oder lieber ungeschickt schweigen in dieser allerunmöglichsten, schwierigsten Situation: der Begegnung mit einem anderen.[5]

Für den Ich-Erzähler ist das Zusammentreffen zweier Menschen die »allerunmöglichste, schwierigste Situation«, eine Aussage, die man nicht ohne weiteres auf den Autor Fichte übertragen möchte, ist sein Leben doch durchzogen von zahlreichen Begegnungen, nachweislich durch geführte Interviews und nächtelange Gespräche mit Freundinnen und Freunden. Augenscheinlicher wird diese Problematik, wenn man dabei auch bemerkt, dass Fichte bei seinen Interviews, den Recherchen immer eine Distanz wahrte. So hört man vom langjährigen Freund Wolli, dass es Fichte immer gestört habe, wenn das Telefon klingelte und man sich nicht mehr ausschließlich mit ihm befasste. Auch war Fichte äußerst nachtragend und verzieh ein aus seiner Sicht grobes Fehlverhalten ehemaliger Freunde so gut wie nie.

Fichtes Drang, seiner Hamburger Welt wieder und wieder zu entfliehen, lassen sich unterschiedliche Impulse zuordnen. Zum einen ist hier der Fluchtimpuls als Wunsch zu lesen, seine gesellschaftlich keinesfalls akzeptierte Sexualität auszuleben, zum anderen der recht idealistische Impuls, noch einmal ganz von vorn anzufangen, das Erlebte abzuschütteln, alles noch einmal neu zu entdecken, der große Wunsch, unbelastet auf alles zuzugehen, um so möglicherweise versöhnlicher mit der Welt umgehen zu können.

Seine Figur wünscht sich in diesem Zusammenhang ein ganz anderes Auf-die-Welt-Kommen: »Weg von der bundesdeutschen Arbeitslosenunterstützung in die alte geschichtliche

Armut, ins Vergessen, ins Vergessene, ins Ungelernte. Eine Art Geburt.«[6]
Gleichzeitig zu diesem Neuanfang ist ein solcher Wunsch auch ein den zeitlichen Lauf wandelnder, ja »allopathisch« rückwärtig und gegen die Widerstände der anderen gerichteter:

> Dem Großvater [Paul] war es nicht lieb, was Jäcki da trieb.
> Er schrieb dem neunzehnjährigen einen Brief, von Goldener Uhr, von Grundstück und Einfamilienhaus in Hamburg, von Zoll, bezahlte Ausbildung.
> Jäcki empfand es, als wollte der achtzigjährige Zollinspektor a. D. den jungen Schäfer erpressen.
> Paul verstand nicht, daß Jäcki noch einmal ganz von vorn beginnen wollte, beim Sammeln und Hüten und Roden.[7]
>
> Als Jäcki zum Ärger des Großvaters Paul zwanzig Jahre später den gleichen Weg zurückging, zum barfüßigen Ahnen in den Frühwald, waren die tausend Jahre schnell vergangen.[8]

Solche Evokationen einer wohl eher analphabetischen und schriftstellerfeindlichen Zeit fungieren als Schaltstelle zwischen den biografischen Erfahrungen und der mystifizierenden Überhöhung derselben.

In einem Interview mit Peter Laemmle konkretisiert Fichte seinen speziellen Hang zum Fremden folgendermaßen:

> *Fichte:* Es hat mich nie interessiert, mich in der Welt zurechtzufinden. Ich habe eigentlich immer auf den Moment gewartet, wo ich etwas ganz Fremdes finden würde, wo ich mich also gar nicht mehr zurechtfinden könnte. *Laemmle:* Ohne das Fremde dann vertraut machen zu wollen?
>
> *Fichte:* Nein, das wollte ich ganz sicher nicht. Ich fand die Idee, mal etwas zu finden, was ich nicht kenne, zu dem ich mich nicht verwandt gefunden hätte, so faszinierend. Das ist es, was mich interessiert, etwas anderes zu erfahren, nicht das, wo ich mich bereits zurechtfinden kann. Wenn ich mich zurechtfinden kann, möchte ich weg.[9]

Derartige Wünsche nach dem Vergessen mögen auch auf eine Form der Übersättigung hinweisen. Hier will sich jemand vom Ballast Leben befreien, um leben zu können, auch wenn der stets auf Sicherheit bedachte Antagonist Familie protestiert. Eine Art Neuanfang muss gewagt werden:

> – Ausprobieren will ich alles noch, will alles werden!
> – Doch wieder vergißt du den Wurm
> In die rostige Dose zu tun.
> – Es ist doch alles zu spät. Ich werde keinen Beruf mehr ergreifen.
> – Ich will experimentieren.
> – Ihr Hühnervolk, laßt ab.
> Stört mir den Spaten nicht.
> – Ich will jetzt alles ausprobieren: Dichter und Denker sein.
> Bauer und Held.
> – Hau ab! du Vogel!
> So schnell wies geht, so unermeßlich vieles werden.
> Bis es aus ist, Genien!
> Und zum letzten Gericht das Hühnervolk unter
> Der Stabbrandbombe ächzt.
> Ich aber vielleicht
> Dies noch wäre und das noch.
> Bis dann schließlich gar nichts mehr ist.
> Gott nicht und nichts weiter. Nichts nichts. Alles
> Will ich sein, ihr Griechen –
> Möglichst viel.[10]

3 Vgl. auch Peter Braun, *Eine Reise durch das Werk von Hubert Fichte*, Frankfurt am Main 2005
4 Hubert Fichte, *Aufbruch nach Turku*, Hamburg 1963, S. 48
5 Hubert Fichte, *Versuch über die Pubertät*, Hamburg 1974, S. 63 f.
6 Fichte, *Pubertät*, S. 222
7 Fichte, *Nanã*, S. 12
8 Ebd., S. 38
9 NDR, Oktober 1980
10 Hubert Fichte, *Detlevs Imitationen ›Grünspan‹*, Reinbek 1971, S. 70 f.

Norbert Grupe alias Wilhelm von Homburg
Foto: Privat

Diese Textcollage zeigt, dass Fichtes Leben und Schreiben nicht ausschließlich, aber in großen Zügen mit einem Begriff zu kennzeichnen ist, dem des unverstandenen Experimentators. Das Rekurrieren auf die Antike, immer wieder die zeitliche Orientierung zurück in die Vergangenheit hat sicherlich nicht nur mit der hellenistischen Toleranz in Bezug auf Homosexualität zu tun. Nicht umsonst fällt wenige Zeilen zuvor der Name Heraklits, eines Philosophen, der als Eremit im Gebirge lebte und eine Abneigung gegen jede Art von Autorität zeigte. Kritisch und polemisch soll er sich über die kulturellen, sozialen und politischen Verhältnisse geäußert haben.

Fichtes Hang zu barocker Musik und Lyrik, zur Geisteswelt des alten Griechenlands und den archaischen Riten zeigt überdeutlich die exponierte Stellung dieses Autors, der heute aufgrund seines freien Umgangs mit dem Bestand literarischer Schreibarten falsch verstanden als Popautor gefeiert wird. In einem knapp zweiseitigen Gedichtentwurf Fichtes zeigen sich Verbindungen aus solchen Traditions- und Verwandlungsaspekten:

Gedächtnisgedicht

Mein Gedächtnis ist alt.
Eine Million Jahre
Zwei Millionen. Drei Millionen.
[…]
Ich weiß, ich war Moos
Vor allem aber ein Baum
Meine Erinnerungen als Baum legen sich über die
Buchbesprechungen, die Korrekturfahnen, die englische
Abhandlung des Autismus.
Ich weiß, ich war ein Einzeller, eine Amphibie
Ich erinnere, daß ich zwischen Wasserkresse
hing in einer langen Reihe schwarzer, lebendiger
kalter Mollusken laichte und samte zugleich.[11]

Vor allem der Hinweis auf eine Vielzahl vorangegangener Leben als zwittriges Wesen wird noch von Bedeutung sein.

Das Element Wasser hat in Fichtes Werk verwandelnde Kräfte:

Irma gibt Jäcki die Hand.
– Wenn die nächste Welle kommt, gehn wir in die Hucke und lassen sie über uns wegsausen.
Irma und Jäcki machen einen Knicks
Als sie wieder auftauchen haben sie sich in Seehund und Möwe verwandelt.[12]

Hymne

Hubert Fichtes *Geschichte der Empfindlichkeit,* das große unvollendete Hauptwerk des Autors, liefert in seinem letzten Band *Hamburg Hauptbahnhof Register* im zehnten und letzten Kapitel die entscheidenden Hinweise zum Verständnis seiner schriftstellerischen Ambitionen.

Auf der Flucht vor der Kälte und den durch sie verursachten Krankheiten wie Rheumatismus und Sinusitis macht sich Jäcki auf die Suche nach einem bestimmten Stoff in einem besonderen Rot-Ton:

Jäcki war ganz verrückt gewesen nach diesem Rot.
In London hatte er es beinahe geschafft.
In Berlin war es unmöglich zu finden.
Bei Ladage und Oelke hingen sie schließlich auf der Stange.
Rote Tweedjacken.
Aber Jäcki machte den ganzen Laden verrückt
Geschneidert sollte sie sein.
Ihm auf den Körper gemessen
Und ein grünes Futter.
Jäcki kaufte es selbst ein und brachte es zu dem mürrischen Bediener.
Die fuchsrote Jacke begleitete Jäcki nach Dakar, Benin, Ouagadougou, Paris, Casa, Fes, Meknes.

11 Der Abdruck des Gedichts erfolgt mit freundlicher Genehmigung der S. Fischer Stiftung. Nach einer Überarbeitung klingt das Gedicht dann so: »Gedächtnisgedicht / Mein Gedächtnis ist alt. / Eine Million Jahre / Als ich noch nicht sehen konnte, / erinnere ich mich an meine Zeit als Walfisch, / als Kröte, als Stichling. / als Fliegender Fisch / und schwamm. / Das vergaß ich / im Kindergarten / beim Turnunterricht / durch meine Liebe zum Matrosenland / und seinen Untergang im Krieg.«

12 Hubert Fichte, *Explosion. Roman der Ethnologie,* Frankfurt am Main 1993, S. 24 f.

Jäcki saß in Meknes beim heißen Café im Gebirgswind und sah den Djellabahs nach.
Er wollte gestreiften Djellabahstoff Irma mitbringen für einen weiten Mantel, in diesem Frühjahr, als Freud abgeschafft werden sollte, und als es Jäcki, der sein ganzes Leben lang Freud bekämpft hatte, schon fast wieder leid tat, um Unbewußtes, Ich und Über-Ich.
Da kam einer in einer fuchsroten Djellabah vorüber.
Das Rot der Jacke, in der Jäcki warm saß
Weit
Fuchsrot für Irma aus der groben Djellabah Wolle.
Warum sollte das nicht gehen.
Einen weiten Mantel.
Einen weiten fuchsroten Mantel.
Den weiten fuchsroten Mantel seiner Hymne aus dem Waisenhaus.
Jäcki saß in Stoff und Farbe des weiten fuchsroten Mantels der
Mutter aus dem »Waisenhaus« in dem kalten Frühjahr in
Meknes.
In diesem Frühjahr als Freud abgeschafft werden sollte
Als Jäcki seine Mutter ganz in sich abgetötet hatte
Als sie zu einem Gespenst verkommen war
Als er dem Gespenst das Waisenhaus nur noch vorwarf.
In diesem Frühjahr als er versuchte durch einen Roman den Roman Das Waisenhaus für ungültig zu erklären – saß er in einem Stück Stoff von der Farbe des weiten Mantels der Mutter den er durch die halbe Welt schleppte um alles Lüge zu strafen, die ganze Geschichte der Empfindlichkeit, Die Geschichte der Nanã und diese Entstehung eines Gespenstes.
Ein letztes enges Stück fuchsroten Stoffes der Hymne des Waisenhauszöglings von acht.[13]

Der Mantel der Mutter im Waisenhaus ist blau.[14] Vom Heiligen Nikolaus aber heißt es: »Ein weiter roter Mantel umgab ihn.«[15]

Handelt es sich hier um eine ungenaue Erinnerung, verschmolzen die Figuren zu einer einzigen, oder wurde der reale rote Mantel der Mutter im Buch auf den Heiligen Nikolaus übertragen? Eine Antwortmöglichkeit bietet der Vergleich mit Fichtes großem Vorbild Proust. Dieser evoziert in seinem Romanwerk *A la recherche du temps perdu* Vergangenheit durch sich verbindendes Tee- und Kuchenaroma. Fichte hingegen mischt in seiner *Geschichte der Empfindlichkeit* Figuren ineinander, legt sie wie die Hauchbildchen im Roman übereinander.[16] Eine dieser Figuren ist die große Antagonistin Dora Mascha, die Mutter. »Der Heilige Nikolaus trug einen Wattebart, wie der Weihnachtsmann an der Alster. Seine Backen waren rosa.«[17] Für Detlev offenbart sich die Verkleidung des Scheinheiligen. Die darunter sich verbergende Person stellt er sich nicht banal vor: »Detlev wartete auf den Augenblick, wo der rosa Heilige Nikolaus sein liebes Gesicht abreißen würde und darunter käme das andere, weiße, aus Käse, aus dem Wadenfleisch von Sepps Vater zum Vorschein – ohne Augen und Ohren, mit Warzen an Stelle der Augen und Schorf an Stelle des Mundes.«[18] Vielmehr kommt ihm eine expressive Horrorgestalt vor Augen und er fragt sich wenig später: » – Vielleicht ist er doch der liebe Gott? Nein. Der liebe Gott hat keine Frauenstimme.«[19]

Die Verbindung von Mutter und Mantel mag nun deutlicher hervortreten, auch wenn es nicht die Mutter ist, die hinter der Maske lauert. Vielleicht ist darunter eine der Schwestern verborgen. Doch ist noch nicht das Ende der Verbindungskette erreicht. Jäcki will eine »ihm auf den Körper« gemessene fuchsrote Jacke als Fanal der Erinnerung durch die ganze Welt tragen. Fichtes ungewöhnlicher Fuchsfellmantel und sein roter Seidenmorgenmantel, den er todkrank im Krankenhaus trug [20], kommen in Erinnerung. Fichtes außergewöhnliche Vorliebe für außergewöhnliche Kleidungsstücke gipfelte darin, dass er sich laut Auskunft von Peter O. Chotjewitz[21] in Rom eine Jacke beim Couturier des Papstes schneidern ließ. Antagonistische Aspekte gerinnen hier zu einem besonderen Reiz.

In der Textstelle wird der antagonistische Charakter vor allem mithilfe des grünen Futters evident. Fichte stellt hier komplementäre und vor allem jene zwei Farben gegenüber, die sich in ihren Helligkeitswerten gleichen wie kein anderes Komplementärfarbenpaar (so kommt es zu der so genannten Rot-Grün-Blindheit).

Die Jacke ist Sinnbild der komplementären Figur Jäcki, Halbjude, Halbwaise, Bisexueller usw. Auch erscheinen in diesem Zusammenhang Jäckis etwas zu enge Scheren-Schneidereien in *Hotel Garni* am Anfang der *Geschichte der Empfindlichkeit* in einem ganz neuen Licht.

Irma, deren Fotos er zerschnitt, trägt nun den roten Mantel, den die neu kreierte, doppelbelichtete Mutter-Nikolaus-Figur trägt. Diese als zufällig geschilderte Farbparallelität zeigt ein äußerliches Einswerden mit Irma. Die Farbe des Stoffes seiner Tweedjacke lässt die Hauptfigur Jäcki abschließend auf sein Leben zurückblicken. Zurückblicken auf die Arbeit an der *Geschichte der Empfindlichkeit,* auf deren Scheitern, das im Zusammenhang mit dem antagonistischen Anfangsimpuls zu einem Erfolg sich wendet. Alle gescheiteren Versuche einer Verwandlung, jede familiäre und freundschaftliche Gegnerschaft, all die verzweifelten Kämpfe mit dem Material und dem Wort kulminieren in diesem einen Moment zu einem hintergründigen Finale: einem feierlichen Preis- und Lobgesang auf Irma[22], einer zumindest oberflächlichen Transsubstantiation des Protagonisten Jäcki, beides mit der utopischen Hoffnung auf eine neue, bessere, ja verwandelte Menschheit verbunden.

Fichtes Figur erkennt am Ende der *Geschichte der Empfindlichkeit,* dass sich Vergangenheit nicht abschütteln lässt. Freud kann nicht in der gewünschten Weise abgeschafft werden. Das Vergangene in Form von individueller Biografie trägt jeder Mensch mit sich herum, es ist jedem hauteng auf den Leib geschneidert. Jäcki wird derlei Erkenntnis nicht geschmacklich bewusst, ihn bringen visuelle Kongruenzen zu dieser Rückschau. Wie bei einer Medaille hat diese Erkenntnis zwei Seiten. Die eine zeigt den krank machenden, negativen Impuls, die andere den kreativen, positiven Impuls, die beide zusammengenommen Fichtes Literatur hervorbrachten. ❑

13 Hubert Fichte, *Hamburg Hauptbahnhof. Register,* Frankfurt am Main 1993, S. 283 f.

14 Vgl. Hubert Fichte, *Das Waisenhaus,* Reinbek 1965, S. 45; S. 107

15 Ebd., S. 144

16 Vgl. ebd., S. 90; S. 144

17 Ebd., S. 162

18 Ebd., S. 163

19 Ebd., S. 164

20 So Peter Laemmle in Thomas Palzers Film *Der schwarze Engel*

21 In einem Gespräch mit mir am 20. Dezember 2004 im Polittbüro, Hamburg

22 Vgl. Mario Fuhse, »Von der Utopie über deren Scheitern zur Utopie. Zum Konzept der Geschichte der Empfindlichkeit von Hubert Fichte«; in: Jan-Frederik Bandel (Hg.), *Tage des Lesens. Zu Hubert Fichtes Geschichte der Empfindlichkeit,* Aachen 2006

Schöner berichten

Alexander von Humboldt, Hubert Fichte und Daniel Kehlmann in Venezuela

Von Anna Echterhölter

Deuter zu Detektiven fordert Sybille Krämer und liefert eine optimale Metapher des Verstehens gleich mit: das Spurenlesen. Wunderbar. Niemand macht sich mehr die Finger »geistig« beim Interpretieren, an der wahren Wahrheit, die durch das Buchstabengerümpel hindurch erfasst wird. Niemand wird auch im Zuge der modischen Medienontologie von uns schreibenden Dingen annihiliert. Man räumt den Dingen und Medien ihren Platz als Agenten der Kulturproduktion ein, wird aber selbst als Sinnproduzent nicht ganz undenkbar. Weil die Spur in der Welt ganz unschuldig Streifen macht und nichts damit meint und auch keinen Bildplatz für einen Meinenden hat und trotzdem als Ereignis erkennbar ist, liegt es also endlich am helllichten Tag herum: Wenn wir Spuren lesen, sind wir selbst für den »Fall« zuständig. Aus den Indizien macht sich jeder selbst ein schönes Narrativ. Selbst die letzten überlebenden Krimifeinde, die Textsorten, in denen grundsätzlich Polizisten siegen, als strukturkonservativ ablehnen, dürfen sich wieder zurücklehnen. Man kann ihnen verraten, dass die Spurenmetapher eigentlich Begriffsarbeit ist und der Sinntransport eben rechtzeitig ausgesetzt wird, sodass noch gerade etwas Bastei-Lübbe-Trash auf die Dekonstruktion abfärbt, aber nur in Pastelltönen. Gerettet wird ein sehr aufgeräumtes kulturwissenschaftliches Bedeutungskonzept. Die Faszination eines Verständnismoments ist als Puzzleglück richtig, als echter Seinszugang irgendwie falsch. Wer puzzelt, sucht draußen nach Eigensinn, bei möglichst unbekannten Spuren, Spuren, zu denen man hinfährt, zum Beispiel nach Venezuela, wenn es nicht anders geht.

Venezuela kann man auf alle möglichen Arten darstellen. Heftig überspitzt gilt sogar, dass die ehemalige Kolonie am Konzept des Faktums selbst mitgeschrieben hat. Jedenfalls sind Arndt Brendecke und andere dabei, eine groß angelegte Umfrage der Spanischen Krone auszuwerten, die 1577 Fragebögen an all ihre Statthalter versandt hatte. Man wollte flächendeckend wissen, wie viele Götter es gibt, wo der nächste Hafen gelegen ist, und forderte Zeichnungen der wichtigsten Gebäude. Der heterogene Datenrücklauf musste gleichwohl standardisiert werden, und es waren vor allem Tabellen, die dazu beitrugen, dekontextualisierte, aber wahre Einzeldaten zu erzeugen. Wenn auch Fakten immer wichtiger wurden, konnten sich die Tabellen nicht durchsetzen. Insofern lohnt sich ein Blick darauf, wie Fakten durch Erzählungen eingefärbt werden, selbst in vermeintlich themenzentrierten Reiseberichten und vor allem in solchen, die ästhetisch sein wollen.

Im *Lonely Planet* hat Krzysztof Dydynski es geschafft, rings um alle Reisefakten das Land mit jedem Schritt zu prostituieren. »Im Norden wird Venezuela von einer 2813 km langen Küstenlinie begrenzt – gepunktet von zahllosen Stränden.« Fakten sind genau dann erwähnenswert, wenn sie lecker, angenehm oder spottbillig sind und obendrein noch wow machen: eine Verwöhnpackung für Körper aus Industrienationen. »Besucher können reibungsfrei reisen, bekannten Komfort genießen und gleichzeitig ein Kaleidoskop exotischer Landschaften, Menschen und wilder Tiere erleben.«

Oder waren es wilde Menschen, exotische Tiere und Landschaften? Egal: »It's the easy bit of South America.« Es folgt eine Hochglanzseite Fotos von Tieren und Menschen. Der längste Wasserfall der Welt, Kolumbus' erster Fußtritt auf seinen neuen Kontinent, und – ach ja – echt schrille Politik: »Die Luftschlacht über Caracas, mit Kriegsflugzeugen zwischen den Hochhäusern, gab diesem Coup eine cinematografische, wenn nicht apokalyptische Dimension.« (So viel über den zweiten Putschversuch des Jahres 1992, nachdem Chavez mit Panzern gescheitert war.) Grad erfährt man noch, dass eine Miss Universe namens Irene Sáez bei den Wahlen 1998 gegen Hugo Chavez verloren hat, politische Programme passen nicht mehr ins Layout. Hier stimmen also die Fakten, der Gesichtspunkt ihrer Verknüpfung allerdings ist lausig.

Weniger Fakten und mehr Erzählung helfen Venezuela aber auch nicht unbedingt. In Daniel Kehlmanns Roman *Die Vermessung der Welt* besteht dieses Reiseland aus Hitze, Hitze, Moskitos und Hitze, ein wenig ausgepeitschten Indianern und dem obligatorischen Dschungel. Dafür hat der Plot eine androide Stringenz. Dafür sind die intellektuellen Reisen Alexander von Humboldts und Carl Friedrich Gauß' gut recherchiert. Dafür ist eine hochgotische Erzählarchitektur entstanden – die allerdings mit einem relativ überschaubaren Gedanken-Ikea ausgestattet ist. Was man bei all der historischen Farbe, den Anekdoten, dem Schliff und dem Ulk leicht übersieht, ist die Tatsache, dass hier vor allem die Thrakerin lacht über Thales, der beim Theoretisieren in den Brunnen gefallen ist. Wie Hans Blumenberg gezeigt hat, sind die Theoretiker und Verkopften, die Forscher und die Sucher seit Jahrtausenden komisch und linkisch dargestellt worden, und genau das ist die Fallhöhe des erfolgreichen Geschichtsstücks, das es leicht hat, mittelständisches Menschlichkeitspathos und Mathematikphobie gegen die Seltsamen zu mobilisieren. Wo die Normalbürger über die Nerds lachen, stehen die Fakten schon lange fest, nein, sie werden sogar jedes Mal neu befestigt statt betrachtet.

Was aber ist mit denen, die wie Alexander von Humboldt und Hubert Fichte in Venezuela exzessiv auf der Suche waren? Sie haben faktenreiche, plotlose Spuren hinterlassen. Sie waren sachversessen, aber bei aller Sachlichkeit nicht unpoetisch.

Alexander von Humboldt

Bevor er dazu kommt, Venezuela zu beschreiben, hat Alexander von Humboldt auf der Überfahrt schon 155 Seiten Beobachtungen zusammengetragen. Luftströmungen, Luftdruckänderungen, Luftelektriziät und Temparaturschwankungen, alles, was am Boot vorbeitrieb, jedes Leuchten, die Untiefen und Navigationskorrekturen.

Susan Faye Cannon sieht darin das typische Verhalten eines Vertreters der »Humboldtian Science«, einer für das beginnende 19. Jahrhundert charakteristischen Wissenschaftsbewegung, die von Humboldt zwar nicht begründet, aber gekonnt ausgefüllt wurde. Zentral sind hier Präzisionsinstrumente sowie ein Set von »conceptual tools«: Selbstverpflichtung auf maximale Genauigkeit bei der Messung, ein Bewusstsein der Fehlerquellen, das Überprüfen alter Theorien, die Repräsentation der Ergebnisse in Karten.

Und in der Tat hat Humboldt, schon bevor die Reisebeschreibung in Venezuela ankommt, auch viel von seinen Instrumenten berichtet, ihrer Qualität, ihrer Lagerung, ihren Marken. Er hat sogar die vertrauliche Empfehlung hinzugefügt, sie duplizieren zu lassen, falls eines beschädigt werden sollte, wobei allerdings verschwiegen wird, woher der derart instruierte Leser das Vermögen eines preußischen Hochadeligen nehmen soll.

Doch erst an Land beginnen die Instrumente, sich wirklich auf die Reise auszuwirken. Missionarsdelegationen haben noch nie einen Inklinationskompass gesehen, Stadthonoratioren müssen mit Experimenten überzeugt werden, selbst die Ausrüstung für kleine Abstecher erfordert zwei Lasttiere, und vor allem der Transport des empfindlichen Barometers bereitet Sorgen: »Wir ließen ihn in den fünf Jahren von einem Führer tragen, der uns zu Fuß begleitete, aber selbst diese ziemlich kostspielige Vorsicht schützte ihn nicht immer vor Beschädigung.«[1]

1 Alexander von Humboldt, *Reise in die Äquatorialgegenden des neuen Kontinents*, Stuttgart o. J., S. 215

Unbedingt ist Humboldt also der versessene Datensammler, der die damals neueste Technik zum Einsatz bringt. Man beneidet den alten Kapitän nicht um den hochgerüsteten Passagier, der mit seinem wichtigen Sextanten privat mitnavigiert und am Ende tatsächlich besser weiß, wann und wo man anlanden wird. Und genauso porträtiert ihn Kehlmann. Als einen xenophob angewiderten, erlebnisunfähigen Besserwisser, der nur in mathematisch kontrolliertem Gebiet aufblüht und sich mit seinen Geräten künstliche Paradiese schafft. Als Präzisionsfanatiker lehnt dieser Humboldt jeden poetischen Naturzugang ab, ja er blamiert sogar *en passant* die klassische Naturlyrik. Als die von ihm zum Rudern angemieteten Indigenen Alexander von Humboldt bitten, etwas aus seiner Heimat zu erzählen, wehrt dieser ab:

> Geschichten wisse er keine, sagte Humboldt und schob seinen Hut zurecht, den der Affe umgedreht hatte. Auch möge er das Erzählen nicht. Aber er könne das schönste deutsche Gedicht vortragen, frei ins Spanische übersetzt. Oberhalb aller Bergspitzen sei es still, in den Bäumen kein Wind zu fühlen, auch die Vögel seien ruhig, und bald werde man tot sein. Alle sahen ihn an. Fertig, sagte Humboldt.[2]

2 Daniel Kehlmann, *Die Vermessung der Welt*, Reinbek 2005, S. 128

Es ist faszinierend zu sehen, wie dumm ein Gedicht wirkt, dem man die Konnotationsebene entzieht. Diese Art von Sachlichkeit zieht den Vorhang zu und verbittet es sich, die Natur mit menschlicher Innenwelt aufzuladen. Dieser einzigartige Kommunikationsort für komplexe Stimmungen, moralische Bezüge und Identifikationsmechanismen, den die Naturlyrik der Aufklärung gerade erst mühsam entwickelt hatte: Kehlmanns Humboldt sagt das alles nichts. Er konzentriert sich mit missionarischer Ignoranz auf Naturdetails, deren Quantifizierung es zu sichern gilt. Menschliche Werte und Qualitäten, die in die Wissenschaft nicht integrierbar sind, sind auch im Leben nur noch ein Modus des Hokuspokus.

Seltsam allerdings, dass es hier Kehlmann ist, der dicht macht. Er hat den historischen Humboldt so blind vereinnahmt und plastiniert, dass er die interessanteren Facetten der damaligen Wissenschaftspraxis ausblendet. Ein derart ausgereifter Empiriefetischismus ist womöglich immer, sicherlich aber zu Beginn des 19. Jahrhunderts reine Fiktion. Hier schreibt sich wie so oft die Wissenschaftsgeschichte rückwärts und verpflanzt spätere Stereotypen. Kehlmann wird seine Bereinigungen bewusst gesetzt haben, um der schärferen Profilierung seiner These willen. Aber Qualitäten und Werte gehen ihm in dieser Geometrie verloren. Das ist die Lizenz historischer Fiktionen. Etwas irregeführt fühlt man sich trotzdem. Vor allem weil der hergelachte *common sense* der *Vermessung der Welt* doch sagt: Wie kann man nur die Klassik missverstehen?

Da hätte man doch vielleicht besser hinsehen sollen. Denn wie Hartmut Böhme gezeigt hat, ist es gerade der scheiternde Versuch Humboldts, trotz naturwissenschaftlicher Ausbildung der Klassik treu zu bleiben, der ihn so interessant macht. Gerade Humboldts Bemühungen um eine Integration von Naturwissenschaft und Ästhetik, von Daten und gestalteter Repräsentation, von avanciertem Naturwissen und Anschaulichkeit, von Detailtreue und Ganzheitlichkeit macht seine Leistung aus. Gerade dafür ist er ja auch wiederentdeckt worden, ob in Leo Kreutzers Manifest der »Gruppe 94« (Schiller, Goethe, die Gebrüder Humboldt erfinden beim Kaffee die »andere Moderne«) oder sogar bei Meyer-Abich und Noack (Alexander von Humboldt als Stifter einer ganzheitlichen Naturwissenschaft).

Was auch Kehlmann nicht entgangen sein dürfte, ist zunächst die Sprache, die die Phänomene noch nicht zu toten Fakten sterilisiert. Humboldt beschreibt die Physiognomie von Venezuela komplex, mit großem Ernst und elastischer Genauigkeit im Namen der gesamten literarischen Welt. Nichts verrät den irrwitzigen Materialaufwand der Datenakquise. Repräsentiert werden laufend Dinge der Welt in ihrem Kontext, auch der Forscher selbst ist zuweilen sichtbar, die Beschreibungen sind nicht nüchtern, sondern teilnehmend aufgezeichnet:

> Die Chaymas haben, wie fast alle eingeborenen Völker, die ich gesehen, kleine, schmale Hände. Ihre Füße aber sind groß, und die Zehen bleiben beweglicher als gewöhnlich.[3]

3 Humboldt, *Reise*, S. 13

> Wir waren überrascht in dieser Höhe eine Kreuzblüte zu finden.[4]

4 Ebd., S. 264

> Pisang- und Vijaoblätter, die seidenartig glänzten, dienten uns nach Landessitte als Tischtuch.[5]

5 Ebd., S. 272

Aus fast allen Beschreibungen spricht eine gewisse ästhetische Sensibilität, die noch Reaktionen des Beschreibenden enthält, ohne diese in den Vordergrund zu stellen. Mögen die Beschreibungen Alexander von Humboldts an Landschaftstableaus aus der Bildenden Kunst erinnern: Der wichtigere Einsatzort der Ästhetik ist die Aisthesis, also die Wahrnehmungskunst, nicht die Darstellung. Die Erschließung der Fakten selbst ist bei Humboldt den sinnlichen Fähigkeiten geschuldet, die Schönheit leitet zu ihrem Zusammenhang.

Christoph Keller
Expedition-Bus, 2001

Dabei herrscht eine klare Hierarchie: Unwissender Genuss und trockene Forschung stehen der angestrebten wissenden Betrachtung gegenüber, die auch einen höheren Genuss verspricht. Auch später im *Kosmos* gibt Humboldt den Anspruch an einen ästhetischen Zugang zu einer Ganzheit der Natur nicht auf: Seine »denkende Betrachtung der Erscheinungen als Naturganzes« entpuppt sich bei genauerem Hinsehen nicht immer als ästhetische Begegnung mit der Natur, sondern mit Theorien über sie, nämlich den Ergebnissen der einzelnen Forschungszweige. Auch ist nicht jeder bereit, diese Art von Naturgenuss mitzuvollziehen. Denn die angenehme Reisebeschreibung ächzt bereits unter einer unübersichtlichen Detailfülle. Fesselnd ist der Bericht nur da, wo die Gegenstände einfach, wunderbar oder sensationell sind: Männer, die Milch, und Fische, die Strom geben, spontane Flammenbildungen in der Luft und Höhlen mit Zehntausenden nachtaktiver Vögel, Erdbeben, Unwetter und ein Pflanzer, der ungesühnt sechs seiner acht Sklaven erschlägt.

Je weiter die Naturwissenschaften sich Fakten erschließen, desto schwieriger wird es, sie »schön« zu beschreiben. Die Aufwertung der Ästhetik und Ganzheit durch die Klassik kann diese Elemente nicht auf Dauer in die Darstellung der Naturwissenschaft integrieren. Humboldt gerät mit seinen konträren Loyalitäten ins Schlingern und kann nicht verhindern, dass Naturberichte trocken werden und ästhetische Reflexe verkümmern. Parallel dazu entwickelt sich ein Markt für Populärwissenschaft, der ausgesuchte Phänomenbereiche »wiederverzaubert« vermittelt.

Der vorsichtigen, präzisen Begegnung mit dem Reiseland entspricht auch der Versuch, die Phänomene von mehreren Seiten darzustellen. Richard Heinritz hat im Zuge der Writing-Culture-Debatte die Bedeutung einer »mehrstimmigen« Darstellung in ethnologischen Zusammenhängen betont. Die Fähigkeit, polyphone Perspektiven zu eröffnen, findet er nicht nur bei Humboldt, sondern auch bei Hubert Fichte.[6]

6 Richard Heinritz, »Mehrstimmigkeit als transkulturelle Erzählform? Zu Reiseberichten Alexander von Humboldts und Hubert Fichtes«, in: *Zeitschrift für Germanistik,* Jg. 13, 2003, H. 1, S. 41–52

Hubert Fichte

Lapidar schreibt Fichte, aber nicht über die Steine und Bauten, nicht über die materiellen Realitäten des Landes oder seine Natur. Er setzt mitten im imaginären Lateinamerika der Industrienationen ein: Raubüberfälle, Rohstoffe, Unzurechnungsfähigkeit, Waffenhändler, Politmarionetten, schreiende Statistiken und fruchtig-angenehme Luft.

Diese bekannte Gegend ist aber als mehrstimmige Zitatencollage angelegt und wird im Erzählen faktualisiert. So ist es, sagen die Zeitungsausschnitte. Genauso sagen es auch die Zahlen und die »O-Töne«, die einzelnen Figuren, etwa der »Frau des Waffenhändlers«, in den Mund gelegt werden. So ist es, bestätigt die erzählerische Nahaufnahme von Straßengerüchen. Wobei die zuletzt genannten Präsentationsformen als lässliche, formale Täuschungsmanöver anzusprechen wären, denn bei aller *vraisemblance,* bei aller Interviewtechnik dürfte Fichte hier wohl auch Positionen plausibel fingiert und zusammengekürzt haben.

Venezuela tritt in *Petersilie* auf, im zweiten Band mit Berichten von einer breit angelegten Forschungsreise, die Hubert Fichte und Leonore Mau zu den Zentren des afroamerikanischen Synkretismus unternommen haben. Diese schnell wachsende religiöse Bewegung wird als Elendsphänomen

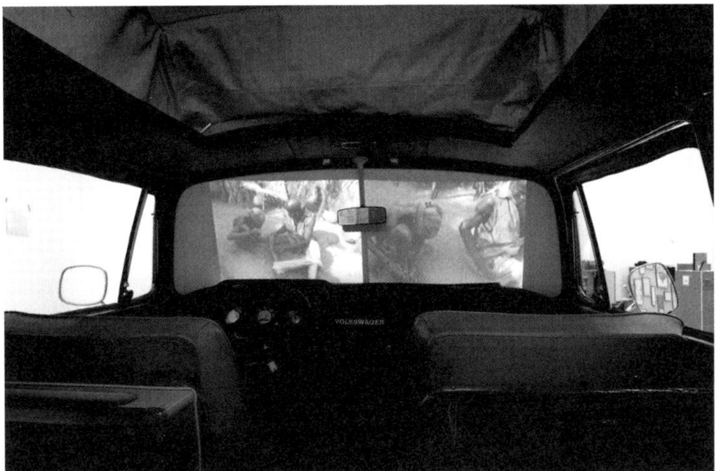

Christoph Keller

Expedition-Bus, 2001

Neben dem verspiegelten Reisebus steht ein Videoarchiv mit alten ethnografischen Filmen. Sie zeigen schamanische Rituale mit dem »objektiven« Blick der Kamera. Die innere Reise lässt sich nicht dokumentieren.

kritisch betrachtet: »Dreiviertel der Menschen hungern. Die Welt des Hungers ist eng strukturiert. Es ist zugleich die Welt der ›animistischen‹, der ›schamanischen‹ Religionen, die Welt des Synkretismus; sie bietet kaum die Möglichkeit der Freiheit oder der Flucht für den Einzelnen.«[7]

Der in Venezuela herrschende Maria-Lionza-Kult wird von der »Frau des Waffenhändlers« in einem Atemzug mit teuren Reitpferden und präkolumbianischen Sammlungen genannt. Die Figur ist Hauptinformationsquelle für die Farce und vermittelt die Perspektive der obszön Reichen. Gleich darauf schaltet Fichte die häufig subjektlos formulierte Beobachtungsebene ein und berichtet fast beiläufig von einer kleinen spirituellen Geste mitten in einem Shoppingcenter der Hauptstadt: Ein Schwarzer hält beim Gehen die Hand über den Kopf seines Sohnes – wie um ihn zu beschützen. Es folgen euphorisierte internationale Kriegsgewinnmanager, der Durchschnittslohn eines Kellners, der Durchschnittslohn eines Straßenräubers. Diesmal aber färbt der Zynismus nicht auf die seltsam unmoderne Geste ab, wie es noch bei dem Bericht der »Frau des Waffenhändlers« der Fall war. Stehen bleibt ein fremder Moment, mitten zwischen Kassengeklingel und Warenfetischismus. Fichte ist bei aller Übersicht über die möglichen Unterdrückungstheorien (Synkretismus als Opium fürs Volk, als Instrument der Mächtigen) von der spirituellen Praxis auch fasziniert. Er teilt die durchsichtige, geschmacklose Mischung der Kultinszenierungen abgestoßen mit, andererseits kann er an der Glaubensrealität mehrerer Tausender Kultteilnehmer nicht vorbei, etwa bei einer Osterversammlung am Berg Sorte:

> Die Armee verteilt Trinkwasser aus staatlichen Tankwagen.
> [...]
> Auf der Erde liegt ein Mann mit abgespreizten Armen.
> Um ihn ein großer Stern aus Johnsons Babypuder.
> Wo die Linien sich kreuzen, brennen Kerzen.
> Eine Priesterin, die dicke Zigarre in der Hand, fällt zu ihm herunter. Sie spricht als Indianer.[8]
>
> Der Parkwächter macht näselnd die Gläubigen nach, wie sie reden, wenn sie von den indianischen und den afrikanischen Gottheiten besessen werden.[9]

Anders als in den dokumentierten Passagen ist Fichte in einem eingeflochtenen Gespräch mit der Ethnologin Angelina Pollak-Eltz selbst etwas sichtbarer. Die Fragen zielen immer wieder auf die Tranceelemente im Maria-Lionza-Kult und die bisexuelle Freizügigkeit, die den Einflüssen der kubanischen Santeria zugeschrieben wird. Fichte erlebt und dokumentiert auch andere Kulthandlungen, rekonstruiert den Ölreichtum, erwähnt Willy Brandts gute Beziehungen zu Regierungskreisen, besucht die einschlägigen Parks der Schwulenszene und verfolgt über die Medien eine Transvestitenbande, die in einer Nacht bis zu sechs Lokalitäten ausraubt und per Tonbandbotschaft droht, den Polizeichef von Caracas zu töten.

All dies ist im Kontext der 70er Jahre geschrieben, wo auch bei Peter Weiss sowohl Marat als auch de Sade für die Revolution zuständig sind. Die psychische Befreiung rückt als Endmoräne scheiternder gesellschaftlicher

7 Leonore Mau, *Xango. Die afroamerikanischen Religionen I* (Bildband mit Texten von Hubert Fichte), Frankfurt am Main 1976, S. 7

8 Hubert Fichte, *Petersilie. Die afroamerikanischen Religionen IV*, Frankfurt am Main 1980, S. 74

9 Ebd., S. 78

Utopien ins Zentrum des Interesses. In diesem Zusammenhang ist die Trance der afroamerikanischen Religionen als Alternative besonders wichtig. In einem Artikel Fichtes über Jacob Spieths ethnologische Forschungen ist diese Idee bereits angelegt:

> Noch ein halbes Jahrhundert später wird die Trance im Vaudou, einer Religion auf Haiti, die den Riten der Togolesen nahe steht, wenn sie nicht gar davon abstammt, als Neurose, als hysterisches Phänomen gedeutet – erst heute beginnt man, die Trance in den Religionen Afrikas und Afroamerikas als eine Art Therapie gegen Neurosen und Psychosen zu beschreiben.[10]

10 Hubert Fichte, »Über die Ewe-Stämme von Jakob Spieth«, in: ders., *Homosexualität und Literatur II*, Frankfurt am Main 1987, S. 287–317, hier: S. 313

Fichte ist insofern auch und vor allem auf der Reise zu einem fremden Selbst und Ethnologe in eigener Sache. Längst ist sein Gesamtprojekt von Literaturbeamten wissenschaftlich behandelt, oder, wie Fichte selbst vermutlich denken würde: unpoetisch paraphrasiert und ins Inhumane verzerrt worden. Man hat die Ethnopsychoanalyse eines Georges Deveneux und die poetische Ethnografie eines Michel Leiris herangezogen, man hat über »poetische Anthropologie« und »Ethnopoetik« gestritten, dem Autor xenologische Kompetenz bescheinigt und mit den Arbeiten von Claude Lévi-Strauss verglichen.

Ähnlich sind diese Ethnografien in der autobiografischen Perspektive, dem Bekenntnis zu einem ethnopoetischen Projekt, das mehr als Literatur oder Fachdisziplin sein will: ein wissenserzeugender Modus im anthropologischen Sinn. Anlässlich einer deutschen Übersetzung rezensiert Fichte die *Traurigen Tropen* allerdings in Grund und Boden.

Als Einstieg in den Strukturalismus und als Programm einer »vom Naturwissenschaftlichen abgekehrten Wissenschaft vom Menschen«[11], die literarisch-subjektive Strategien verwendet, wird Lévi-Strauss' innovative Ethnologie als einflussreiches Buch gewertet. Ein Buch allerdings, das sein eigenes Programm verrät, wenn man Fichtes Meinung folgt.

11 Hubert Fichte, »Das Land des Lächelns. Polemische Anmerkungen zu Tristes Tropiques von Claude Lévi-Strauss«, in: ders., *Homosexualität und Literatur I,* S. 319–351, hier: S. 323

Wie Lévi-Strauss im Dschungel Chopin summt, wie er stets seine Vorzugsbehandlung einfließen lässt und gelangweilt vom geernteten Erfolg in Paris schreibt, ist für Fichte schier unerträglich. Das Hauptproblem macht er schon am Titel *Traurige Tropen* fest: Lévi-Strauss setzt subjektiv-literarische Strategien ein, um seine Welt, seinen Status als Vertreter der *Grande Nation,* seine Empfindlichkeiten als Intellektueller mitzuschreiben. Literarische Erweiterung der Ethnologie mutiert zu Angeberei und überflüssiger Selbststilisierung: »Dreckige, hungernde, überbevölkerte, erodierte, trockene Tropen würde Fakten zu kennzeichnen versuchen, entsetzliche, erschreckende etc. Tropen kennzeichnete die Meinung eines Schriftstellers.«[12] Dieser aber sollte sich nicht zu wichtig nehmen. Fichte sieht also nur die Arroganz einer bestätigungssüchtigen Elite in dieser Position. Der Europäer ist Ornament, überflüssig, da es um die unbekannte Welt da draußen geht. Wenn Lévi-Strauss auch sicherlich herablassend und nicht gerade naiv wirkt, wenn es um Statusventilation geht, so ist sein Mitporträt der eigenen Kultur und der Riten der französischen Ethnologen auch eine Problematisierung des Kommunikationsprozesses. Das morsche, staubige, wurmstichige Leben in den Tropen liegt in den letzten Zügen und entzieht sich unserer Erkenntnis, so der melancholische Tenor. Eine Alternative sucht man dort vergebens. Zu dieser Position verhält sich Fichte nicht. Subjektivität, die nicht ein Instrument der Begegnung mit dem Anderen ist, wird Fichte zufolge missbraucht.

12 Ebd., S. 322

Der für Fichte finsterste Satz und zugleich das Prinzip der Strauss'schen Wissenschaft lautet: »Comprendre consiste à réduire un type de réalité à un autre. Verstehen besteht darin, einen Typus von Realität auf einen anderen zurückzuführen.«[13] Dieser Satz, der nur im französischen Original zu lesen ist, repräsentiert die Summe dessen, was Fichte an dieser Ethnologie verdammenswert erscheint. Er sieht nicht weniger darin als die Rechtfertigung und den Verständnismodus des Kolonialismus, der Folter in Algerien, die Zurichtung des Universitätsdrills, ein faschistisches Muster und all dies unter dem Deckmantel einer Verständnisformel.[14] Dieser Wissenschaftsbegriff ist Teil der Unterdrückung: Abstraktion, die das individuelle Gegenüber ausmerzt, die alles handhabbar, vergleichbar und verwaltbar macht.

13 Ebd., S. 321

14 Ebd., S. 322

Fichte will den Strukturalismus vor allem von der Sprache her kritisieren. Für ihn verstellen die Fachsprachen die Zusammenhänge eher, als dass sie diese aufzeigen könnten. Über eine konkrete ethnologische Beschreibung heißt es: »Es ist ein unfreiwilliger Surrealismus, der nicht der Befreiung des Psychischen dient, sondern einer heftigeren Klausulierung, einer Auslieferung des ›Krankenguts‹, der ›Versuchsperson‹ an den Wissenschaftler.«[15] Hier hängen absolut gesetzte Superiorität des Forschers und die Sprache, die er verwendet, eng zusammen. Denn solange der Ethnologe das Gegenüber nur durch den Fachjargon hindurch wahrnimmt, ist eine offene Begegnung und Beurteilung nicht denkbar. Die Sprache schafft künstliche Distanz, einen Surrealismus, eine eigene Ebene, in der die verfremdeten Phänomene gefahrlos abgehandelt werden können. Dabei bleibt das System des Untersuchenden unantastbar. Inhuman wird also die Fiktion des zu fremden Fremden. Es muss noch eine gemeinsame Ebene geben, damit der Ethnologe Bezüge zum eigenen Leben herstellen kann. In der Beschreibung zeigt sich das Objektverhältnis, Sprache ist bei Fichte immer Sprachverhalten und insofern tendenziell synonym mit Feinsinn und Fairness.

15 Hubert Fichte, »Ketzerische Bemerkungen für eine neue Wissenschaft vom Menschen«, in: ders., *Petersilie,* S. 359–365, hier: S. 360

Fichtes Version der »dichterischen Ethnologie«[16] basiert dementsprechend auf einer allgemeinen, schönen, klaren und immer sachlichen Sprache. Ein Positivbeispiel kommt nicht zufällig aus der Antike:

16 Fichte, *Über die Ewe-Stämme*, S. 287

> Hält man dagegen die Sprache der frühen Theoretiker, Verhaltensforscher und Ethnographen – Hesiods, der Vorsokratiker, Herodots – ihren Zauber, ihre Disziplin, ihre Leichtigkeit, ihre Phantasie, ihre Freiheit, ihre Knäppe, kurz: ihre Schönheit, dann begreift man, wie heruntergekommen unsere Auseinandersetzung mit der Welt ist, wie heruntergekommen das fade Paukerrokoko unserer Hochschulen und Magazine.[17]

17 Fichte, *Ketzerische Bemerkungen*, S. 360

Die Sprache spiegelt also den jeweiligen Umgang mit dem Untersuchungsfeld, den Transport der Fakten in Worte. Zentral für einen produktiven Umgang ist es immer, die Umstände zunächst objektiv, neutral zu Wort kommen zu lassen. Richtig über fremde Kulturen zu sprechen bedeutet also zunächst Dokumentation. Dieses Verfahren hebt Fichte positiv bei dem bereits erwähnten Ethnologen und Missionar Jakob Spieth hervor. Seine Darstellung der Ewe aus dem Jahr 1906 ist heterogen. Sie enthält Statistiken, Protokolle, Interviews in der Sprache der Befragten sowie deren Übersetzung ins Hochdeutsche, Bilder und eigene Stellungnahmen. Spieth schreibt also sein Kompendium bereits ansatzweise in jener Mehrstimmigkeit, die auch der Postkolonialismus fordert. Nur so kann eine »Wissenschaft vom Menschen« funktionieren: als humanes Gespräch.

Die Autobiografie ist insofern das angemessene Medium für einen solchen Bericht. Allerdings nicht, um sich eitel selbst in Szene zu rücken, sondern vor allem, weil der gesamte Autor als Forschungsinstrument gefordert ist. Subjektivität, Urteil, Einzelbegegnung – alles, was einer am Wert der Objektivität orientierten Wissenschaft verdächtig ist, steht bei Fichte im Zentrum. Würde sie ihm folgen, würden die Fakten durch Poesie ergänzt. Es geht dabei nicht in erster Linie um die Präzision der Poesie (Karlheinz Barck) in der Wahrnehmung oder der Fixierung des Beobachteten. Auch die Poiesis des Wissens (Joseph Vogl), also das konstruktive, kreative Moment, ist nicht der ausschlaggebende Punkt. Die Poesie bringt das integere Subjekt zurück, das vor allem in einem so heiklen Gebiet wie der Ethnologie mit seinem Sprachverhalten ständig kontrolliert werden sollte. Es ist vielleicht kein Zufall, dass sich auch Protagonisten dieser Disziplin wie Clifford Geertz zur Schriftstellerei bekennen:

> Wenn Anthropologen uns dazu bringen können, das, was sie sagen, ernst zu nehmen, so hat das weniger mit faktengesättigtem Blick oder mit begrifflich eleganter Pose zu tun als damit, daß sie in der Lage sind, uns davon zu überzeugen, dass das, was sie sagen, ein Resultat davon ist, dass sie eine andere Lebensform wirklich durchdrungen haben (oder, wenn man das vorzieht, sich von ihr haben durchdringen lassen), davon, dass sie auf die eine oder andere Weise wahrhaft ›dort gewesen‹ sind. Und dies, daß sie uns davon überzeugen, daß dieses Wunder hinter der Bühne stattgefunden hat, ist der Punkt, an dem das Schreiben ins Blickfeld gerät.[18]

Dies ist für Fichte keine Einbahnstraße: »Es gibt nicht nur eine mögliche Erweiterung der Wissenschaft durch poetische Kategorien – es gibt eine Fundierung des Poetischen durch empirisches und logisches Vorgehen verschiedenen Typus.«[19] Auch die Poesie soll fundierte Fakten vermitteln. Nur dann lässt sie ein Urteil über die Prozesse zu. Dies verdeutlicht auch ein Blick auf den aktuelleren Reisebericht Raul Zeliks *made in venezuela. notizen zur bolivarianischen revolution*[20]. Ein Land, in dem die Medien zur Oligarchie und die Offiziere zu den Unterprivilegierten halten, ein Land, in dem alle politischen Kräfte ihre eigenen Erzählungen und Schauergeschichten verbreiten, ein Land, in dem die Chavez-Barbie der Maria Lionza inzwischen Konkurrenz macht, zeigt den enormen Bedarf an sachlichen Darstellungen. Solange diese der individuellen Einzelszene verpflichtet bleibt, droht keine Restitution hegemonialer Ansichten. Fichtes Verfahren würde sich sogar eignen, die von Zelik vielleicht etwas optimistisch so genannten rhizomatischen Prozesse abzubilden, die eine enorme Vielfalt von Basisorganisationen in dem Land derzeit proben. Diese Verpflichtung der Literatur auf die Sachbearbeitung ebenso wie die dichterische Anthropologie entspringen auch bei Fichte dem Engagement. Schon mit seinem ersten Buch *Aufbruch nach Turku* wollte er »der künstlichen und zerstörerischen Stärke von Folter und Bodybuilding eine Welt der Scheiternden gegenüberstellen, die sich der schädlichen Normierung entziehen.«[21] Jetzt, wo die Sprachen sterben, gibt es kaum genügend Laute auf der Welt, um Fichte zuzustimmen. ❑

18 Clifford Geertz, *Die künstlichen Wilden. Der Anthropologe als Schriftsteller*, Frankfurt am Main 1993, S. 15

19 Fichte, *Ketzerische Bemerkungen*, S. 365

20 Raul Zelik, *made in venezuela. notizen zur bolivarianischen revolution*, Berlin/Hamburg 2004

21 Klappentext zu Hubert Fichte, *Der Aufbruch nach Turku*, Hamburg 1963

Terrorangriff und Terminologie

W. G. Sebald, Volker Hage, Hubert Fichte

Von Robert Gillett

Am 31. Mai 1992, genau 50 Jahre nach der gegen das »Tausendjährige Reich« gerichteten, von tausend Bombenflugzeugen durchgeführten »Operation Millennium«, fand vor einer symbolisch wichtigen Kirche in London eine merkwürdig verhaltene kleine Zeremonie statt, bei der unter anderem an die Luftangriffe auf Hamburg erinnert wurde. Damals saß ein gerade frisch bestallter Dozent für germanistische Literaturwissenschaft in seinem Ostlondoner College, redigierte seinen ersten wissenschaftlichen Beitrag über Hubert Fichte, wunderte sich über die gerade wieder einmal unter Beweis gestellte Aktualität dieses Autors und schämte sich. Schämte sich der schäbigen Zeremonie, die alles andere war als ein Akt kollektiven Gedenkens; schämte sich, dass eine Repräsentantin des Königshauses daran teilnahm und somit noch einmal zeigte, wie sehr sie den Krieg zur Befestigung ihres eigenen Ruhmes benutzte; schämte sich, dass die auffallend leisen Proteste der Deutschen mit einem solchen Überschwang an Selbstgerechtigkeit beiseite geschoben wurden; schämte sich schließlich, dass durch diese Enthüllung seines Standbildes der letzte Rest Anstand zunichte gemacht wurde, der darin bestanden hatte, dass gerade demjenigen lange Zeit keine solche Ehre erwiesen worden war, der die Luftangriffe auf Deutschland angezettelt und auch zu einem Zeitpunkt stur weitergeführt hatte, als längst klar war, dass sie keinen Zweck erfüllten und folglich eher als Kriegsverbrechen zu bezeichnen wären: Sir Arthur »Bomber« Harris.

Zwischen damals und heute hat sich einiges geändert. Das neue Jahrtausend ist tatsächlich eingetreten und die Königin Mutter ist tot. Eine symbolisch wichtige Kirche in Dresden ist, mit gehöriger Verspätung, aber unter ausdrücklicher Beteiligung der Briten und ihres Königshauses wieder aufgebaut worden. Die deutsche Regierung hat sich auf exemplarische Weise geweigert, an einem aus fadenscheinigen Gründen vom Zaum gebrochenen, neuerlichen Bombenkrieg teilzunehmen. Und der lange Zeit als Tabu gehandelte Bombenkrieg ist geradezu zum Modethema geworden.

Genauer gesagt: Aus der Reihe der Bücher, die sich immer schon mit diesem Thema beschäftigt haben, sind zwei so unverhofft populär geworden, dass auch andere in ihrem Schlepptau es zu einer ansehnlichen Leserschaft gebracht haben. Insbesondere die Kontroverse, die durch Jörg Friedrichs 2002 erschienenen Band *Der Brand* entfacht wurde, hat dafür gesorgt, dass das Thema plötzlich wieder als aktuell galt.[1] Etwas früher hatte in der kleineren Welt der Literaturwissenschaft ein Buch von W. G. Sebald Ähnliches geleistet.[2] Bemerkenswerterweise wurde sein *Luftkrieg und Literatur* 2003 ins Englische übersetzt und in England durchaus positiv aufgenommen.[3] Im selben Jahr brachte Volker Hage nicht nur seine Anthologie *Hamburg 1943* heraus, sondern auch ihr theoretisches Gegenstück: die Essay- und Interviewsammlung *Zeugen der Zerstörung*.[4]

Dieses Buch trägt den Untertitel »Die Literaten und der Luftkrieg«, und die Anklänge an Sebald sind offensichtlich. In beiden Büchern wird der gleiche ethische Standpunkt vertreten und als Literaturkritik getarnt. Beide Autoren sind sich darüber einig, was hier beschrieben werden müsste und wie es in den Beschreibungen auszusehen habe bzw. wie diese Beschreibungen auf die Leser wirken müssten. Und auch die Art und Weise, wie diese Ansichten jeweils zum Ausdruck kommen, gleicht sich in beiden Fällen aufs Haar. Gewisse Autoren werden gelobt, andere verrissen – und zwar nach Kriterien, die niemals textimmanent gewonnen, sondern immer gebieterisch von außen herangetragen werden. Nicht selten werden die so Gelobten und so Verrissenen gegeneinander ausgespielt. Häufig genug sind es genau dieselben Autoren, die jeweils bei Hage und bei Sebald hierzu herhalten müssen. In beiden Fällen werden mit Vorliebe auch Bücher herangezogen, die nur sehr spät, oder nur in kleinen Verlagen oder überhaupt nicht veröffentlicht – oder gar nicht erst geschrieben werden konnten. Dabei dürfen weder bei Sebald

1 Jörg Friedrich, *Der Brand. Deutschland im Bombenkrieg 1940–1945*, München 2002

2 W. G. Sebald, *Luftkrieg und Literatur*, München 1999

3 W. G. Sebald, *On the Natural History of Destruction*, übersetzt von Anthea Bell, London 2003

4 Volker Hage (Hg.), *Hamburg 1943. Literarische Zeugnisse zum Feuersturm*, Frankfurt am Main 2003; ders., *Zeugen der Zerstörung. Die Literaten und der Luftkrieg. Essays und Gespräche*, Frankfurt am Main 2003

noch bei Hage die klingenden Namen fehlen, sodass beide sich beispielsweise auf Thomas Mann beziehen und auf Döblin, auf Böll und auf Frisch.[5] Und bei beiden lässt sich so etwas wie ein Ideal herausschälen bzw. festmachen, woran die jeweiligen Urteile dann gemessen werden können.

Die Koordinaten der moralischen Debatte

Spätestens seit Lothar Kettenackers ebenfalls 2003 erschienener Materialsammlung *Ein Volk von Opfern?*[6] sind die Koordinaten der moralischen Debatte hinlänglich klar abgesteckt. Das Buch fängt mit einem Beitrag über die von der deutschen Luftwaffe bombardierte polnische Stadt Wielun' an, der mit den Worten endet: »Aber auch hierzulande sollte man, bei aller Beschäftigung mit den eigenen Opfern des Bombenkrieges nicht vergessen, wann und wo alles begann: am 1. September 1939 in Wielun'.«[7] Ganz in diesem Sinne beendet Sebald seine Vorlesungen mit der Feststellung, »daß auch die tatsächlichen Pionierleistungen im Bombenkrieg – Guernica, Warschau, Belgrad, Rotterdam – von den Deutschen vollbracht wurden«.[8] Der Titel von Gert Ledigs Buch über einen Bombenangriff – *Vergeltung* – weist in eine ähnliche Richtung.[9] Und Friedrich spricht ebenfalls von einem »inversen Terror, der seinen Urheber erschlägt«.[10] Wenn er aber fortfährt: »Doch einen inneren Zusammenhang von Judenvernichtung und Bombenvernichtung gibt es nicht«, so zeigt er in der ihm eigenen, zu Recht kritisierten Sprache, dass nicht nur die deutschen Bomber Gegenstand der moralischen Debatte sind, sondern auch die Gaskammern. Dementsprechend stellt Hage die Vermutung auf, dass den Deutschen, im Gegensatz zu den Japanern, die Zunge gelähmt worden sei durch den Holocaust und die Schuldfrage.[11] Und gegen Ende seiner Überlegungen rekurriert er auf die »immer wieder und völlig zu Recht gestellt Frage, ob das Tätervolk sich mit seinen eigenen Opfern beschäftigen dürfe«.[12] Sebald führt *ex negativo* das gleiche Argument, wenn er im zweiten Abschnitt seiner ersten Vorlesung die Vermutung aufstellt, »die Frage, ob [...] der [...] Plan eines uneingeschränkten Bombenkriegs strategisch oder moralisch zu rechtfertigen war«, sei wohl deshalb nie Gegenstand einer öffentlichen Debatte geworden, »weil ein Volk, das Millionen von Menschen in Lagern ermordet und zu Tode geschunden hatte, von den Siegermächten unmöglich Auskunft verlangen konnte über die militärpolitische Logik, die die Zerstörung der deutschen Städte diktierte«.[13]

Mit diesem »Tätervolk«, dem er sich einerseits offensichtlich zugehörig fühlt, rechnet Sebald in seinem Buch ab. Er versieht die Vorlesungen mit einem Rahmen, in dem »wir Deutschen« apostrophiert werden.[14] Vom ersten bis zum letzten Wort gefällt er sich darin, den Deutschen Vorwürfe zu machen. Es steht zu befürchten, dass das Buch zum großen Teil aus diesem Grunde so erfolgreich gewesen ist in Großbritannien. Dass die Vorwürfe mit einer solchen Heftigkeit vorgetragen werden und jeglicher Logik entbehren, deutet darauf hin, dass hier ein echtes Trauma zum Vorschein kommt. Und das wiederum würde erklären, warum Sebald sich ein spätes Exil auferlegt hat.

Perspektiven

Volker Hage seinerseits beginnt die chronologische Durchsicht der deutschen Nachkriegsliteratur mit einem früheren berühmten Exilanten – mit Thomas Mann nämlich, der die Bombardierung seiner Heimatstadt mit Schaudern begrüßte, und zwar in aller Öffentlichkeit und im Auftrag der Bombardierer.[15] Da die Bomben der Angloamerikaner nicht nur überzeugte Nationalsozialisten getroffen haben, sondern auch Zwangsarbeiter, Zwangsübersiedelte, Regime-Kritiker und »Mischlinge ersten Grades«, darf angenommen werden, dass auch einige Bewohner der betroffenen deutschen Städte ganz ähnlich empfunden haben mögen.[16] Dennoch hat Frank Thieß zweifellos Recht, wenn er in seiner Polemik gegen Mann betont: »Es ist nun einmal zweierlei, ob ich den Brand meines Hauses selbst erlebe oder ihn in der Wochenschau sehe, ob ich selber hungere oder vom Hunger in den Zeitungen lese, ob ich den Bombenhagel auf deutsche Städte lebend überstehe oder mir davon berichten lasse.«[17] Dieser Unterschied spielt sowohl bei Sebald als auch bei Hage eine maßgebliche Rolle. Bei Sebald beispielsweise wird Hans Erich Nossack dafür gepriesen, dass er »als einziger Schriftsteller damals den Versuch unternahm, das, was er tatsächlich gesehen hatte, in möglichst unverbrämter Form niederzuschreiben.«[18] Den Gegenpol dazu bildet Peter de Mendelssohns Erzählfragment *Die Kathedrale,* dessen »rückhaltlose Fiktionalisierung des Themas der zerstörten Stadt«[19] nach Sebald zu »Seite um Seite sich fortsetzenden Peinlichkeiten« führe.[20] Hage erwähnt de Mendelssohn nicht; aber sein Urteil über Nossacks *Der Untergang* entspricht exakt jenem Sebalds.[21] Aus ähnlichen Überlegungen misst Hage den Tagebüchern von Frauen großen Wert bei, da sie nämlich »ein genaues Bild des Kriegsalltags in den deutschen Städten zeichnen«.[22] Dem Ostdeutschen Eberhard Panitz hingegen wird vorgeworfen, »das Inferno in seiner Heimatstadt im Februar 1945 aus einer gewissen Entfernung« beschrieben zu haben, »was gleichwohl zu sprachlichen Stereotypen in der Darstellung des Feuersturms« geführt habe.[23]

Volker Hage wurde 1949 geboren. Die Entfernung, aus der er über die Ereignisse schreibt, ist folglich eine ganz andere als beim 17 Jahre älteren Panitz. Dies schlägt sich auch in dem Vokabular nieder, das er hier benutzt. Das Wort »Inferno« beispielsweise gehört zu den abgedroschensten sprachlichen Stereotypen. Und das totalisierende technische Wort »Feuersturm« ist aus einer Perspektive gesprochen, die weit genug vom Geschehen entfernt ist, um die physikalischen Zusammenhänge zu begreifen. An anderen Stellen bedient sich Hage des schon 1943 geläufigen Terminus »Katastrophe«[24] oder spricht von einem »Fiasko«[25]. Und immer wieder ist von »Grauen« die Rede, vom »dargestellten Grauen«[26], von der »Schilderung des Grauens«[27]. Bei Sebald verhält es sich ähnlich, möchte er sich noch so viel auf das eine Jahr zugute halten, in dem er einen Bombenangriff hätte erleben können. Wie der Internet-Kritiker beim *Complete Review* zusammenfasst: »Sebald has a very specific idea of what these horrors are, or at least how they should be perceived: they are incredible, nearly unimaginable. They are really, really bad.«[28] Schon sehr früh spricht Sebald von der »in der Geschichte bis dahin einzigartigen Vernichtungsaktion«.[29] Und immer wieder kommt er auf dieses Wort zurück: »Vernichtung«. An einer Stelle gebraucht er die unmögliche Formulierung von einer »Transposition der Vernichtung«.[30] Das fast synonyme Wort »Zerstörung«, das Hage im Titel führt, gehört ebenfalls zu Sebalds Lieblingsvokabeln. Einmal spricht er beispielsweise von der »in ihrer extremen Kontingenz unbegreiflichen Wirklichkeit der totalen Zerstörung«.[31] Und auch bei ihm kommt das Wort »Katastrophe« immer wieder vor – etwa wenn er auf »die unerhörte Realität der kollektiven Katastrophe« zu sprechen kommt.[32]

5 Vgl. Hage, *Zeugen*, S. 9 ff., S. 16 f., S. 53, S. 63, S. 82, S. 97, S. 111, S. 18–22; Sebald, *Luftkrieg*, S. 17, S. 13, S. 44, S. 56

6 Lothar Kettenacker (Hg.), *Ein Volk von Opfern? Die neue Debatte um den Bombenkrieg 1940-1945*, Berlin 2003

7 Joachim Trenkner, »Wielun', 1. September 1939: ›Keine besondere Feindbeobachtung‹«, in: Kettenacker (Hg.), *Volk*, S. 15–23, hier: S. 23

8 Sebald, *Luftkrieg*, S. 120

9 Gert Ledig, *Vergeltung* [1956], Frankfurt am Main 1999

10 Friedrich, *Brand*, S. 342

11 Hage, *Zeugen*, S. 116

12 Ebd., S. 129

13 Sebald, *Luftkrieg*, S. 22

14 Ebd., S. 6; S. 119

15 Hage, *Zeugen*, S. 9 f.

16 Sebald, *Luftkrieg*, S. 22

17 Zitiert nach Hage, *Zeugen*, S. 14

18 Sebald, *Luftkrieg*, S. 62

19 Ebd., S. 68.

20 Ebd., S. 64

21 Vgl. Hage, *Zeugen*, S. 26

22 Ebd., S. 29

23 Ebd., S. 35

24 Ebd., S. 26

25 Ebd., S. 48

26 Ebd., S. 35.

27 Ebd., S. 38

28 http://www.complete-review.com/reviers/sebaldwg/luftlit.htm

29 Sebald, Luftkrieg, S. 12

30 Ebd., S. 56

31 Ebd., S. 34

32 Ebd., S. 61

Lessing

Foto: Jan-Frederik Bandel

Eine Vernichtung aber kann man so wenig erleben wie eine totale Zerstörung. Auch eine kollektive Katastrophe ist etwas Unwirkliches, Zusammengesetztes, mithin zutiefst Verlogenes. Doch aus dieser Unmöglichkeit schmiedet Sebald wieder einmal einen Vorwurf – diesmal gegen die Augenzeugen:

> Das anscheinend unbeschadete Weiterfunktionieren der Normalsprache in den meisten Augenzeugenberichten ruft Zweifel herauf an der Authentizität der in ihnen aufgehobenen Erfahrung. Der innerhalb weniger Stunden sich vollziehende Feuertod einer ganzen Stadt mit all ihren Bauten und Bäumen, mit ihren Bewohnern, Haustieren, Gerätschaften und Einrichtungen jedweder Art mußte zwangsläufig zu eine Überladung und Lähmung der Denk- und Gefühlskapazität derjenigen führen, denen es gelang sich zu retten. Die Berichte einzelner Augenzeugen sind darum nur von bedingtem Wert …[33]

Mit anderen Worten: Weil das von den Überlebenden Erlebte nicht so »really, really bad« ist, wie sich das Sebald im Nachhinein vorstellt, glaubt er ihnen ihre Erfahrungen nicht. Mehr noch: Das, was Sebald sich ausmalt, ist dermaßen schrecklich, dass alle, die es tatsächlich erleben, unweigerlich den Verstand verlieren müssen. So schreibt er beispielsweise im Hinblick auf Viktor Klemperer:

> Nach dem, was wir heute wissen über den Untergang Dresdens, dünkt es uns unwahrscheinlich, daß einer, der damals von Funken umstoben auf der Brühlschen Terrasse gestanden und das Panorama der brennenden Stadt gesehen hat, davongekommen sein soll mit ungetrübtem Verstand.[34]

Demnach besteht einer der bizarreren Vorwürfe, die er den Deutschen macht, darin, dass sie nicht allesamt geisteskrank geworden sind. In Bezug auf eine Stelle aus Bölls *Der Engel schwieg* schreibt er: »Dieses sehr schwarze Blut ist das Sinnbild der gegen den Überlebenswillen gerichteten acedia cordis, jener fahlen, nicht mehr zu behebenden Depression, in die die Deutschen angesichts eines solchen Endes eigentlich hätten verfallen müssen.«[35] Er selbst erliegt, wie er auch fast zugibt, einer anderen psychischen Gefahr: »Jede Beschäftigung mit den wahren Schreckensszenen des Untergangs hat bis heute etwas Illegitimes, beinahe Voyeuristisches, dem auch diese Notizen nicht ganz entgehen konnten.«[36]

Um den Anforderungen des Sebald'schen Voyeurismus zu genügen, müssen literarische Zeugnisse über den Luftkrieg also zum einen wahr sein und zum anderen Schreckensszenen enthalten. Hage spricht keine ganz so deutliche Sprache; aber auch um sein Lob zu ernten, müssen Texte »eindringlich«, aber nicht »aufdringlich« sein, »unbedingt«, »unerschrocken« und »ohne Ausschmückung«, aber auch »bestürzend« und »ergreifend«, »konkret«, »sachlich« und »anschaulich«. Auch bei ihm gilt »der Versuch, das lärmende, zersplitternde Fiasko erzählend zu bändigen, ohne es zu glätten oder im rein faktischen Bericht zur Ruhe zu bringen«.[37] Hage plädiert dafür, Erzählerisches und Diskursives miteinander zu verbinden.[38] Auch er ist der Ansicht, dass adäquate Schilderungen des Bombenkriegs jede konventionelle Form natürlich sprengen müssen, ohne jedoch experimentell zu wirken. Für ihn ist wiederum jede artistische Effekthascherei unbedingt zu vermeiden. Denn, wie Sebald seinerseits mit Bezug auf Nossack und in seinem eigenen grell effekthaschenden Stil betont:

> Das Ideal des Wahren, das in seiner, über weite Strecken zumindest, gänzlich unprätentiösen Sachlichkeit beschlossen ist, erweist sich angesichts der totalen Zerstörung als der einzige legitime Grund für die Fortsetzung der literarischen Arbeit. Umgekehrt ist die Herstellung von ästhetischen oder pseudoästhetischen

33 Ebd., S. 35

34 Ebd., S. 34 f.

35 Ebd., S. 19

36 Ebd., S. 113

37 Ebd., S. 48

38 Vgl. Hage, *Zeugen*, S. 124

Effekten aus den Trümmern einer vernichteten Welt ein Verfahren, mit dem die Literatur sich ihrer Berechtigung entzieht.[39]

Aufschlussreiche Ideale

Dass ein gefeierter deutscher Schriftsteller kurzerhand eine bestimmte Sorte Literatur zu lebensunwertem Material erklären kann, finde ich mehr als bedenklich. Aber immerhin wird hier endlich das benannt, um das es geht: ums Ideal. Welche Ideale unseren beiden Autoren vorschweben, lässt sich unter anderem daran festmachen, wo ganz besondere Lobestöne vernehmlich werden. Bei Hage geschieht dies im Hinblick auf Gert Ledig: »Doch gab es Mitte der fünfziger Jahre plötzlich auch einen deutschen Roman über den Bombenkrieg, der beinahe alles aufwog, was bisher von der Nachkriegsliteratur an Belletristik zu diesem Thema geleistet worden war.«[40] Dieser Roman war Ledigs *Vergeltung,* der bezeichnenderweise von Sebald so beschrieben wird:

> Erzählt wird von dem furchtbaren Ende einer kaum erst dem Kindesalter entwachsenen Gruppe von Flakhelfern, von einem gottlos gewordenen Priester, von den Exzessen eines schwer alkoholisierten Soldatentrupps, von Vergewaltigung, Mord und Selbstmord und, immer wieder, von der Peinigung des menschlichen Körpers, von zerschlagenen Zähnen und Kiefern, zerfetzten Lungen, aufgerissenen Brustkörben, zersprungenen Gehirnschalen, sickerndem Blut, grotesk verrenkten und zerquetschten Gliedern, zersplitterten Becken, von Verschütteten, die sich unter Bergen von Betonplatten noch zu rühren versuchen, von Detonationswellen, Trümmerlawinen, Staubwolken, Feuer und Rauch.[41]

Sebald selber ist mit seinem Lob eher zurückhaltend. Auskünfte darüber, wie sein Ideal aussehen könnte, verdanken wir eigentlich seiner Übersetzerin Anthea Bell. Indem sie das Buch mit einem zusätzlichen Aufsatz Sebalds über Jean Améry anreichert, gewährt sie uns Einblicke in eine Art Wahlverwandtschaft. Améry, der Gefolterte, liefert mit seinen Berichten über das von ihm Erlittene Texte, die die Forderung nach wahren Schreckensszenen auf einmalige Art und Weise erfüllen, und wird dementsprechend von Sebald sehr geschätzt. Solche Texte sucht Sebald unter den deutschen Büchern zum Thema Luftkrieg natürlich – und vorsätzlich – vergebens. Und so fühlt er sich bemüßigt, eigene zu liefern. Wie Zofia Smardz in der *Washington Post* zu Recht anmerkt: »Sebald isn't really interested in taking others to task for what they didn't do. He just wants an excuse for doing it instead.« Sein selbstgefertigtes Ideal nimmt sich dann so aus:

> Mit solcher Gewalt riß das jetzt zweitausend Meter in den Himmel hinauflodernde Feuer den Sauerstoff an sich, daß die Luftströme Orkanstärke erreichten und dröhnten wie mächtige Orgeln, an denen alle Register gezogen wurden zugleich. [...] Auf seinem Höhepunkt hob der Sturm Giebel und Hausdächer ab, wirbelte Balken und ganze Plakatwände durch die Luft, drehte Bäume aus ihrem Grund und trieb Menschen als lebendige Fackeln vor sich her. Hinter einstürzenden Fassaden schossen haushoch die Flammen hervor, rollten gleich einer Flutwelle mit einer Geschwindigkeit von 150 Stundenkilometern durch die Straßen, kreiselten als Feuerwalzen in seltsamen Rhythmen über die offenen Plätze. [...] Die aus ihren Unterständen Geflohenen sanken unter grotesken Verrenkungen in den aufgelösten, dichte Blasen werfenden Asphalt. Niemand weiß wirklich, wie viele ums Leben gekommen sind oder wie viele wahnsinnig wurden, ehe der Tod sie ereilte.[42]

Ein unterschlagenes Gegen-Ideal

Wer den dritten Roman von Hubert Fichte gelesen hat, empfindet bei der Lektüre dieser Passage ein unangenehmes *déjà vu.* Denn etliche solche Stellen kommen bei Fichte vor und werden dort einer scharfen Kritik unterzogen. Das, was Sebald und Hage so geflissentlich zu suchen vorgeben, war nämlich bereits 1971 von Fichte mit der ihm eigenen Intelligenz, Ehrlichkeit und literarischen Treffsicherheit dargeboten – und überwunden worden. Der ganze Aufdecker- bzw. Pionier-Gestus also, dem insbesondere Sebalds Buch seinen Erfolg verdankt, setzt voraus, dass er Fichte entweder nicht gekannt oder nicht verstanden hat.

Dabei wissen sowohl Sebald als auch Hage von Fichtes Buch. In Hages Anthologie wird auch die Kurzgeschichte aufgenommen, die 1963 erstmals veröffentlicht wurde und in gewisser Weise den Keim zum Roman ausmacht.[43] Ja, es ist auffallend, dass diese Geschichte die erste ist in diesem Buch, die von den so genannten »Kindern des Bombenkrieges« stammt und nach der Währungsreform entstanden ist. In seinem Essay kommt Hage kurz auf diesen Text zu sprechen, allerdings ohne diesen besonderen Umstand zu erwähnen. Auch berührt er kurz *Das Waisenhaus* und *Die Palette.*[44] Aber an der Behandlung des dritten Romans zeigen sich deutlich die Mängel eines versuchten Überblicks. Da heißt es bloß: »Erst in Fichtes Roman *Detlevs Imitationen ›Grünspan‹* taucht das Thema mit Nachdruck auf, in einem eigenen, formal eigenwilligen Kapitel.« Und etwas weiter: »Auch in diesem Prosastück wird der Prozeß der mühsamen Rekonstruktion, der Wiederaneignung eines kaum erzählbaren Erinnerungsstoffs vorgeführt«.[45] Bei Sebald ist es auch nicht viel besser. Zwar spielt er Fichte gegen Arno Schmidt aus und räumt ein:

> Im Gegensatz zu dieser Fingerübung leuchten mir die diskontinuierlichen Notizen, die sich Jäcki in Hubert Fichtes Roman *Detlevs Imitationen ›Grünspan‹* im Verlauf seiner Recherchen über den Angriff auf Hamburg macht, als literarische Methode durchaus ein, wahrscheinlich vor allem deshalb, weil sie keinen abstrakt-imaginären, sondern einen konkret-dokumentarischen Charakter haben.[46]

Wenig später aber erweist sich, dass er eigentlich nicht Fichte als Gegensatz zu Schmidt auffasst, sondern Siegfried Gräff:

> Hier, in der fachmännischen Beschreibung der nochmaligen Zerstörung eines durch den Feuersturm mumifizierten Leibes, wird eine Wirklichkeit sichtbar, von der Schmidts linguistischer Radikalismus nichts weiß. Was seine Kunstsprache verbirgt, das starrt uns entgegen aus der Sprache der Verwalter des Grauens, die unbeirrt und ohne viel Skrupel bei ihrer Sache sind.[47]

Erst als es ihm darum geht, die, vor allem auf Erinnerungsinterviews aufbauenden, Untersuchungen und Dokumentationen Hans Joachim Schröders[48] zu kritisieren, besinnt er sich wieder und schreibt:

> [Schröder] kann darum auch das äußerst sinistre Memorandum des (realen) Schrumpfleichenanatomen Dr. Siegfried Gräff, das in Hubert Fichtes Roman *Detlevs Imitationen ›Grünspan‹* eine wichtige Rolle spielt, als ein Dokument unter andern behandeln, immun, wie es scheint, gegen den in diesem Schriftstück geradezu exemplarisch sich verkörpernden Zynismus der Fachleute des Schreckens.[49]

Bei Hage ist eine ähnliche, wenngleich nicht ganz so bedenkliche Inkonsequenz anzutreffen. Im Nachwort zu seiner Anthologie stellt er mit Bezug auf Fichtes erste drei Romane fest: »Der gemeinsame Hintergrund ist eine Kindheit, die gleichermaßen vom Nazi-Terror wie vom Krieg bedroht war.«[50] In *Zeugen der Zerstörung* hingegen behauptet er, dass Texte, die Ralph Giordano und Ingeborg Hecht in den 80er Jahren herausbrachten, die ersten gewesen seien, in denen »aus der Perspektive einer doppelten Gefährdung« er-

39 Sebald, *Luftkrieg*, S. 64

40 Hage, *Zeugen*, S. 44

41 Sebald, *Luftkrieg*, S. 109 f.

42 Ebd., S. 36 f.

43 Hubert Fichte, »Der dreiundzwanzigste Juli« [1963], in: Hage (Hg.), *Hamburg*, S. 126–131

44 Hage, *Zeugen*, S. 86

45 Ebd., S. 87

46 Sebald, *Luftkrieg*, S. 70

47 Ebd., S. 72

48 Hans Joachim Schröder, *Die gestohlenen Jahre. Erzählgeschichten und Geschichtserzählung im Interview: Der Zweite Weltkrieg aus der Sicht ehemaliger Mannschaftssoldaten*, Tübingen 1992, S. 726–769, hier: S. 768 f. (mit Bezug auf Gräff und Fichte).

49 Sebald, *Luftkrieg*, S. 94

50 Hage (Hg.), *Hamburg*, S. 299

zählt werde.[51] Eine derartige Vergesslichkeit kommt – man kann es kaum anders auffassen – einer unbewussten Unterschlagung gleich. Denn schließlich lässt Fichtes Text, wenn man ihn genau liest und ernst nimmt, Sebald und Hage nicht nur überflüssig erscheinen, sondern auch ideologisch anfechtbar.

Auch Fichtes Jäcki nämlich begibt sich auf die Suche nach Texten, in denen die Luftangriffe auf Hamburg treffend beschrieben werden, und überprüft diejenigen, die er findet, auf ihren Wahrheitsgehalt hin. Die literarische Qualität der verschiedenen Beiträge wird ebenfalls von Fichte bzw. Jäcki abgewogen und nicht selten kritisiert. Genauso wenig entgeht ihm, dass die Mehrzahl der Bücher, die er da referiert, aus dem Ausland kommen: aus England, Italien und den USA. Wie Sebald und Hage vermag Fichte weder Übertreibungen noch Fiktionalisierungen zu akzeptieren. Auch ihm macht die Schwierigkeit, die Luftangriffe adäquat zu behandeln, ziemlich zu schaffen. Er spielt ebenfalls verschiedene Beispiele gegeneinander aus. Und er hebt aus der Fülle des Materials ein einziges Buch hervor, das alle anderen überrage. (Interessanterweise wird dieses Buch von Sebald erwähnt, aber nur, um zu beweisen, dass die größeren Verlage in der Bundesrepublik nicht bereit waren, Bücher über den Luftkrieg zu veröffentlichen.)[52]

Damit bietet Fichte eine vorgreifende Inszenierung genau der Debatte, zu deren Urheber W. G. Sebald 30 Jahre später einstimmig erklärt wird. Gleichzeitig aber erweist er sich als extrem misstrauisch gerade dieser Debatte gegenüber. Indem er die Frage nach dem Gegenteil eines Jubiläums stellen lässt und auf den Gebrauch des Wortes »Terrorangriff« insistiert, vermag er die ideologischen Windungen aufzuzeigen, die sich der offizielle Diskurs der Bundesrepublik speziell in dieser Angelegenheit auferlegte. Indem er übertriebene und lügenhafte Beschreibungen des Feuersturms gleichzeitig mit den ideologischen Ansichten ihrer Verfasser anprangert, vermag er Verbindungen zwischen diesen und jenen aufzustellen. Bei ihm also erweist sich der Voyeurismus Sebald'scher Prägung nicht als allgemein unvermeidliche lässliche Sünde, sondern als immerfort lauernde ernsthafte Gefahr.

Es ist nicht leicht zu erklären, warum zwei ausgewiesene Literaturwissenschaftler diese Aspekte des Fichte'schen Textes nicht gesehen haben.[53] Auffällig ist, dass beide nur das 17. Kapitel von Fichtes Roman behandeln. Bei Hage dient diese Beschränkung sogar der Bekräftigung der Sebald'schen These.[54] Dabei ist es gerade die komplexe Komposition des Romans als Roman und die sorgfältige Einbindung dieses Romans in eine ganze Geschichte der Empfindlichkeit, die beweisen, dass Hubert Fichtes Beitrag zur Literatur des Luftkriegs aus weitaus mehr besteht als einer Beihilfe zur Befriedigung des Sebald'schen Voyeurismus durch den Anblick von Kellerschrumpfleichen.

Eine Ethik der Empfindlichkeit

Detlevs Imitationen ›Grünspan‹ nimmt nämlich eine ganz besondere Stellung in Fichtes Gesamtwerk ein. Nicht nur unterhält der Roman besondere Beziehungen zu seinen Vorgängern, deren Protagonisten er wieder aufgreift; auch zeigt sich, dass das, was in diesem Roman erlebt und beschrieben wird, wiederum als Bezugspunkt für später Erlebtes und Beschriebenes dient. Als Nenner für diese Vernetzung hat Fichte nach anfänglichem Zögern das Wort »Empfindlichkeit« gewählt. Somit wird sein ganzes Werk zu einer vieldeutigen Geschichte eben dieser Empfindlichkeit. Gemeint ist in erster Linie ein autobiografisches Projekt, in dem zum einen der Einsatz der eigenen Person als Garant für die subjektive Authentizität des Geschriebenen dient, zum anderen aber die exemplarische Nicht-Identität des Subjektes mit sich selbst in aller Deutlichkeit dargelegt wird. Eben deswegen wird im Roman selbst die Frage gestellt: »Waren Sie nun persönlich auch im Waisenhaus?«[55] Gleichzeitig wird das klassische autobiografische Zweigestirn zwischen erinnertem und erzählendem Ich, das hier die Namen Detlev und Jäcki trägt, radikal problematisiert, indem den Momenten Erinnern, Vergessen und Rollenspiel, Schauspiel besondere Bedeutung beigemessen wird. Denn »Jäcki ist eine von Detlevs Imitationen!«[56]

Bezeichnend ist zudem, dass die Schnittstellen, an denen der Rollentausch stattfindet, die einschlägigen Umbruchsmomente der deutschen Kriegs- und Nachkriegsgeschichte sind. Denn eine

Geschichte der Empfindlichkeit ist unentrinnbar mit der Geschichte als solcher verzahnt. Diese formt und übersteigt die eigene Person, ohne jedoch anders als durch diese erfahren zu werden. So kommt es beispielsweise, dass sich Jäcki auf einer Reise durch New York an das zerbombte Hamburg erinnert fühlt:

> Als ich am 23. Juli 1943 durch das zerbombte Rothenburgsort fuhr, sehr langsam, waren es nicht nur der Rauch, die verkohlten Balken, die Vorstellung von Tausenden von Toten in den zerbrochenen Kellern, die mich entsetzten, es war auch das fleischige Rosa der zermahlenen Ziegelsteine.
> Dies Rosa finde ich in South Bronx wieder. Halden voller Rosa und den Zerstörungswind, ausgebrannte Straßenzüge, die niedergestürzten, schwarzschuppigen Balken.
> Hier heißt es Tiffany Street.[57]

Gegenstand des Vergleichs ist die Tatsache, dass die vorherrschenden Verhältnisse sich zumindest strukturell immer gleich bleiben, zumal was die Verfolgung von Randgruppen anbelangt. In ihrer Wirkung gleichen die Brände, die gegen die Schwarzen New Yorks gerichtet sind, denen der »Operation Gomorrha« genau. Das heißt: Eine Geschichte der Empfindlichkeit ist immer auch eine Geschichte der persönlich erlittenen oder deswegen nachvollziehbaren Folgen einer breiteren Unempfindlichkeit.[58]

In dieser Beziehung ist es bezeichnend, dass Sebald fast aus Versehen in der Einleitung zu seinen Gräff-Passagen folgende Stelle zitiert: »Kühler Wind um Flieder. Im Hintergrund die Klappe, Tasse, Pißbude, um die nachts Alstertunten schwärmen.«[59] Dabei übersieht er eine zentrale Aussage dieses Textes. Für jemanden nämlich, der nicht nur »Mischling ersten Grades«, sondern auch noch schwul war, hörte die Gefährdung mit dem Ende des »Tausendjährigen Reiches« nicht auf. Der einschlägige Nazi-Paragraf 175 wurde bekanntlich in seiner ganzen Strenge in der jungen Bundesrepublik übernommen und erst im September 1969 gemildert. So gesehen, ist es keine unangemessene Besessenheit, wenn Fichte in den Jäcki-Teilen dieses Textes eine hoffnungslose und gefährdete schwule Liebe inszeniert. Denn nicht nur fällt die Geschichte dieses homophoben Gesetzes genau in den Zeitraum des Romans; diese Geschichte dient auch ausdrücklich als Indiz dafür, dass die Bomben nicht nur Mittel der Befreiung waren, sondern auch eine fortgesetzte oder erneuerte Unterdrückung eingeleitet haben.

Um dies zu beweisen, braucht Fichte nur den Namen ernst zu nehmen, auf den die Alliierten ihre Angriffe auf Hamburg getauft haben: »Operation Gomorrha«. Gomorrha war bekanntlich die Partnerstadt von Sodom. In der kirchlichen Tradition weiß man, warum Sodom damals schon dem Erdboden gleichgemacht wurde. Durch die Wahl des Namens also zeigt sich, dass die Briten – je unbewusster, desto schlimmer – mit dieser Aktion sich nicht nur generell die Rolle Gottes anmaßten, sondern dass sie dabei ganz spezifisch das göttliche Vorrecht

51 Hage, *Zeugen*, S. 98

52 Vgl. Sebald, *Luftkrieg*, S. 20. Es handelt sich hier um: Hans Brunswig, *Hamburg im Feuersturm*, Stuttgart 1978

53 Vgl. dagegen Hartmut Böhme, *Hubert Fichte – Riten des Autors, Leben der Literatur*, Stuttgart 1992, S. 163–182; Herbert Holl, »L'effectivité de la guerre aérienne chez Hubert Fichte«, in: Marie-Jeanne Ortemann (Hg.), *Les avatars du réalisme. Colloque de Nantes 3 et 4 décembre 1999*, Nantes 2000, S. 431–447
Dass Volker Hage sich auch sonst für Fichte interessiert hat, beweisen unter anderem seine Anthologie über Collagen und ein längerer Artikel in der *Zeit*.
Vgl. Volker Hage (Hg.), *Literarische Collagen. Texte. Quellen. Theorie*, Stuttgart 1981, S. 214–217;
ders., »Der verborgene Selbstentblößer. Die Geschichte der Empfindlichkeit Hubert Fichte und sein monumentaler Romanzyklus«, in: *Die Zeit* vom 9. 10. 1987

54 Hage, *Zeugen*, S. 89: »Und hat es wirklich so wenige literarische Spuren hinterlassen – einen kafkaesken Roman bei Fröhlich, ein Romankapitel bei Fichte, eine Prosamontage bei Kluge?«

55 Hubert Fichte, *Detlevs Imitationen ›Grünspan‹* [1971] Frankfurt am Main 2005, S. 69

56 Ebd., S. 70

57 Hubert Fichte, *Die schwarze Stadt*, Frankfurt am Main 1991, S. 65 f.

58 Vgl. Hubert Fichte, »Mein Freund Herodot«, in: ders., *Homosexualität und Literatur I*, Frankfurt am Main 1987, S. 381–407, hier: S. 396

59 Sebald, *Luftkrieg*, S. 71. Vgl. Fichte, *Grünspan*, S. 35

für sich in Anspruch nahmen, ein Volk als Tätervolk zu bezeichnen, um es reuelos auszurotten. Wenn Jäcki hingegen den erhabenen Sir Arthur von seiner Hochburg in High Wycombe in die Parks an der Alster locken möchte, so deswegen, weil dieser dort selber erfahren soll, was er angerichtet und bei wem, und vielleicht sogar eingestehen, aus welcher verschrobenen Sexualmoral heraus er seine sture Kasteiungskampagne verfolgt. Denn das Gegenteil dieser mörderischen Unempfindlichkeit wäre eine »weltweite Verschwulung«.[60] Und es macht tatsächlich einen Unterschied, ob man dabei ist oder nicht.

Ein Spiel mit Namen[61]

Hubert Fichte war, im Gegensatz zu Hage und Sebald, tatsächlich dabei. Das aber, was Detlev als Kind erlebt hat, möchte Jäcki als Erwachsener verstehen. Und somit wird ein weiteres Problem, das uns bei Sebald und Hage unterschwellig begegnet, ohne anerkannt zu werden, ganz bewusst in die Struktur des Fichte'schen Textes eingewoben. Das, woran Detlev sich erinnert, ist nicht der Feuersturm, nicht die Zerstörung, nicht eine kollektive Katastrophe, sondern der Geruch der Leichen in einem »Krüppelheim«, das Gebrüll der Tiere im zerbombten Zoo, der Tod einiger ihm wichtiger Personen. (Mit der Episode bei Hagenbeck übrigens liefert Fichte in seinem Roman von 1971 wieder einmal etwas, was Hans Dieter Schäfer in einem ungeschrieben Roman hätte behandeln wollen.)[62] Das hingegen, was Jäcki in seiner Lektüre begegnet, zeugt eher von einer Perspektive, der wir insbesondere bei Sebald begegnen. Wie Sebald wissen die Autoren, die Jäcki liest, vom ganzen Ausmaß der Katastrophe. Wie Sebald empfinden sie nicht selten ein selbstgefälliges, voyeuristisches Schaudern dabei. Wie Hage vergleichen sie das Geschilderte immer wieder mit einem Inferno und werden deswegen von Jäcki bzw. Fichte ironisch zu Dantes abgestempelt.[63]

Indem er die beiden Perspektiven aufeinander bezieht, indem er fordert, Jäcki als »eine von Detlevs Imitationen« zu begreifen, zeigt uns Fichte einen Ausweg, der sowohl die Notwendigkeit des augenblicklichen Verrücktwerdens als auch die jeweilige Eingleisigkeit von Ledig und Améry aufhebt. In Bezug auf Ledig behauptet Hage nämlich, es gebe »keine Erzählerstimme mehr«[64], wohingegen das, was bei Améry die Authentizität des Erzählten verbürgt, in der Tat eindeutig die autobiografische Erzählstimme ist. In beiden Büchern geht es vornehmlich um das, was Rolf Dieter Brinkmann als für die Deutschen Unmögliches bezeichnet: um die Darstellung des Schmerzes.[65] Für mich jedoch besteht das Unerträgliche an Ledigs Buch gerade darin, dass er von einer göttlichen Perspektive heraus, das heißt: immer von außen erzählt. Gleichzeitig verwehrt mir Amérys konsequent durchgehaltene Erzählperspektive überhaupt den Zugang zu seinem Buch. Mit anderen Worten vermögen die jeweils gewählten Erzählperspektiven höchstens zu changieren zwischen Schmerz als obszönem Spektakel und Schmerz als nicht nachvollziehbarem Trauma. Fichte für seinen Teil geht der Frage der Folter von der anderen Seite nach, indem er nämlich beharrlich dieselbe Frage stellt: »Würdest du foltern?«[66] Gleichzeitig führen sich bei Fichte die konkurrierenden Erzählerperspektiven jeweils *ad absurdum*. Und das hat zur Folge, dass sowohl der Illusion einer – und sei es durch die Verkettung von Grauen gewährleisteten – göttlichen Instanz als auch der einer – und sei es durch erlittenes Leid zusammengehaltenen – Identität der Garaus gemacht wird.

Nicht selten nämlich wird von Überlebenden der Luftangriffe behauptet, sie wären in dem Moment, als die Bomben fielen, des Begriffes »Zeit« verlustig gegangen. In einem von Hage gebrachten Zitat heißt es beispielsweise schlicht: »Die Zeit steht still. Die Ewigkeit hat begonnen«.[67] An anderer Stelle zitiert Hage Gertrud von Le Fort, die schreibt: »Todesängste werden nicht mit dem Zeiger der Uhr gemessen, wir waren außerhalb der Zeit«.[68] Genau das inszeniert Fichte in seinem Buch. Schließlich besteht der Grund, aus dem Jäcki nur eine von Detlevs Imitationen ist, darin, dass der Begriff »Dauer« im Juli 1943 endgültig zerbombt wurde. Dies spielt sich auf der kindlichen Ebene darin ab, dass Detlev »alles« werden möchte – oder zumindest möglichst viel ausprobieren, bevor es aus ist.[69] Auf der Ebene des frühreifen Schauspielers Detlev kommt es während einer Vorführung zur traumatischen Szene des Vergessens, in der die Zeiten und Orte durcheinander gewirbelt werden (ein kritischer Verweis auch auf jene von Sebald den Nachkriegsdeutschen attestierte und heftig beanstandete, von Detlevs geliebter Oma allerdings als notwendiger Selbstschutz bezeichnete, Vorschrift des Vergessens). Auf der Jäcki-Ebene gibt es das Stroboskop, das alles Erlebte gnadenlos zerhackt und als Sinnbild für die punktuelle Liebe zu Jeff dient.[70] Und im Text selbst kommt diese Dauerlosigkeit als diskontinuierliches Erzählen zum Ausdruck, wobei die traditionelle Logik und Chronologie des Erzählens durch eine magische Litanei der versuchten Gleichzeitigkeit ersetzt wird.[71]

Stimmen sammeln – und schweigen

Mit diesen Litaneien werden Brücken geschlagen einerseits zu Fichtes ethnopoetischer Forschungsarbeit – und andererseits zur »68er«-Bewegung. Auch in dieser Hinsicht vermag Volker Hage einen Fichte-Epigonen zu benennen, indem er schreibt: »In *Drei Stunden Null* (1998) von Wolfgang Büscher wird die Bombardierung von Breslau und Berlin zum historischen Hintergrund einer Analyse der 68-er Generation – auch Rudi Dutschke taucht als Kind im Luftschutzkeller auf.«[72] In Fichtes Text von 1971 gibt es ebenfalls (mindestens) drei Stunden Null. Was sie verbindet, ist so etwas wie eine Dialektik der Aufklärung. Indem Fichte die Frage nach dem, was sich 1945 mit der Kapitulation geändert und nicht geändert hat, in ein an Wittgenstein gemahnendes Zahlenspiel einbettet, zeigt er, wie sehr die Missstände, gegen die die Bewegung, die 25 Jahre nach der Bombardierung Hamburgs ihren Höhepunkt erreichte, anzukämpfen hatte, damit zusammenhingen, dass die Sprache, in der unter anderem auch über diese Luftangriffe gesprochen wurde, die gleiche geblieben war.

Um dies zu verdeutlichen, setzt Fichte eine ganz bestimmte Technik ein, die Thomas Palzer bei der Vorführung seines Films *Hubert Fichte – Der schwarze Engel* als »Stimmensammeln« bezeichnet hat. Die gedruckte Stimme von Siegfried Gräff ist nämlich nur eine von sehr vielen, die die Substanz dieses Romans ausmachen. So gesehen, handelt es sich hier um einen Montage-Roman, genau wie das von Hage angeführte und kritisierte Werk Helmut Heißenbüttels, an dem die Unzulänglichkeit des experimentellen Romans für die Behandlung des Luftkriegs gezeigt werden sollte.[73] Bei Fichte gerät diese Technik zur Glanzleistung, und sie eröffnet ihm einen Ausweg aus einem weiteren Problem, in das sich Sebald und Hage mit ihren Verallgemeinerungen und Abstraktionen hineingesteigert haben. Es gibt nämlich keinen einnehmbaren Standpunkt, von dem aus sich ein Volk konstituieren ließe. Wer sich einen Begriff wie »Tätervolk« erlaubt, nähert sich auf gefährliche Weise der Sprache der Täter. Was stattdessen tatsächlich greifbar ist, ist die Sprache selbst. Indem Fichte seinen jungen Protagonisten die Floskeln der Erwachsenen in den 40er Jahren imitieren und sein Alter Ego über die Sprache seiner schreibenden Kollegen nachdenken lässt, vermag er tatsächlich etwas Wesentliches sowohl über die Schuld als auch über das Leiden der Deutschen zu sagen.

Es handelt sich hier um eine Transposition einer Ethik der Empfindlichkeit auf die Ebene der Sprache. *Detlevs Imitationen ›Grünspan‹* etwa beginnt mit einem bezeichnenden Beispiel einer zwanghaft imitierten Unempfindlichkeit. Noch bevor Detlev und seine Mutter die folgenschwere Reise nach Hamburg antreten, ereignet sich etwas, was in der Sprache der Mutter so wiedergegeben wird:

> Hast du die Männer gesehen, die in München Schnee geschippt haben? »Ist es nicht empörend« rief mir eine wildfremde Frau auf dem

60 Fichte, *Grünspan*, S. 221

61 Fichte, *Grünspan*, S. 70

62 Vgl. Sebald, *Luftkrieg*, S. 105

63 Vgl. z. B. Fichte, *Grünspan*, S. 40: »Noch ein Dante. Der vom Hudson.«

64 Hage, *Zeugen*, S. 48

65 Sebald, *Luftkrieg*, S. 94

66 Fichte, *Grünspan*, S. 221

67 Hage, *Zeugen*, S. 29

68 Ebd., S. 38

69 Fichte, *Grünspan*, S. 69

70 Fichte, *Grünspan*, S. 229–241

71 Ebd., S. 25 ff.

72 Hage, *Zeugen*, S. 110

73 Vgl. Hage, *Zeugen*, S. 71 f. Zum Thema Montage vgl. vor allem die Dissertation von Klaus Martin, *Intertextualiät und ihre Funktionen in Hubert Fichtes Detlevs Imitationen ›Grünspan‹*, Bielefeld 2006

Die Fundgrube für Bücherfreunde

Foto: Jan-Frederik Bandel

> Bahnsteig zu. Ich tat, als hätte ich nicht verstanden oder als hätte ich nicht bemerkt, daß sie mit mir redete. Aber sie blieb stehen und faßte mich am Arm und sagte: »Es sind ungarische Juden!«[74]

Später dann, im imaginierten Dialog mit Siegfried Gräff, stellt Jäcki eine – auch strukturell – ähnliche Frage: »Haben Sie dreiundvierzig nicht darüber gesprochen, daß KZhäftlinge gezwungen wurden, BBkellerschrumpfleichen zu bergen?«[75]

Dazwischen wird etwas angesprochen, was bei Hage mit der etwas kraftlosen Metapher der lahmen Zunge belegt wird: das Thema des Verschweigens. Es zieht sich durch das ganze Buch und wird wohl am eindringlichsten am Schicksal von Detlevs Tante Frieda geschildert:

> Heute morgen ist Tante Frieda abgeholt worden. Sag bloß nichts. Wir werden sie wohl nie wiedersehen. Wer jetzt reinkommt kommt nie wieder raus. Ins Gefängnis oder was weiß ich wohin. Oma sagt nichts. Opa sagt nichts. Mutti ist auch wieder ruhig.[76]

»Was weiß ich« – dahinter verbirgt sich natürlich das Wissen über die Konzentrationslager. Dass die Eltern den Verlust der Tochter so stillschweigend hinnehmen, ist wiederum so unauffällig wie ungeheuerlich. So verwundert es wenig, dass man, kaum dass die Schreckensherrschaft wieder vorbei ist, sich des längeren und des breiteren über die Untaten einer Ilse Koch auslässt, des Mannsweibs, des Satans, der Geißel Gottes.[77] Damit wird aufs Eindrucksvollste vor Augen geführt, mit welchen Mechanismen die Mitglieder eines so genannten »Tätervolkes« sich aus der Patsche der Kollektivschuld zu helfen wissen. Die von Sebald beanstandete Lücke und sein eigenes Füllsel sind die Kehrseiten ein und desselben Vorgangs.

In seinen ethnopoetischen Arbeiten hat Fichte sich auf die Suche nach einer Alternative begeben, nach einer Sprache, die sich unterscheiden würde von der Sprache der Sieger, »einer wesentlich anderen Sprache«.[78] Was er gefunden hat, waren Ruinen, die ihn an seine bombardierte Heimatstadt erinnerten. Was er gefunden hat, waren Strukturen der Diktatur und der Unterdrückung, die denen des Nationalsozialismus durchaus ähnlich waren. Was wir immer noch finden, auch in den Büchern von Sebald und Hage, ist eine fatal unmagische, altgewohnte Sprache, die in dem Maße Mode werden kann, wie sie über sich selbst nicht nachdenkt. So steht zu befürchten, dass die Werke Hubert Fichtes ihre Aktualität so bald nicht einbüßen werden. Auch 20 Jahre nach seinem Tod und auch im Hinblick auf das viel diskutierte Thema Luftkrieg und Literatur kann man von seinen Texten behaupten, wie Hage von Ledig, dass sie »beinahe alles aufwiegen, was in der Nachkriegsliteratur zu diesem Thema geleistet worden ist.« ❑

74 Fichte, *Grünspan*, S. 9

75 Ebd., S. 48

76 Ebd., S. 72 f.

77 Ebd., S. 100

78 Hubert Fichte, *Xango. Die afroamerikanischen Religionen II*, Frankfurt am Main 1976, S. 119

Zerstreute Fremde

Zur »Annäherung an die Geisteskranken« bei Leonore Mau und Hubert Fichte

Von Ole Frahm

Annäherung an die Geisteskranken in Afrika nennen Leonore Mau und Hubert Fichte ihr letztes gemeinsames Buch *Psyche* im Untertitel. Es enthält, im gleichen Format wie die ebenfalls gemeinsam veröffentlichten Bände *Xango* und *Petersilie,* Fotos und Text. Während diese sich den afroamerikanischen Religionen widmen und äußerlich den Eindruck eines enzyklopädischen Ansatzes vermitteln, beansprucht jener nur eine *Annäherung* – allerdings an etwas Unsichtbares: *Psyche.*

Die Vorsicht des Anspruchs versteht sich aus einer langjährigen Kritik an der Gewalt der Psychiatrie und Psychoanalyse seit den 60er Jahren. *Psyche* ragt wie ein monumentales Relikt aus dieser Zeit in unsere Tage – veröffentlicht über 20 Jahre nach seiner Produktion.

1974, während Fichte und Mau im Senegal und Togo, in den Psychiatrien von Fann und den psychiatrischen Dörfern unterwegs waren, hielt Michael Foucault am Collège de France seine Vorlesungen über den Wahnsinn und die historischen Transformationen, die ihn konstituierten. Mit der Durchsetzung der bürgerlichen Gesellschaft Anfang des 19. Jahrhunderts wird der Diskurs über den Wahnsinn in Europa neu strukturiert. Es entsteht ein Feld der Normalisierung, das sich über die ganze Gesellschaft ausbreitet, normales und anormales Verhalten unterscheidet und so ermöglicht, als Anormale Erkannte systematischer als zuvor auszuschließen. Das entstehende »institutionelle Gefüge richtet sich gegen das gefährliche Individuum, das weder eindeutig krank noch eigentlich kriminell ist«.[1] Gefährlich ist, wer abweicht. Foucault beschreibt in seiner Untersuchung der Entstehung der Psychiatrie einen neuen Typus der Macht, die Normalisierung, und bestimmt verschiedene Typen des Anormalen: »Der Psychiatrie muß es nun [Anfang des 19. Jahrhunderts] gelingen, einen genealogischen Stammbaum sämtlicher sexueller Störungen zu errichten und aufzuzeichnen.«[2]

1 Michel Foucault, *Die Anormalen,* Frankfurt am Main 2003, S. 51

2 Ebd., S. 363

Es erstaunt nicht, dass Fichte sich für dieses Feld interessierte. Statt sich ins Archiv zu begeben, um aus der historischen Perspektive eine Kritik an der Gegenwart zu wagen und darauf hinzuweisen, dass das Feld der Normalisierung nicht auf alle Ewigkeit Bestand haben wird, reiste der Schriftsteller in der Gegenwart an Orte, wo die Psyche und das sie konstituierende Feld gerade einer Transformation unterworfen wurden.

Im postkolonialen Westafrika trafen die französische und die afrikanische Psychoanalyse aufeinander. Dr. Henri Collomb, Leiter der psychiatrischen Abteilung von Fann in Dakar, lernte bei Jacques Lacan und gibt Hubert Fichte Auskunft über die psychiatrische Praxis:

> Fann wird also als ein Ort aufgefaßt, wo die Ausgestoßenen hingebracht werden können und vielleicht als ein Ort, wo man diesen Ausgestoßenen mit anderen Mitteln als den herkömmlichen doch helfen kann. Es sind Individuen, die sich, wie wir es bezeichnen, in Transkulturation befinden, Individuen, die keinen Teil mehr an der Tradition haben.[3]

3 Leonore Mau / Hubert Fichte, *Psyche. Annäherung an die Geisteskranken in Afrika,* Frankfurt am Main 2005, S. 61

Statt nun den Verlust der Tradition afrikanischer Psychiatrie zu bejammern und die Verfahren der Heilpraktiker zu idealisieren, stellen Mau und Fichte die traditionelle afrikanische Umgangsweise mit den Geisteskranken der westlichen, wie sie in Afrika umgesetzt wird, in Bild und Schrift gegenüber, ohne eine von beiden zu bevorzugen. Zwischen ihnen hindurch versuchen sie eine andere Annährung an die Geisteskranken, ohne Anspruch auf Heilung und Verstehen.

Foto: Leonore Mau, aus *Psyche*

Foucault erinnert in seinen Vorlesungen daran, dass der Wahnsinn nicht etwas jenseits des Diskurses ist, sondern eben innerhalb von Diskursen erst produziert wird. Deshalb gibt es keine neutrale Annährung an die Geisteskranken. Es ist eine Frage der Macht, welche Macht ein Diskurs über die Geisteskranken behaupten kann. So erklärt sich das Genre von *Psyche*: Eine *Annäherung* behauptet so wenig Macht wie möglich. Eine Annäherung ist keine Analyse. Sie stellt die Frage nach dem, als das Geisteskranke in unterschiedlichen Sprachen, Praktiken, Behandlungen und Bildern erscheinen.

Eine Annäherung: Wie kann eine »Annäherung« mithilfe der Fotografie aussehen? Wie »nähert« sich das Objektiv einer Kamera einem Gegenstand an, wenn es diesen fotografiert? Der fotografische Akt produziert eine absolute Nähe (die Lichtempfindlichkeit des Fotopapiers) in unüberbrückbarer Ferne (die Entfernung des Objektivs vom Gegenstand). Der fotografische Abzug erscheint so als Ergebnis und niemals als Prozess, selbst wenn sich der Prozess der Produktion im Foto abzeichnete. Annäherung aber meint einen Prozess. Das Schreiben scheint dem näher – und doch erlaubt auch dies, da ist der Psychoanalyse zweifellos Recht zu geben, keine Nähe zur Psyche.

Die Annäherung findet zwischen Fotografie und Schrift statt, zwischen dem Material von Mau und Fichte, das seine Anwesenheit bei seiner Entstehung sichtbar hält. Beider Methode wird im Zusammenspiel epistemologisch, ihre Annäherung bleibt misstrauisch dem eigenen Medium, seiner Materialität und der erzeugten Nähe gegenüber, die es scheinbar entstehen lässt. Annäherung: Das Verhältnis zwischen Bild und Schrift bleibt nie gleich, es ist instabil.

Zwei Beispiele. Unter dem Titel *Elektroschock in der Psychiatrie von Fann* sind fünf schwarzweiße Fotos in zeitlicher Nähe zu sehen, von denen jedes für sich eine andere Geschichte erzählt. Andererseits bilden sie eine Reihe. Auf dem ersten wird der Patient vorbereitet, sein Kiefer festgehalten, die Tür geschlossen. Der Schock wird auf dem zweiten Foto versetzt, die Beine des Patienten schnellen in die Höhe, zwei Pfleger halten ihn. Er ist dem Schock und den helfenden Pflegern hilflos ausgesetzt. Das dritte zeigt den Patienten wieder liegend, das Kabel, mit dem der Elektroschock versetzt wurde, steckt noch in der Wand. Auf dem vierten fehlt es. Ein Pfleger hat seine Hand an der Schulter des Patienten, der sich auf das Bett aufgestützt hat und zu dem Pfleger aufschaut wie zu einem Herrn, ein zweiter Pfleger kniet rechts vor ihm und prüft seine Reflexe. Auf dem letzten schließlich hat sich der Patient wieder aufgerichtet und blickt in die Kamera. Aber wir sehen seinen Blick nicht. Durch einen Materialfehler erscheint sein rechtes Auge als weißer leerer Kreis, das seinen Kopf flächig macht und die schmale Spur des Weißen im linken Auge noch unnatürlicher erscheinen lässt. Der Pfleger, zu dem der Patient aufschaute, hat nun seine Hände auf dem Kopf des Patienten, er legt etwas zur Kühlung darauf, der zweite Pfleger hat seine Prüfung noch nicht beendet. Die Ambivalenz der Bilder wird durch keinen Kommentar stillgestellt. Sie lässt sich zwischen dem dankbaren Blick des Kranken und der Gewalt, die ihm angetan wird, nicht beruhigen.

Den Betrachter sucht der verlorene Blick des Geschockten noch heim, wenn er die Interviews mit den Psychiatern liest, in denen Hubert Fichte sich immer wieder nach dieser Praxis erkundigt. Wie wird sie angewendet? Hilft sie tatsächlich? Warum wurde sie so oft angewendet? Fichte lässt es keine Ruhe. In seinem Radiofeature *Gott ist ein Mathematiker* stellt er schließlich fest, es seien zu viele Elektroschocks in Fann verabreicht worden.[4] In *Psyche* bleibt Dr. Zeldines Stimme,

4 Hubert Fichte, *Gott ist ein Mathematiker*, Köln 2000

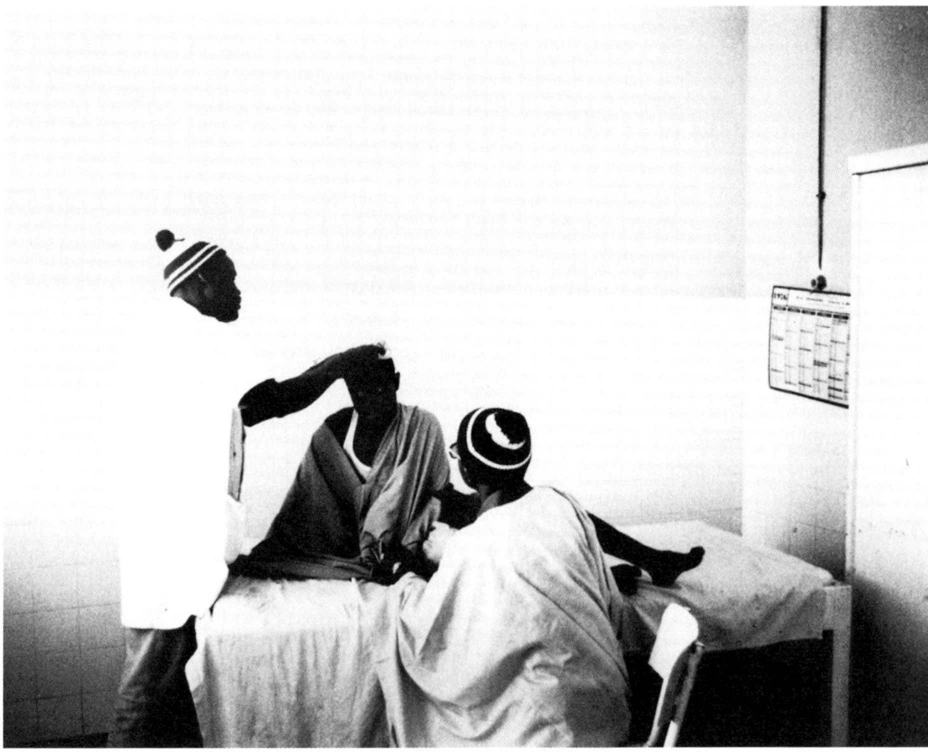

Foto: Leonore Mau, aus *Psyche*

die Fichtes Haltung als »theoretischer Abscheu« bezeichnet, lesbar.[5] Der Schock würde helfen, wie ihm seine Krankenpfleger versicherten.

5 Mau / Fichte, *Psyche*, S. 78

Bild und Schrift werten nicht. Mag der blicklose Blick des Geschockten unheimlich sein, die grobkörnigen Fotos zeichnen empfindlich, aber ohne Wertung auf. Wenn eine Annäherung möglich wird, dann deshalb. Auch Fichte enthält sich in den Interviews auffallend jeder Bewertung der Aussagen. Wem es mühsam vorkommt, sich durch die große, scheinbar reduzierbare Textmenge durchzuarbeiten, ignoriert diesen Aspekt. In der Streuung der Aussagen erst entsteht der Diskurs über die Psyche. Dies bestätigt die Notwendigkeit der Bildserie. Kein einzelnes Bild gibt ein Bild des Elektroschocks. Auch die Reihe nicht. Sie ergänzen sich offen und erinnern darin an die Ausschlüsse, die sie jedes Mal bedeuten. Im Materialfehler, dem unmöglichen Blick des Geschockten, wird dies sichtbar.

Dieses Reflexionsniveau hält *Psyche* nicht durchgängig: Müssen sich die Leser in der Streuung von Schrift und Bild *Psyche* mühsam erarbeiten, kollabiert dieses Prinzip am Ende des Bandes angesichts eines afrikanischen Heilrituals für Geisteskranke, dem N'Doep der Serer. Ist es als Pendant zum Elektroschock zu lesen, als Darstellung der traditionellen Methode, wäre dies ausgesprochen problematisch: Als könnten sich Schrift und Bild angesichts der afrikanischen Behandlung der Geisteskrankheit einander annähern, wechseln sie sich hier fast ab, oder wie Peter Braun es lobt: »Fotografien und Text rücken sehr nahe zusammen [...] – so nah wie sonst nirgends im gesamten Werk von Leonore Mau und Hubert Fichte.«[6] Doch würdigt Fichtes Beschreibung die Fotos von Mau fast zu Illustrationen herab – oder genauer: Die Fotoserie macht Fichtes Text zu einer hilfreichen Bildunterschrift, die schließlich doch an die Bilder übergibt, als könnten diese mehr sagen als alle Worte. So aufeinander bezogen, verlieren Bild und Schrift nahezu ihre epistemologische Kraft.

6 Peter Braun, *Eine Reise durch das Werk von Hubert Fichte*, Frankfurt am Main 2005, S. 219

Gleichwohl reflektieren sie selbst hier noch die Gewalt jeder Annäherung: Die Kontingenz der Fotografie, ihr Zufälliges der Aufzeichnung lässt sich nicht ordnend eingrenzen, wenn beispielsweise eine Frau zwischen Teilen eines rituell geschlachteten Stiers mit einer Kiste auf dem Kopf steht, auf der »Seven Up« zu lesen ist. In solchen Abweichungen findet der Text, der das Ritual wiederholt, wenn er mit »Jetzt hat alles seine Ordnung«[7] endet, die Grenze seiner Beschreibung.

7 Mau / Fichte, *Psyche*, S. 313

Psyche reflektiert eine doppelte Gewalt (Erinnern des Zufälligen, Erzwingen eines Sinns) zwischen Bild und Schrift. Diese Gewalt ist die unüberschreitbare Grenze jeder Annäherung. Sie ist notwendig, damit *Psyche* erscheinen kann. Ihre Leugnung – durch die Favorisierung magischen Denkens – entpolitisiert notwendig das Feld, in dem die Psyche erscheint. Das magische Denken, wie es im 20. Jahrhundert immer wieder beschworen wurde, um die Gewaltverhältnisse zu beenden, haben sie dort verschärft, wo es politisch wirksam wurde. Deshalb wird die Magie in *Psyche* durchkreuzt, ohne dass analytisches Denken an seine Stelle gesetzt würde. In der Praxis der Annäherung erscheint die Psyche als Fremde, das Fremde der Psyche wird mit einer anderen Fremde, der Materialität der Fotografie, des Schriftzeichens konfrontiert. Die Materialität befremdet als zu lesende – unbeherrschbare – *Psyche*. In dieser zerstreuten Fremde wird die Gewalt selbst politisch und das heißt zu bearbeiten. Diese notwendige Arbeit der Annäherung an die Psyche endet nicht. Ihre Reflexion, so oft versucht wird, sie zu reduzieren, zu verdrängen oder zu verleugnen, durchkreuzt jede bequeme Identifikation. Diese Politik zwischen schriftlichem und fotografischem Material ist nicht nur aktuell geblieben, sondern bis heute als notwendige Auseinandersetzung uneingelöst. ❑

Ohne Titel oder Kosten der Unschuld

Heino Jaeger und das andere Deutschland

Von Gerd Schäfer

»Das Leben ist beschissen«, höre ich, sage ich, auf Band. »Das Leben ist keineswegs beschissen«, höre ich, sagt Herr Bleytreu, »*wir* sind beschissen, weil wir es nicht fertigbringen, unbeschissen zu leben.«

Walter Höllerer, *Die Elefantenuhr*

Hubert Fichte, der im Literaturbetrieb gern die Rolle des exquisiten Solitärs gab, übte eine bemerkenswerte Anziehungskraft auf Zeitgenossen aus. So beispielsweise auf Peter-Ernst Eiffe, den »Hofnarren der 68er-Generation«. Nachdem er in Hamburg als Angestellter des Statistischen Landesamtes entlassen worden war (über seinem Schreibtisch hing ein Bismarck-Bild, liebevoll geschmückt mit Pornofotos von der Reeperbahn), entwickelte sich Eiffe zum ersten deutschen Graffiti-Virtuosen. Seine nächtlichen Umtriebe führten schließlich dazu, dass am Gänsemarkt ein erbaulicher Kampfspruch von Ho Chi Minh zu lesen war, nämlich am Sockel des Lessing-Denkmals (also in auffälliger Nähe eines berühmten Kellerlokals namens »Palette«, das damals allerdings bereits geschlossen war). Für Eiffe, der in einer eigentümlich deutschen Zwiespältigkeit zwischen linker und rechter Weltanschauung hin und her wechselte, war die Zeit des politischen Aufbruchs schnell vorüber – ein übliches Schicksal. Bevor er 1970 in eine schwere Depression fiel, schrieb er Werbesprüche für Maggi-Tütensuppen. Seine letzten Jahre verbrachte Eiffe in geschlossenen Anstalten. Irgendwann wurde er dann vermisst, man fand ihn schließlich 1983 erfroren auf einem Feld. Christian Bau (der die Dokumentation *Eiffe for president – alle Ampeln auf Gelb* produziert hat) und Arthur Dieckhoff berichten, dass Eiffe im Hamburg der 60er Jahre nie bei einer Lesung von Hubert Fichte oder Peter Rühmkorf gefehlt habe.[1]

Man kann Fichtes *Zweite Schuld*[2] als seltsame Erinnerung an die Hoffnungen eines Neubeginns lesen. Einem Wachtraum ähnlich wird die Frühzeit des Literarischen Colloquiums Berlin (LCB) abermals hervorgerufen, als junge Schriftsteller wie Nicolas Born, Hans Christoph Buch, Hermann Peter Piwitt oder Fichte selbst auf Einladung Walter Höllerers zusammenkamen, um Vorgaben zu meistern, die anwesende Lehrer mehr oder weniger gescheit formuliert hatten. Im Rückblick können bis heute vor allem Peter Rühmkorf und Peter Weiss als hilfreiche Dozenten überzeugen. Beide stellten sich den Anforderungen einer Umbruchphase, in der Altes auf Neues prallte.

1963 wurde Verschwiegenes allmählich öffentlich. Mit dem Auschwitz-Prozess begann eine Phase, in der man sich der deutschen Vergangenheit auf andere Art und Weise näherte oder sich ihr doch hätte nähern können. Gleichzeitig setzten Bemühungen ein, das anders zu bestimmen, was üblicherweise als »bürgerlich« gefasst wurde. Als Eigenschaft jedoch war es in Deutschland nie angekommen, macht es doch eine gesellschaftliche Besonderheit aus, die man sich hätte erkämpfen müssen. Umwälzungen, Revolutionen waren und sind immer mit Gefahren verbunden; und Umstürzlern droht, vor allem nach dem Scheitern, die Einweisung in die Psychiatrie. Was selbstverständlich nicht bedeutet, dass hinter jedem Wahnsinnigen ein möglicher Weltverbesserer auszumachen ist.

Als Hubert Fichte 1964 einem Aufruf Marcel Reich-Ranickis folgte – gefordert wurde von Schriftstellern eine künstlerische Stellungnahme zu Auschwitz –, zog er sich genau auf jene Qualitäten zurück, die seine folgenden Bücher auszeichnen, »auf persönliche Empfindlichkeit und eine mittlere Beobachtungsgabe«.[3]

Die *Zweite Schuld,* erschienen als Abschluss der *Geschichte der Empfindlichkeit,* ist auch eine Reminiszenz an den Auschwitz-Prozess, geschrieben nach dem Orwell-Jahr 1984. Der heutige Leser lernt eine verdoppelte Zeit kennen, die jeweils von Misstrauen und Verdächtigungen beherrscht war. So hielt Erich Fried 1963 in Sigtuna auf einer Tagung der Gruppe 47 Konrad Bayer, der Auszüge aus dem *Sechsten Sinn* präsentiert hatte, vor, er benutze beim Schreiben eine »witzige Technik«, mit der sich alle Schrecken von Auschwitz so wiedergeben ließen, »daß viele Leute, mindestens in Wien, darüber lachen würden«. Ähnliche Anschuldigungen äußerten Hans Mayer und Walter Jens, man sprach von »konsequenter Unmenschlichkeit«, sogar »Antimenschlichkeit«;

hinter der Prosa Bayers wurde ein »Unmensch« ausgemacht. Nicolas Born, ein LCB-Stipendiat, jedoch verteidigte zaghaft die fremde Methode des Österreichers. Fichte selbst las in Sigtuna den Beitrag *Im Tiefstall,* eine Traumerzählung, die unter anderem Titel ebenfalls im Kollektivroman *Das Gästehaus* der Höllerer-Zöglinge erschien.

Aber selbst Hubert Fichte, durchaus ein mutiger Einzelgänger, war nach 1984 beim Schreiben der *Zweiten Schuld* nicht frei von merkwürdigen Wahnvorstellungen, mögen sie gelegentlich auch mit Witz vorgebracht worden sein. Für ihn trat Höllerer wie ein Vorgänger von George Orwells »Großem Bruder« auf, der alle Gespräche im Literarischen Colloquium auf Bändern festhielt. Sodass sich Fichte, in der Erinnerung, wie von einem allumfassenden Aufnahmegerät beobachtet fühlt; ausdrücklich genannt wird HAL, der Computer aus Stanley Kubricks Film *2001.* Die Hoffnungen der frühen 60er Jahre werden im nachgetragenen Buch (welcher Gattung auch immer es angehören mag) mit anti-utopischen Vergleichen konfrontiert. Dieses Verfahren ist der Tatsache einer noch ausstehenden Enttäuschung geschuldet. Beeindrucken kann die Methode vor allem dann, wenn listige Anspielungen zu entschlüsseln sind. Beispielsweise fällt neben den Bezügen auf Orwells Klassiker *Neunzehnhundvierundachtzig* mit *Kallocain* der Name eines weiteren Science-Fiction-Romans, eines Romans, der zum Werk von Peter Weiss hinleitet.

Peter Weiss war seit seinem Collage-Roman *Der Schatten des Körpers des Kutschers* einer derjenigen deutschsprachigen Künstler, die genannt wurden, wenn man von der Moderne sprach. Spätestens seit 1960 spiegelt sein Werdegang als Maler und Schriftsteller die bundesrepublikanische Wirklichkeit in ihren unterschiedlichen Ansprüchen und Versagungen akkurat wieder. Traf im Theaterstück *Marat/Sade* Revolutionäres auf Libidinöses, wurde in der *Ermittlung,* einem »Oratorium in elf Gesängen«, der Auschwitz-Prozess szenisch dargestellt. Es folgten Berichte über alten und neuen Kolonialismus, Gedenkreden an Apostaten des Marxismus und Flüchtlinge aus den erbärmlichen deutschen Verhältnissen; Weiss erinnerte nicht nur an Trotzki, sondern auch an Hölderlin. Zwischen 1975 und 1981 erschien sein Hauptwerk *Die Ästhetik des Widerstands,* ein Versuch in drei Bänden über Möglichkeiten, den Nationalsozialismus zumindest im Traum zu besiegen, zu überleben. Gescheitert war am deutschen Herrenmenschentum die Schwedin Karin Boye, die 1945 in den Selbstmord flüchtete. In ihrer Anti-Utopie *Kallocain* entwarf sie eine Welt, die, vor Orwell, durch ein prägendes Merkmal ausgezeichnet ist – durch die obrigkeitsstaatliche Fremdbestimmung von (wenn der Ausdruck gestattet ist) Bürgern.

Seit den 60er Jahren, seit der Zeit im Literarischen Colloquium, bemühte sich Fichte um die Rettung des Eigenen, etwas, das für ihn vermutlich nur in der selbstverfassten Literatur zu finden war. Bei seinen frühen Versuchen handelte er gelegentlich eher modisch denn modern und trat dabei trotzdem als Herold einer angemessenen zeitgenössischen Literatur auf. Fichtes Beiträge zu der Aufgabe, die Peter Rühmkorf den Jungschriftstellern im LCB stellte, können wie ein Manifest seiner Kunst, einer Kunst, die sich um das Eigene bemüht, gelesen werden.[4]

Rühmkorf stellte die Frage nach der »persönlichen Schreibweise« und wollte zugleich das Problem des »modernen Ausdrucks« behandeln. Deshalb hatten die Stipendiaten einen Ausschnitt aus einem »altmeisterlichen Text« umzuschreiben, eine »Variation« zu liefern, nämlich aus Gottfried Kellers *Grünem Heinrich,* dem mustergültigen Bildungsroman zwischen Goethes *Wilhelm Meister* und Stifters *Nachsommer.* Es ist ein Buch über eine Enttäuschung, weil Heinrich Lee als Maler scheitert und schließlich in den Staatsdienst überwechselt. So das Finale der zweiten Fassung – in der Urschrift begeht er Selbstmord.

Hans Christoph Buch legte eine Keller-Aneignung vor, die nur von Fichte gewürdigt wurde. Peter Bichsel bescheinigte Buch zwar eine gekonnte Arbeit, mehr jedoch nicht, es sei »Stil«, keine Literatur; ein anderer Teilnehmer entdeckte im Beitrag genau jene Art, in der man etwas »in das Hüttenbuch eines Alpenvereins« kritzelt. Fichte verteidigte Buch, indem er auf Alain Resnais und Paul Wunderlich hinwies, darüber hinaus an die Tendenz der bildenden Kunst erinnerte, »Elemente des Old-Fashion und des ausgehenden Jahrhunderts« zu übernehmen, sie zu übersteigern, »in eine labyrinthische Welt zu setzen und sie krankhaft anschwellen zu lassen«. So habe auch Alain Robbe-Grillet in *Marienbad* die »ganze

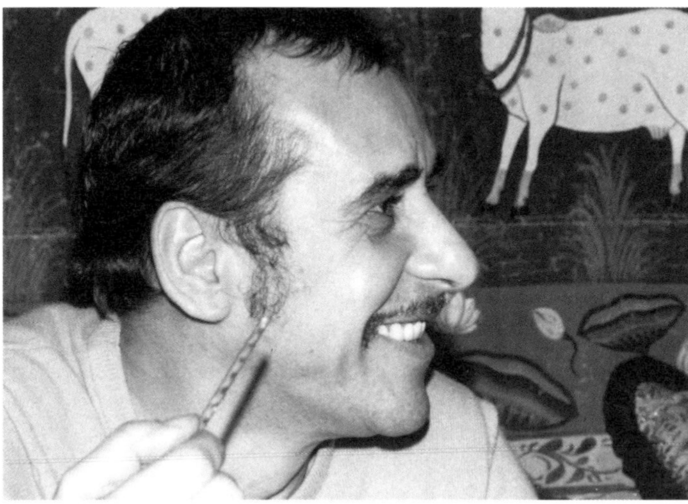

Wolli Köhler

Foto: Privat

Vaterwelt« wie eine Geste benutzt, um sie dann als antiquiert verabschieden zu können.

Wunderlichs Arbeiten über die Hinrichtungen nach dem 20. Juli 1944 hatte Fichte bereits für die *Frankfurter Allgemeine Zeitung* besprochen; Resnais und Robbe-Grillet waren ihm als Frankreich-Kenner ebenfalls vertraut. 1955 erschien mit einem Kommentartext Jean Cayrols (die deutsche Fassung besorgte Paul Celan) Resnais' Film *Nacht und Nebel* über das nationalsozialistische Lagersystem. Für den Klassiker der Moderne *Letztes Jahr in Marienbad,* er kam sechs Jahre später in die Kinos, schrieb Robbe-Grillet die Vorlage. Es ist eine Studie über die Macht der Erinnerung, eine Apotheose der subjektiven Realität, eine Traumbeschwörung. Wenn Fichte diese Geistesverwandten ins Spiel bringt, nennt er Künstler, die das Zusammenspiel von Wort und Bild neu zu fassen suchten – nach dem Nationalsozialismus. Und wenn ein nachgeborener Leser außerdem die zahlreichen Anspielungen in der *Zweiten Schuld* auf Jorge Luis Borges beachtet, sollte er umgehend daran denken, dass der Argentinier verhältnismäßig spät, über den Umweg Frankreich, in Deutschland entdeckt wurde. Anfang der 60er Jahre lagen die ersten Übersetzungen vor. Man konnte die Borges-Erzählung *Deutsches Requiem* kennen lernen, in der ein Deutscher noch einmal seinen Traum, den Traum eines besseren Deutschland, beschwört. Mit Wehmut erinnert sich jemand vor der Hinrichtung an die Ideale seiner Jugend. Es ist ein ehemaliger Lagerkommandant.

Das Menschliche war für Fichte, dies zeigt die *Zweite Schuld* mitsamt Beiwerken überdeutlich, nur zu retten, indem das Alte, die alte Mode, verabschiedet wurde, um das Neue, die Moderne, als Rettung zu begrüßen. Diese Abwehr, eine Abwehr des Schreckens, bezog sich aber lediglich auf das, was mit Deutschland und den Deutschen zusammenhing. Die griechische Antike, vor allem die Vorsokratiker, bildete eine andere Sehnsucht aus, nämlich die Hinneigung zum Anfang von Wissen und Poesie.

Es mutet fremd an, wenn man vor diesem Hintergrund, vor Fichtes Kulissenwelt also, auf jemanden wie Heino Jaeger trifft, dessen Leben ebenfalls den Ursprüngen gewidmet war. Im Roman *Detlevs Imitationen ›Grünspan‹* tritt Jaeger als »Peter« auf, er ist ein Freund von »Hans«, dem literarischen Wiedergänger Michael Maus, also des Sohns von Fichtes Kunst- und Lebenspartnerin Leonore Mau.[5] Hans selbst wird mit einem bezeichnenden Beinamen versehen, nämlich mit dem Etikett »Altmodler«. Tagebuchaufzeichnungen im Band *Alte Welt* berichten davon, dass Jaeger »neue Bilder« male, die eine »andere Art des Zitierens« auszeichne, »eine noch nicht anerkannte Art des Diskrepanten«.[6] Es geht also bei Jaeger, folgt man Fichte, um ein Missverhältnis zwischen zwei Dingen, um eine Abweichung. Und die spezifischen Reaktionen auf genau diesen Unterschied machen das Trennende zu Hubert Fichte aus. Es ging um gegenstrebige Weisen, sich gegen die Zurichtungen durch die deutsche Vergangenheit aufzulehnen.

Seit 2005 liegt eine Werkbiografie zu Heino Jaeger vor. Sie trägt den bezeichnenden Titel *Man glaubt es nicht.*[7] Wie Jaeger seiner Umgebung immer mehr mit Unverständnis begegnete, beispielsweise wenn er am Stadtrand so genannte »Verbrauchermärkte« entdeckte, so kann sein eigenes Leben als Künstler immer noch (und immer wieder) überraschen. Das Buch ist eine Freundesgabe von Joska Pintschovius und Christian Meurer. Erinnert wird an einen Weggefährten, der 1938 geboren und dessen Kindheit durch die Bombenangriffe auf Hamburg und Dresden entscheidend bestimmt wurde. Jaeger vergaß nie die Erfahrung, dass die eigene Welt schnell zu Ende sein konnte. Vor allem Rückzugsgebieten, Reservoirs des Konservativen, galt das Interesse der folgenden Jahre, den Arbeiten als Maler und Einmannbetrieb bei Stegreifauftritten; legendär sind seine Rundfunkbeiträge der 70er Jahre.

Aber Jaegers Forschungsgebiet machten letztendlich Erscheinungsformen der deutschen Ordnung aus. Seine Ausflüge in die Heimat führten von der Heilsarmee auf dem Hamburger Kiez bis zu den Grenzposten der DDR. Wenn Pintschovius das Leiden seines Freundes am Vaterland beschreibt, stellt sich gelegentlich (und verständlicherweise?) ein falscher Ton ein; dann wird sogar aus Hölderlins *Hyperion* zitiert. Besonders überraschen jene Stellen, die Jaegers Angleichung an den Nationalsozialismus betreffen; so spielte der skeptische Patriot gern mit den Anfangsbuchstaben seines Namens. Verwundern

Heino Jaeger
Foto: Privat

Wolli Köhler und Heino Jaeger
Foto: Privat

kann darüber hinaus die Mitteilung, im zeichnerischen Werk fände sich auch eine Arbeit zur Rampe im KZ Bergen-Belsen. Man gewinnt schließlich den Eindruck, Jaeger habe zeitlebens verzweifelt darum gekämpft, den deutschen Schrecken, den Schrecken aus Deutschland zu bannen. Sehnsuchtsziel blieb die heile Bürgerwelt des 19. Jahrhunderts, eine Welt, die vielleicht nur als Traum existierte. Es ist so erheiternd wie einnehmend, von einer Vorliebe für Gründerzeitbauten und Dampflokomotiven zu lesen. Jaeger reiste jenen flüchtigen Erfahrungen sogar nach, oftmals in Zugabteilen, die unter Gesichtspunkten des Schönen ausgewählt wurden. Ab und zu ging der Reisende dann verloren.

Bei allem Witz und jeder Gewitztheit verlief Jaegers Leben eher unglücklich. Es kannte »alkoholisierte Phasen und schwere Depressionen oder aggressive Unruhezustände«. Man fühlt sich an Piwitts Roman *Die Gärten im März* erinnert, in dem streng zwischen Säufer und Trinker unterschieden wird. Während der Säufer trinke, weil er nicht leben könne, ohne andere in Mitleidenschaft zu ziehen, greife der Trinker zum Alkohol, um sich Menschen erträglich zu machen. Der Säufer sei dementsprechend ein Natur-Darsteller, der Trinker aber die »gequälte Natur selbst«. Jaeger, dem Meurer einen hohen Grad »an abseitigster Informiertheit« und eine »beinahe alienhafte Selbstausgrenzung« diagnostiziert, war auch ein Trinker aus Liebe zum Vaterland.

1984, im Orwell-Jahr, erfolgte der finale Kollaps. Telefonisch machte Jaeger die NASA in Houston darauf aufmerksam, dass Gott als menschlicher Embryo wie ein Astronaut die Erde umkreise. Er verwahrloste zunehmend und steckte seine Wohnung in Brand. Jaeger starb 1997 in einer psychiatrischen Anstalt.

Der Ruhm der Aufbruchsjahre war mittlerweile verblasst. 1973 hatte ein Film Heino Jaeger sogar als einen *Maler des Deutschen Reiches* porträtiert. Und dieser Ehrentitel war vor allem seinen Reproduktionen der Wilhelminischen Epoche in Postkartenformat geschuldet, einer Manier des Old-Fashion, um Fichtes Ausdruck zu benutzen. Kommt die Jaeger-Entourage aber auf Hubert Fichte zu sprechen, kann man dem Ressentiment bei der Arbeit zusehen.

Obwohl die Hinweise von Pintschovius auf Fichtes Werk in aller Regel falsch sind, nimmt der Jaeger-Biograf einfach durch die Tatsache ein, dass er das überraschende Bild eines globalen Herolds der Moderne zeichnet. Fichte habe nämlich einmal Jaeger im Atelier als idealtypischen »Altmodler« besucht (gelegentlich gebraucht Pintschovius den Begriff auch ohne Anführungszeichen, wahrscheinlich war er angebracht). Er selbst, Fichte also, sei wie der »personifizierte Zeitgeist« in modischen Stiefeln aufgetreten. Zudem habe er die Anwesenden über den wahren Sozialismus belehren wollen. Lediglich Jaegers Geistesgegenwärtigkeit konnte, Pintschovius zufolge, die peinliche Szene retten: Der Freund habe schnell zur Lockerung der angespannten Situation einen Sketch improvisiert. Später sei der Auftritt durch Jaeger mit zwei, für Fichte-Aficionados erschreckenden, Worten kommentiert worden: »zu deutsch«.

Jaegers »masochistische Liebe« zu Deutschland, liest man in einem Katalogbeitrag Michael Maus, hat ihn ins Verderben geführt.[8] Am Ende war Jaeger nicht mehr die Kraft gegeben, die Zerstörungen als »optischer Detektiv« zu dokumentieren; ohne Not spricht Mau von »Proleten-KZs«, wenn er einfache Vorstadtbauten meint. Zu Recht weist er aber auf die Tatsache hin, dass man nach dem Nationalsozialismus sich erneut auf die Suche nach den Anfangsgründen einer deutschen Bürgerlichkeit machen musste. Bedauerlicherweise blieb diese Anstrengung für Heino Jaeger erfolglos, weil das Ziel bereits ein Traum war. Letztendlich begegnete ihm in der Fremde nur der eigene Wahnsinn, den er mit seinem Bild von Deutschland teilte. Es könnte sein, dass Fichtes Reise um die Welt eine leichtere Aufgabe war.

Als Marcel Proust 1920 seinen brillanten Essay *Über den ›Stil‹ Flauberts* schrieb, kam er auch auf den Wahnsinn Gérard de Nervals zu sprechen. Um jedoch schnell besagte fatale Diagnose zu verabschieden, weil damit eigentlich ein Zustand bezeichnet würde, der die »wichtigsten Beziehungen zwischen Bildern und Ideen« fortbestehen lasse und erst deren »richtige Wahrnehmung« erlaube. Nur der Wahnsinn führt nach Proust zu einem Sinn für neue Entdeckungen. Die Kunst ist für ihn nichts als ein Ergebnis abweichenden Verhaltens. Für Proust führt der Wahnsinn zum Fortschritt der

Kunst. Wer aber den erbarmenswürdigen Niedergang von Heino Jaeger studiert hat, weiß auch, bei aller Begeisterung für das Schöne und das Hässliche, die Fähigkeit einer einigermaßen unauffälligen Cappuccino-Bestellung, mit oder ohne Amaretto, zu würdigen. ❑

1 *Eiffe for President – Alle Ampeln auf Gelb*, ein Film von Christian Bau (Die Thede Filmproduktion, Video: absolut Medien). Vgl. Uwe Wandrey (Hg.), *Eiffe for President. Frühling für Europa. Surrealismen zum Mai 1968*, Hamburg 1968

2 Hubert Fichte, *Die zweite Schuld*, Frankfurt am Main 2006

3 Vgl. in dieser Folge: Horst Krüger, »Im Labyrinth der Schuld. Ein Tag im Frankfurter Auschwitz-Prozeß«, in: *Der Monat* 188 (1964), S. 19–29; Marcel Reich-Ranicki, »In einer deutschen Angelegenheit«, in: *Die Zeit*, 22. 5. 1964; Hubert Fichte, »Mit Verlaub, Auschwitz. Ein junger deutscher Schriftsteller antwortet auf einen Aufruf«, in: *Die Zeit* 29. 5. 1964

4 Die Ergebnisse (und teilweise auch die Diskussionen) der Kurse sind dokumentiert in zwei Bänden: Walter Hasenclever (Hg.), *Prosaschreiben. Eine Dokumentation*, Berlin 1964; Peter Bichsel u. a., *Das Gästehaus*, Berlin 1965

5 Hubert Fichte, *Detlevs Imitationen ›Grünspan‹*, Reinbek 1971, S. 40

6 Hubert Fichte, *Alte Welt*, Frankfurt am Main 1992, S. 183

7 Joska Pintschovius (Hg.), *Heino Jaeger. Man glaubt es nicht. Leben und Werk*, Zürich 2005

8 Michael Mau, »Tage mit Jaeger«, in: Ralf Busch (Hg.), *Heino Jaeger. Gemälde, Zeichnungen, Radierungen*, Hamburg 1988, S. 15–17

Ich sind die Anderen

Exotismus, Empfindlichkeit, Ethnopoesie und die Politik des Interviews bei Hubert Fichte

Von Ulrich Gutmair

»Mit einer Litanei wird eine Vergiftung durch Wörter erreicht«, heißt es in Hubert Fichtes Roman *Versuch über die Pubertät* von 1974. Dort findet man Passagen, die Litaneien bis zum Verwechseln ähnlich sind: »Ich lobe das Dritte Auge. Ich lobe das Bronzeauge. Ich lobe das eye. Ich lobe das olho du cu. Ich lobe den Arsch.« Einige Sätze weiter ist zu lesen: »Ich lobe den Arsch, der ist wie ein Auge, das wie die Welt ist, die wie ein Arsch ist.« Vielleicht kann nur eine magische, also instrumentelle, auf Wirkungen in der Realität abzielende Form des Sprechens oder Schreibens die Kluft überwinden, die Sprache von den eigenen Empfindungen und den Körpern der anderen trennt. Wenn die Texte Hubert Fichtes auch nicht ausschließlich von ebendiesem Problem handeln, so verdanken sie ihm doch ihre Vitalität und Zeitlosigkeit. Die Unerreichbarkeit des anderen in und durch die eigene Sprache hat Fichte durch ein einfaches Mittel zu überwinden versucht: Er lässt sie selbst zu Wort kommen. Im Folgenden soll es darum gehen, den Zusammenhang zwischen den Fichte'schen Interviews, Gesprächsprotokollen und ethnopoetischen Schriften und seinem Verhältnis zu Sprache und Ritual, zu den anderen und dem Körper zu skizzieren.

Es gibt wohl kaum ein literarisches Werk, das nicht auch von Sprache, vom Sprechen und von Kommunikation selbst handeln würde. Hubert Fichtes Werk spricht ganz unverblümt und direkt von der symbolischen Ordnung und von der Macht des Diskurses, die schon jedes Nachdenken über das eigene Leben und das der anderen durchkreuzt: Gesellschaft ist für Fichte eine ritualisierte Behauptung, die gegen den Einzelnen in Anschlag gebracht wird, Kultur ein Set von Konventionen. So genannte Identität – das scheußliche Wort meidet Fichte, so gut es geht – entsteht durch das Imitieren dieser Konventionen, jede Behauptung von Authentizität ist bestenfalls ein guter Witz. In Fichtes nüchterner Betrachtung ist Sprache – entgegen der optimistischen Vorstellung der aufgeklärten Wissenschaft und der Utopie der herrschaftsfreien Kommunikation – kein neutrales Werkzeug im Dienst unbestechlicher Rationalität, sondern immer schon und auch noch im Kontext der modernen Gesellschaft ein magisches Vehikel. (Nicht von ungefähr zitiert Fichte in einem seiner Romane die Merseburger Zaubersprüche, die einzigen Überlieferungen heidnisch-germanischer Religiosität in althochdeutscher Sprache.) Und doch kann und soll die Sprache Fichtes für die Aufklärung der dunklen Verhältnisse zwischen dem Ich, dem Unbewussten und den anderen sorgen, was Fichtes präzisen Texten auf immer wieder erstaunliche Weise gelingt, gerade weil er sich ständig über den Zustand der Sprache selbst Gedanken macht. »Ich kann nicht ohne die Deformationen unserer Sprache über die Deformationen unserer Sprache sprechen«, schreibt Fichte dazu in *Detlevs Imitationen ›Grünspan‹* von 1971.

Im *Versuch über die Pubertät* heißt es in Bezug auf diese Deformationen:

> Sentimentalität gilt bei Bürgerlich-Liberalen und bei den Kritikern als das Vortäuschen echter Gefühle durch Surrogate. Kitsch – eine durchs Pathologische oder Politische verfälschte Kunst- oder Gefühlswelt. Geschmacklosigkeit – ein beharrliches oder zufälliges Ausrutschen ins Kitschige oder Sentimentale. Das Echte postulieren ist auch eine Form von Kitsch. Ersatz brandmarken: Atavismus. Geschmacklos sein heißt, sich dem bürgerlich gewordenen oder antibürgerlich gewordenen magischen Kodex nicht unterwerfen.

Fichte verspürt den Drang, Riten zu zerstören und Geheimnisse zu verraten, und ist doch zugleich von Riten so stark fasziniert, dass er sich zeitlebens intensiv mit ihnen beschäftigt. Im *Versuch über die Pubertät* gibt es bereits zahlreiche Hinweise auf die religiösen Praktiken von Afrikanern und ihren exilierten Nachfahren, in denen Fichte nicht nur eine Metapher auf die Form des eigenen Schreibens sieht.

Richtig, also bewusst gesetzte Geschmacklosigkeiten, heißt es, »bedeuten Kritik an einer unkritisch nach säkularisierten Fetischen ausgerichteten Lebensweise«. Denkt man diesen Satz weiter, sagt er nichts weniger als das: Da man nicht außerhalb des Diskurses sein kann und sich damit auch dem magischen Kodex seiner jeweiligen Gesellschaft nicht entziehen kann, sollte man wenigstens wissen, was die eigenen Fetische und wo die Rituale der Gesellschaft am Werk sind.

Im eigenen Sprechen kann es darüber hinaus gelingen, relative Autonomie gegenüber den erlernten, ritualisierten Denk- und Sprechweisen zu erlangen. Die frühen Texte Hubert Fichtes widmen sich den Fetischen und magischen Praktiken der eigenen Pubertät und den Ritualen der deutschen Nachkriegsgesellschaft, die sich auf verkrampfte Weise von ihrer Nazivergangenheit emanzipieren will. »Mir schienen schon die ›Fliegen‹ von Sartre von den Leichen des Tausendjährigen Reiches angezogen«, schreibt Fichte zynisch zu den neuen literarischen Vorlieben westdeutscher Bildungsbürger im *Versuch*.

Die späten Texte hingegen kreisen um die Frage, an welchen Fetischen sich die Lebensweisen von Leuten ausrichten, die vom geschmackvollbürgerlichen Leben Mitteleuropas ausgeschlossen sind. Dieses Interesse Fichtes äußerte sich in einer Vielzahl von Gesprächen und Interviews, die in späteren Texten die Form seines Schreibens bestimmten, das nun folgerichtig eben jene zu Wort kommen ließ, die sonst meist nur das Objekt wissenschaftlicher Betrachtung sind, sofern sie überhaupt wahrgenommen werden. Das Motiv dieser Protokolle heißt Exotismus, Empfindlichkeit ist ihr Modus, »Ethnopoesie« ihre Form. Altruismus und Paternalismus sind den Fichte'schen Texten dabei zuwider, da ihrem Autor schon das eigene Ich immer als fremdes gegenübertritt, das es zu sezieren gilt. »Ich sei ichsüchtig, sagt Alex«, heißt es in einem Dialog im *Versuch*.

> Du bist ichsüchtig, sagt Alex. Ich bin die mir selbst am besten bekannte Versuchsperson, antworte ich. Und ich mag keine Altruisten, die den anderen vorwerfen, dass sie ichsüchtig seien. Aber du bist ja kein Altruist. Was ist das für eine Gemeinheit, immer an den anderen denken!

Nenn dich »Roman«!

»Leonore und ich gehen die Hauptstraße entlang.« Dieser unscheinbare und dennoch bemerkenswerte, weil insbesondere für das frühe Werk Hubert Fichtes eher untypische Satz, findet sich in der literarischen Verarbeitung seines Aufenthalts in »Grenada, 1979«. Da mit »Leonore« ganz offensichtlich auf Fichtes Reisebegleiterin, Mit-Arbeiterin und Lebensgefährtin Leonore Mau verwiesen wird, muss es sich bei diesem »Ich« wohl um Hubert Fichte selbst handeln. Ein solches Ich der konkreten Referenz auf den Autor Hubert Fichte hat dieser kaum je ungebrochen und ohne doppelten Boden benutzt. Jenes Ich, das sich hier auf einer Straße in Mittelamerika zu Wort meldet, ist die Ausnahme einer Regel, die folgendermaßen lautet: Jene Fichte'schen Figuren der frühen Romane, die starke Bezüge auf den Autor aufweisen, erscheinen beinahe ausnahmslos als ein Er, genauer als »Detlev« oder »Jäcki«, wobei der erste für den jungen, der zweite für den älteren, erwachsenen Fichte steht.

Schon in Fichtes erstem Roman *Das Waisenhaus* zeichnet sich deutlich die erzählerische Strategie ab, zwar auf kaum etwas anderes als eigene Erlebnisse und Erinnerungen zu referieren, dies aber auf eine extrem distanzierte, formalisierte Weise zu tun. »Ich« wird in diesem Text nur dann gesagt, wenn Fichtes Protagonist in direkten Dialog mit anderen Figuren tritt oder für sich selbst einen Gedanken formuliert. Alles andere wird dem Anschein nach im klassischen Erzählmodus vorgetragen, wobei die hier hörbare Erzählstimme ausnahmslos von der in Echtzeit dargestellten Arbeit eines sich erinnernden Bewusstseins handelt: Der Leser wohnt einer im Moment des Schreibens entstehenden »Rekonstruktion« des Bewusstseins, den Wahrnehmungen und Vorstellungen eines Kindes bei. »Detlev schiebt den Saal mit den Badewannen weg«, heißt es da etwa über dessen gedankliche Tätigkeit. Ein allwissend-göttlicher Erzähler, der von außen interpretierend und erklärend in die kindliche Psyche hineinblickt, ist hingegen weit und breit nicht auszumachen. Er hat in diesem Text nichts zu suchen. Dem gewissermaßen erzählerlosen Text gelingt es vielmehr, sich als stets im Fluss befindliche Aktualisierung eines denkenden Bewusstseins beinahe wie von selbst vor den lesenden Augen herzustellen.

Dabei ist diese Fichte'sche Erzählweise auch im Modus des Er auf radikale Weise subjektiv. Das hat allerdings nicht nur auf der Ebene der Syntax nichts mit dem subjektivistischen Gestus der ständig und manisch Ich-sagenden, so genannten Pop-Literatur der 90er zu tun. Die Subjektivität der Fichte'schen Erzählung erweist sich vielmehr als radikale Negation des Pop-Gestus der 90er: Sie zeichnet sich gerade nicht durch eine selbstzufriedene Übereinstimmung mit nach und nach erworbenen Haltungen gegenüber gesellschaftlichen Diskursen aus, sondern durch den nagenden Zweifel, wo und als was dieses Ich – als Aktualisierungsinstanz dieser Diskurse – denn eigentlich zu begreifen sei. Statt sich in müder Ironie zu üben, die den Ich-sagenden Popliteraten von der Welt distanziert, sein Ich aber gerade auf diese Weise von der Welt gänzlich unberührt lässt, blicken die Fichte'schen Texte aus der Distanz, mit Humor und Selbstironie vor allem auf die Figuren des eigenen Selbst. Diesen Texten geht es vielleicht sogar darum, die Komik der eigenen Existenz aufzudecken, wie Peter Michel Ladiges anlässlich der Veröffentlichung von Fichtes *Versuch über die Pubertät* schrieb.

Fichtes Text setzt demnach nicht ein deutlich abzugrenzendes früheres Selbst voraus, dessen Position präzise lokalisiert werden könnte. Das als »Er« erscheinende »Ich« wird weder von einer zentralen Erzählposition installiert, noch ist es als objekthaft zu Beschreibendes bereits vorhanden. Es ist vielmehr Effekt des Erzählens selbst. So sei es Fichte im *Waisenhaus* gelungen, eine Erzählung in Gang zu bringen, die lediglich dadurch angeregt werde, »in sich selber, in ihrer sprachlichen Formulierung autonome Veränderungen vorzunehmen«, wie Helmut Heißenbüttel 1965 präzise formulierte. Diese Erzählung widmete sich der eigenen Geschichte unter anderem als Sohn eines »sogenannten Juden«, wie es in der *Biographischen Skizze* heißt: »Fichte hat ihn nie gesehen. Er gilt als verschollen.« Fichte wurde am 21. März 1935, also ein halbes Jahr vor dem Erlass der Nürnberger Gesetze, in Perleberg geboren. Seine Mutter versuchte das nun als solches definierte »Mischlingskind« dem Zugriff der Behörden zu entziehen. Diese Stigmatisierung, Huberts Alter Ego Detlev im *Waisenhaus* von 1965 kaum begreiflich, bleibt nicht die einzige. »Ich bin ein Mischling ersten Grades, ein uneheliches Kind und nun auch noch schwul – das ist übertrieben«, heißt es im *Versuch über die Pubertät* zehn Jahre später. Weil das einem jungen Menschen, der mittels Identifikation seinen eigenen Ort in der sozialen Matrix zu bestimmen sucht, tatsächlich als übertriebene Zumutung erscheinen muss, adressiert Fichte sich dort selbst explizit als narrative Struktur, für die nicht nur »Er« bloß ein Index ist: »Setz doch dein Ich in Anführungsstriche. Nenn dich ›Roman‹.«

Intelligenz, schreibt Fichte an dieser Stelle weiter, ist »Identifikation mit der Welt als Imitation selbst.« Dem instabilen pubertierenden Ich wird aber nicht nur jede Identifikationsmöglichkeit geraubt, sondern ihm wird von der bedrohlichen Versammlung der anderen im und unter dem Namen der Gesellschaft mit Ausschluss und Aussonderung gedroht. Es reagiert mit der stets erfolgreichen Strategie der Marginalisierten, indem es die Position des Ausgeschlossenen nicht nur duldend akzeptiert, sondern sich darüber hinaus mit ihr identifiziert. Sie wird fortan mit Vergnügen, Selbstironie und kalter Präzision gegen die Sprache in Anschlag gebracht. So heißt es in *Versuch über die Pubertät:*

> Das Wort »aber« hat keinen guten Ruf. Es ist das Wort der Altklugen, der Nörgler, der Besserwisser, der Mischlinge und Bisexuellen. Es ist das Wort derer, die Bordeaux trinken aus Überheblichkeit, wenn die anderen Bier bestellen aus Anbiederei.
> Es ist mein Wort.
> – Ich.
> (Ich).

Es ist eine müßige Frage, ob die Kunst Fichtes darin bestand, solchermaßen eine ganz spezifisch moderne, so präzis beschreibende wie analytische Erzählweise zu entwickeln, die von der immer unüberbrückbaren Distanz des Subjekts zu sich selbst, von Identifikation durch Imitation der Welt handelt, oder ob er schlichtweg gar nicht anders konnte, als ein so skeptisches wie prekäres Verhältnis zu sich selbst zu entwickeln: Eben davon handeln ja seine Erzählungen, die gleichzeitig von der Liebe, der Sexualität, der Gewalt, der Unterwerfung, der Notwendigkeit und dem Scheitern von Anerkennung sprechen. Es scheint aber deutlich zu sein, dass ihn diese Form des sich selbst beobachtenden und protokollierenden Erzählens ganz besonders dazu befähigte, seine Stimme auch anderen Anderen zu leihen. Sie führte jedenfalls zu Texten, die die psychischen Strategien jener zu erfassen suchen, die nicht nur einfach andere sind, sondern auf beinahe paradigmatische Weise das radikal Andere der Gesellschaft symbolisieren, in der der Autor lebte. Denn der zweite Schritt der oben eingeführten Regel lautet: Überall dort, wo in Fichtes Texten ein Ich direkt und unvermittelt zum Leser spricht – und das gilt vor allem für die späteren Werke, die zur *Geschichte der Empfindlichkeit* gehören –, ist es das Ich eines anderen, das durch Fichtes Protokoll und Verarbeitung eine Stimme erhält.

Die große Ausnahme dieser Regel ist der bereits mehrfach erwähnte *Versuch über die Pubertät* von 1974, über den der Kritiker Hartmut Engelhardt treffend bemerkte, es sei »Fichtes erster Roman, der ›Ich‹ zu sagen wagt«. Bezeichnenderweise ist es aber auch der erste Roman, in den Fichte anscheinend die Ergebnisse von Interviews mit realen Personen einfügte. Der eine ist das Musterbeispiel eines überangepassten schwulen Angestellten, während der andere geradezu als die Inkarnation des nicht Gesellschaftsfähigen erscheint: Der junge Hans Eppendorfer hat im Affekt eine Frau getötet, offenbar aus Hass auf die eigene Mutter und als Reaktion auf einen zumindest so verstandenen Annäherungsversuch. Später wird Eppendorfer zu einem Protagonisten der Hamburger SM-Szene, er erzählt von der Liebe zu seiner Frau, aber auch von seinen Erlebnissen mit extremen Formen der Sexualität. Der Straftäter und »Perverse« ist es, der anstelle Fichtes einen moralischen Imperativ formuliert. Über seinen Mentor, den protestantischen Pfarrer Herbert Degenhard, sagt Eppendorfer:

> Dieser Mann hat uns einfach das Gefühl gegeben, Menschen zu sein, Persönlichkeiten zu sein, Einzelwesen mit einem Gesicht. Das können wir doch alle erreichen, dass wir den Leuten, die uns begegnen und denen es vielleicht dreckiger geht, ein Gesicht zuerkennen, eine Stimme zuerkennen.

Verhaltensweisen des Exotismus

Ende der 70er Jahre formulierte Michel Foucault die Unterscheidung zwischen dem »universalen« und dem »spezifischen« Intellektuellen. Der traditionelle universale Intellektuelle verkörpere die »klare und individuelle Figur einer Universalität, deren dunkle und kollektive Form das Proletariat wäre«. In Gestalt des Schriftstellers stehe dieser als universales Bewusstsein und freies Subjekt »den Kompetenzen« gegenüber. Doch inzwischen sei ein tendenzielles Verschwinden des Schriftstellers zu beobachten, an deren Stelle seit Ende des Zweiten Weltkriegs nun die Professoren und die Universität als »privilegierte Kreuzungspunkte« getreten seien. Die Forderung an die neuen Intellektuellen, diese »Wissenschaftler als Experten«, besteht laut Foucault nun darin, die Grenzen der Institutionen, Strukturen und Diskurse zu überwinden, innerhalb derer die Arbeit der Wissenschaft stattfindet. Wenn sich die Berufung auf ein universales Subjekt erübrigt hat, reicht es nicht mehr aus, die Praxis des Wissenschaftlers mit dem rechten Bewusstsein zu tun und Ideologiekritik zu üben. Es geht für Foucault nun vielmehr darum, neue Formen zu finden, in denen Wissen wirksam ist.

> Es kommt nicht darauf an, die Wahrheit von jedem Machtsystem zu befreien – was ein Trugbild wäre, da die Wahrheit selbst Macht ist –, sondern die Macht der Wahrheit von den Formen einer (sozialen, ökonomischen, kulturellen) Hegemonie zu befreien, innerhalb derer sie derzeit funktioniert.

Foucault beschreibt hier recht genau das Feld, in dem sich Hubert Fichtes großes Nachlasswerk der *Geschichte der Empfindlichkeit* bewegt, in der sich die »Anormalen« Europas mit den kolonialen Subjekten und Nachfahren afrikanischer Sklaven in Lateinamerika treffen. Grundlegend für diese Sammlung von Protokollen, Reportagen und Interviews, in Fichtes Worten unter dem Begriff der »Ethnopoesie« zusammengefasst, ist eine Hypothese, die von Fichte in *Xango. Die afroamerikanischen Religionen* von 1976 so formuliert wurde:

> Ich vermute, daß es in der afroamerikanischen Kultur ein System des Psychischen gibt, das älter ist als das unsere und vielleicht besser funktioniert, denn schließlich hat es die Afrikaner die Greuel der Versklavung überstehen lassen und läßt sie das unvorstellbare Elend des Neokolonialismus überstehen.

Fichtes exotistische Faszination für die afrikanischen und afroamerikanischen Religionen ist demnach auch von der Hoffnung angetrieben, von den anderen zu lernen, wie man als Anormaler halbwegs heil durchs Leben kommt.

Autogrammkarte von Wolli Köhler

Grundlage der Verständigung Fichtes mit den Priesterinnen und Heilern, die er im Laufe seiner Studien trifft, ist dabei das stille Einvernehmen darüber, dass beide Seiten den magischen Charakter von Sprache anerkennen.

Die *Geschichte der Empfindlichkeit* lässt sich so als ein Forschungsprojekt begreifen, dessen Ziel es ist, bestimmte psychische Strategien zu dokumentieren, zu ermitteln und zu interpretieren. Die von Fichte zu diesem Zweck entwickelte Ethnopoesie lässt sich als Gegenentwurf zur traditionellen Ethnologie lesen, deren Methodik allerdings nicht schlechterdings verworfen wird, sondern in gewisser Hinsicht subvertiert werden soll: Ethnologie wie Ethnopoesie fußen auf dem Gespräch. In *Explosion,* dem »Roman der Ethnologie«, der erst 1993, lange nach seinem Tod erschienen ist, schreibt Fichte: »Das ethnologische Interview ist als ganz falsches wahrscheinlich das einzig richtige.« Der Unterschied zwischen Ethnologie und Ethnopoesie besteht zum einen in der Art und Weise, wie dieses Gespräch geführt, und zum anderen darin, was mit seinen Ergebnissen angestellt wird. Interessanterweise werden die ethnopoetischen Schriften Fichtes noch heute von den Ethnologen konsequent ignoriert.

In *Das Haus der Mina in São Luz de Maranhão,* den »Materialien zum Studium des religiösen Verhaltens«, die ebenfalls postum, 1989, erschienen, protokolliert Fichte die vom Vergessen bedrohten Rituale und Techniken, die Geschichten und Traditionen eben dieses Hauses, das der Legende nach von Agotime, der als Sklavin nach Brasilien verschifften Königin-Mutter aus Dahomey, gegründet worden war. Die von ihm befragten Frauen sprechen unter anderem über ihr eigenes Leben mit der Religion, über das Ende der Sklaverei in Brasilien, über die Arbeit in der Fabrik, über das Zweite Gesicht und über die Vodun, die Geister/Götter, die sich in der Trance durch ihre Medien zu Wort melden. Fichte fertigt eine Liste aller Vodunci, Trommler und anderer Angehöriger der Casa das Minas. Er versammelt verstreute Aussagen über den Charakter der Vodun zu einer Definition:

Die Vodun essen, trinken, schlafen nicht.
[…]
Jeder hat einen Vodun, der ihn schützt.
Ein Mensch, der keinen Vodun hat, taugt nichts.
[…]
Der Vodun ist nicht wie wir.
Man sieht einen Körper.
Aber er hat keinen Körper.
Wir haben keine Macht.
Wir sehen nichts ohne Vodun.
Ich kenne nichts.
Ich verstehe nichts.

Fichtes poetisches Protokoll handelt dabei stets auch vom schleichenden Verlust der Tradition, die zumindest durch den Akt des Erzählens festgehalten werden soll, soweit dies überhaupt noch möglich ist:

An den Wochenenden wurden früher
Übungen abgehalten.
Tanzen.
Singen.
Die Sprache der Vodun.
Heute kann niemand die Sprache mehr.

Im Unterschied zum universitären Diskurs, dessen Jargon Fichte immer wieder karikiert hat, muss der Schriftsteller dabei nicht einmal den Anschein erwecken, seine Ergebnisse genügten den Konventionen des wissenschaftlichen Publizierens. Seine Form des collagenhaften Protokolls, das den Redefluss seiner Gesprächspartner in kurze Aussagesätze teilt und komprimiert, begnügt sich damit, diesen mittels seines »Strukturen-Schreibens« – so Fichtes Terminologie – in eine sinnvolle Form zu bringen. In seiner Einleitung schreibt Fichte dazu unter anderem: »Praktisch suche ich aus einem anachron geordneten Zettelkasten die Aussagen zu jedem Punkt zusammen und ordne sie nach dem Datum der Mitteilung.« Eine wesentliche Frage dieses Textes lautet: »Kann ich auch bei der Erforschung der Casa das Minas die Erforschungsgeschichte mit abbilden?« Ziel der Niederschrift ist, »die Zitate von Dona Celeste und Dona Deni zu einer großen, von ihnen nachprüfbaren Collage zusammenzufügen«. Zu vermeiden sind dabei die Fallen der herkömmlichen ethnologischen Wissenschaft:

Die konventionelle Abhandlung eines ethnologischen Feldes übersetzt den Diskurs der Informanten in den Diskurs des Universitätsbetriebes. Ohne jegliche semantische oder poetische Stringenz. Der zweite Diskurs wird als höherstehend und erstrebenswert postuliert. Er täuscht Komplettheit und Präzision von Theorie und Empirie vor, die fast nie der Fall sind.

Poetisch ist an der Ethnopoesie Fichtes aber nicht nur der freie Umgang mit dem »Ort« des Gesprochenen. Fichte ordnet diese Aussagen, Stichworte, Fragen und Dialoge nicht nur thematisch, sondern notiert sie in der Art eines epischen Gedichts, was als Verweis auf die alten Mythologien Europas verstanden werden kann: Die Erzählungen der Verschleppten stehen denen der Kolonialherren in nichts nach.

Über seine Rolle als fragender Forscher reflektiert Fichte ganz foucauldianisch:

In jeder Zivilisation ist die Frage verpönt. Das Unbehagen in der Kultur bringt Beichte, Schauprozess, Psychoanalyse, Interview und ethnologische Forschung. Der Frager in São Luz de Maranhão, in einer nachkolonialen, neokolonialistischen Gesellschaft, ist immer auch die Herrschaft, die nach einem Vergehen, einem Vergessen fragt und die sich fragend, wie Ödipus, selbst entlarvt. Dem Sadismus des Fragers wird der Sadismus des Antwortenden entgegengesetzt.

Auch den senegalesischen und togolesischen Psychiatern, Malern, Geisteskranken und Politikern, die Fichte in *Psyche* (das ebenfalls vor allem aus Interviews und Gesprächsprotokollen besteht) zu Wort kommen lässt, tritt er als Fragen stellender, weißer, europäischer Intellektueller gegenüber. Der Umstand, der in Afrika herrschenden neokolonialen Struktur nie entkommen zu können, den Zwängen der afrikanischen Gesellschaften aber genauso kritisch gegenüber zu stehen, ist die immer wieder reflektierte Grundlage seiner Gespräche. »Es gibt eine afrikanische Psychiatrie«, heißt es im Aufsatz *Gott ist ein Mathematiker:*

Wenn man etwas übertreiben will, kann man sogar behaupten: Es gibt eine traditionelle afrikanische Psychoanalyse; eine afrikanische Chemotherapie der Geisteskrankheiten; afrikanische Gruppentherapien, Urschreie, Beschäftigungstherapie. Doch beruhen diese Systeme nicht auf unserem naturwissenschaftlichen Weltbild – sondern auf einem magischen, das ebenso unerbittlich funktioniert.

Mit dem letzten, entscheidenden Nebensatz macht Fichte deutlich, dass aus der Perspektive des Einzelnen, des Verrückten, des Schwulen, des Bisexuellen und des Anormalen noch jede Gesellschaft ihre, wenn auch spezifischen, Strukturen der Zurichtung kennt. Fichtes Verdacht ist aber auch, dass gerade die moderne, kulturalistische Psychiatrie von Fann in Dakar, einer der führenden Kliniken in Afrika, die sich selbst zugute hält, die Traditionen und Denkweisen der Afrikaner ernst zu nehmen, weiterhin auf einer – nun positiv gewendeten – Idealisierung des schwarzen Anderen basiert, die diesen weiterhin als Objekt betrachtet, nun allerdings auf scheinbar etwas freundlichere Weise als die Wissenschaftler des 19. Jahrhunderts, die dem Kolonialismus seine Theorie und Rechtfertigung lieferten: Diese neue Wissenschaft erkennt den partikularen Charakter ihres Gegenstands voll und ganz an – und kann gerade dadurch Profit aus der berechtigten Kritik am universalistischen europäischen Projekt schlagen, das den schwarzen Anderen immer als theoretischen Antagonisten des fortgeschrittenen bürgerlichen Europäers und als ganz reales Ausbeutungsobjekt benötigte.

Wenn Fichte mit Maurice Dorès spricht, einem Dissidenten aus Fann, der dort als Oberarzt in der psychiatrischen Abteilung tätig war, kreist ihr Gespräch folgerichtig immer wieder darum, welche Interessen hinter der Arbeit mit den Afrikanern stehen:

- Die Leute kommen nach Afrika, um sich etwas anzueignen: Ländereien, Geld, Psychismen, Körper.
- Marxistisch reduziert: Das Problem des Kapitalismus!
- Genau
- Psychoanalytisch: Ein orales Problem!
- Ich glaube schon.

Wolli Indienfahrer

Foto: Privat

Die neokoloniale Wissenschaft vom Menschen begreift die partikulare Identität »des Afrikaners« als Ressource für die Produktion ihres Wissens. Die Afrikaner liefern Psychiatern und Ethnologen Informationen über sich selbst, wobei die Interpretationshoheit weiterhin bei den europäischen Wissenschaftlern liegt, die die afrikanische Psyche durch das Raster ihrer, möglicherweise sozialutopischen, Vorstellungen des Menschen betrachten. Im Interview mit Dorès wird Fichtes Verdacht über den »offiziellen, lügnerischen Diskurs in Fann« schnell zum Thema: Für den französischen Akademiker sei der afrikanische Irre in erster Linie Gegenstand einer »Thèse«, die fürs »Diplôme« gebraucht wird, so Dorès. Der Exotismus, die geschmähte Begierde nach dem andren, zeigt sich für Fichte vor dem Hintergrund dieser Aneignungspraktiken hingegen als womöglich weitaus wahrhaftigere Haltung:

> Exotismus wird verachtet; aber verbirgt sich hinter den Verhaltensweisen des Exotismus nicht ein authentisches psychisches Bedürfnis? Denken Sie an die Massenbewegungen der Touristen, der Entwicklungshelfer, der Psychiater.

Fichte ist offensichtlich die alteuropäische Idee des edlen Wilden (die immer auch eine Theorie seiner Minderwertigkeit war) zuwider. Er entdeckt sie auch in der vermeintlichen Anerkennung, die die über den Kolonialismus scheinbar aufgeklärte, post-universalistische europäische Nachkriegs-Wissenschaft nun den »anderen Kulturen« entgegenbringt. Sie erscheint dem Betrachter heute als Vorläuferin eines postmodernen Kulturrelativismus, der die Idee des Universalismus – statt sie endlich auf die anderen auszuweiten – dem Blick auf die Besonderheiten der Kulturen geopfert hat und also außer partikularen Gruppenidentitäten nichts mehr sehen will. Das Postulat einer spezifisch afrikanischen Identität unterscheidet sich von der Negation der Existenz einer schwarzen Person, eines afrikanischen Individuums durch den alten Universalismus letztlich nicht. Wenn die neokolonialen Psychiater in den Afrikanern nun auch »vollwertige Menschen« erblicken, dann erkennen sie nicht den einzelnen Afrikaner als Person an, sondern seine Kultur und Identität. Afrikanische Menschen im europäischen Sinn existieren für die neokolonialen Wissenschaftler nicht: Professor Dr. Henri Collomb etwa, der Leiter der psychiatrischen Abteilung von Fann, erklärt im Interview mit Fichte im Februar 1974, das afrikanische Ich scheine weniger individuiert zu sein als das europäische: »Hier ist das Gruppen-Ich strukturierter.« Die »Gemeinschaftsseele« der nicht gänzlich subjektivierten Afrikaner zeige womöglich einen »Weg in die zukünftige Existenz des Menschen«, der ein anderer sei als die zwanghafte Individualisierung. Maurice Dorès widerspricht.

> Es wird behauptet: Der Afrikaner sei immer Teil der Gemeinschaft. Es gebe keinen Individualismus. Das ist nicht wahr. Das Individuum wird bezeichnet, in seinen Verhaltensweisen, in Scham und Scheu genau festgelegt. Für Scham und Scheu gibt es auf Woloff wenigstens sechs Bezeichnungen.

Wenn Fichte selbst von den Bedingungen von Schwulsein, Schwarzsein, Sklavesein etc. spricht, dann bezieht er sich anders als die neokolonialkulturalistische Wissenschaft nicht auf singuläre Erscheinungen kultureller »Identitäten«, sondern in der Regel auf ganz konkrete Individuen, Subjekte, auch wenn er sich selbstverständlich der kollektiven Rahmenbedingungen, symbolischen Ordnungen und psychischen Systeme, die diesen unterworfen sind, bewusst ist. Ganz offensichtlich projiziert auch Fichte auf die Afrikaner: Seine oben bereits erwähnte zentrale These lautet ja, die afroamerikanischen Kulturen verfüge über ein System des Psychischen, »das älter ist als das unsere und vielleicht besser funktioniert«. Fichtes Exotismus, der seine Faszination am ganz anderen offen vor sich her trägt, unterscheidet sich aber in einem wesentlichen Punkt von der Praxis der Kulturalisten: Die »Identität« des anderen interessiert ihn nicht, sondern sein Körper, seine Sprache, seine Gestik, seine Tradition.

Fichte wäre demnach tatsächlich ein spezifischer Intellektueller im Sinne Foucaults, der weit davon entfernt ist, sich als Sprecher eines kollektiven Subjekts wie der Arbeiterklasse oder den revolutionären Massen in der »Dritten

Welt« zu verstehen. Stattdessen beschäftigt er sich auf dem spezifischen Feld der Ethnologie mit Afrikanern, Medien, Marginalisierten, Homosexuellen, Anormalen und Irren. Auch wenn sein Forschungsgegenstand dem Foucault'schen damit nicht unähnlich ist, bleibt er ein Schriftsteller, der den Universalismus der Aufklärung nie aufgibt, wenn er diesen Irren, Afrikanern und Voodoopriestern als individuell handelnden, sprechenden und empfindlichen Subjekten gegenübertritt. Die Ende der 60er und Anfang der 70er zirkulierenden vulgärmarxistischen Revolutionstheorien sind ihm suspekt: Unter Berufung auf ihre eigene Opferbereitschaft und die Massen der Elenden in der »Dritten Welt« machen diese Revolutionäre anders als Hans Eppendorfer nicht an der Haut des anderen halt:

- Würdest du foltern, sagt Jäcki.
- Diese Frage stellt sich mir nicht.
- Ich stelle sie dir. Würdest du foltern?
- Es ist klar, dass wir uns in einer Zeit des Übergangs der Methoden des Feindes werden bedienen müssen. Der Sieg ist nah, in einigen Monaten schon kann er für immer unmöglich geworden sein. Sollen ein paar Flugzeugabstürze oder Geiselerschießungen uns verhindern, ihn herbeizuführen?!
- Glaubst du nicht, daß eine milde und nicht mehr rückgängig zu machende Zersetzung des Unbewußten eine tiefere Veränderung hervorruft? Ich kann mir die Freiheit, wenn ich ehrlich bin, nur als eine gigantische weltweite Verschwulung vorstellen, sagt Jäcki.
- Dazu haben wir keine Zeit.
- Oder Neckermann statt Robespierre. Der Tourismus als eine universelle Wandzeitung?

Exotismus, Tourismus und Zersetzung des Unbewussten sind Fichtes Antwort auf die Apologie revolutionärer Gewalt, diskutiert in einer Sauna, nachzulesen in *Detlevs Imitationen ›Grünspan‹*. Dieser Gewalt erteilt Fichte eine so knappe wie lakonische Absage: »Eine kreischende Tunte mehr, die aus Ennuie einen guten Offizier abgibt und ihre Emotionsrückstände als exemplarischen Bewußtseinsvorgang deklariert.«

Die schwarze Zeit der Gegenwärtigkeit

Über den eigenen Ausgangspunkt für sein Interesse an den ausgerechnet durch Tourismus zu erreichenden anderen schreibt Fichte im *Versuch über die Pubertät:* »Vielleicht ist dem Päderasten die Flucht ins Exotische weniger notwendig als dem Homosexuellen, der Gleichaltrige liebt.« Warum sich der Schriftsteller Hubert Fichte stark für die Kultur der Afrikaner und Afroamerikaner interessiert, hat er – sich selbst und der Wissenschaft gegenüber polemisierend – einmal auch so erklärt: »Ich kann ja gar nicht denken. Mich interessiert nur die Praxis. Wenn ich ehrlich sein soll, mich hat nur die Fickerei interessiert. Ich find' Neger schön.« Fichte betrachtet die Empathie, die Empfindlichkeit für den anderen, als erstes Gebot, ein Gebot, dem sich die Erotik nicht austreiben lässt: Die Empfindlichkeit macht dem Ich die Welt erst empfänglich. Eine Parenthese von Roland Barthes legt eine Spur, wie man diese Fichteanische Empfindlichkeit als Anachronismus lesen kann, der heute vielleicht weitaus skandalöser erscheint als die damals schockierend explizite Auseinandersetzung mit Homo- und Bisexualität, mit Strichern und »Ledermännern« im frühen Werk – schließlich wurde im Namen der sexuellen Befreiung dem Markt die Sexualität erst erschlossen. Barthes notiert in seinen *Fragmenten einer Sprache der Liebe* knapp: »Historische Umkehrung: nicht mehr das Sexuelle ist unschicklich, sondern das Empfindsame – verpönt im Namen dessen, was im Grunde nur eine andere Moral ist.« Dass die anderen, die in *Das Haus der Mina in São Luiz de Maranhão* das Wort ergreifen, gerade nicht die exotischen und konkreten Objekte seiner so oft von ihm beschriebenen Begierde, sondern Frauen sind, zeigt den universellen Charakter, den die Figur des Anderen schließlich in Fichtes Werk einnimmt.

Die Foucault'sche Gegenüberstellung von alten und neuen Intellektuellen unterläuft Fichte demnach, indem er eine dritte, von Foucault nicht vorgesehene Position einnimmt und den vermeintlich ganz Anderen als sprechende, sich erinnernde, über sich selbst reflektierende Subjektivität ins Zentrum »seines« Textes stellt, der längst nicht mehr sein eigener ist. Das ist »spezifisch« in seiner exotistisch motivierten Parteinahme, aber doch mindestens genauso stark einem Universalismus der christlich-bürgerlichen Tradition des Abendlands verpflichtet, die von den paulinischen Texten zu den Dokumenten der französischen und der amerikanischen Revolution reicht. (Das gilt es auch gegen Fichtes eigene nietzscheanische Bemerkung aus *Explosion* festzuhalten: »Jäcki war nicht bereit, die eine Revolution, die gegen Christentum und Idealismus für die andre gegen den wie heißt es Imperialismus, zu verraten.«) Die Ideen der Aufklärung und der französischen Revolution waren in der zweiten Hälfte des 20. Jahrhunderts mit unverminderter Emphase vor allem dort wohlgelitten, wo die Anderen der Gesellschaft – also die im Gegensatz zu den studentischen Radikalen tatsächlich Marginalisierten – aus guten Gründen, nämlich im Zuge des Kampfs um Anerkennung, ihre eigene, radikal universelle Moral des Einschlusses setzten: etwa in der Bürgerrechtsbewegung der USA oder den schwulen Diskotheken der westlichen Metropolen. In Fichtes politischen Interviews, ob mit Senghor in Afrika oder dem revolutionären Präsidenten von Grenada, Maurice Bishop, kehrt eine Frage stets wieder. Es ist die Frage nach den Homosexuellen, die Frage, ob die Revolution sie befreien wolle oder nicht? »Nein, Jäcki gab als Schwuler vor dem Sozialismus nicht klein bei«, heißt es dazu in *Explosion*. Wenig später ist dort der Schlüsselsatz zu lesen: »Denn die Schwulen, das war Jäckis Überzeugung, sind die älteste Revolution, die permanente, die nie überwunden wird.« Fichte beruft sich also weder auf einen Partikularismus oder eine Identität, noch auf eine Klasse oder ein politisches System. Die Schwulen sind die Revolution nicht, weil sie schwul sind, sondern weil sie »nicht das Echte postulieren«. Das exotistische Begehren des ganz anderen wiederum setzt zwar die Wahrnehmung einer Differenz voraus, erkennt ihm aber ein Gesicht und eine Stimme zu.

Das eigene Ich ist diesem Erkennen allerdings im Weg, weil es den Zugang zum *hic et nunc*, dem Hier und Jetzt versperrt, das sich die europäischen Mystiker mit den Frauen aus dem Haus der Mina teilen. Im *Versuch über die Pubertät* heißt es:

> Ich, sage ich, würde nie ein Buch in der ersten Person Singular schreiben. Im Ich sitzt man in einem Drehstuhl und sieht auf eine überwundene Zeit. Mit dem Ich kommt alles auf mich zu und verschließt sich mir und geht weg und wird zur Vergangenheit. Ich kennt nur sich selbst, nur die unironischen, unsympathischen drei Buchstaben. [...] Ich – die weiße Zeit, die so schnell ausverkauft ist. Nicht mehr die schwarze Zeit der Gegenwärtigkeit selbst.

Wörter, die zu Litaneien verknüpft werden, Gespräche, die als Poesie wiederkehren, und Berührungen, die Empfindungen hervorrufen, haben das Moment der radikalen Gegenwärtigkeit gemein.

Dieter E. Zimmer führte für die *Zeit* 1971 ein »Gespräch« mit Hubert Fichte (das in Wirklichkeit ein Faxwechsel des Hamburger Redakteurs mit dem sich in Brasilien aufhaltenden Autor war), das die Überschrift »Genauigkeit, ein Versteck« trägt. Fichte schließt nämlich seine letzte Antwort mit dem Satz: »Wie Sie wissen, verbirgt man sich hinter nichts so gut wie hinter der Genauigkeit.« Genauigkeit ist ein Modus des Verbergens, das auf Interviews basierende Schreiben ein anderer. Beide fallen in den späten Texten zusammen. *Das Haus der Mina in São Luz de Maranhão* erscheint mit Blick auf die Trias Exotismus, Empfindlichkeit und Ethnopoesie vielleicht weiterhin als das unspektakulärste, vielleicht aber auch als das schönste Buch von Hubert Fichte, weil der Autor hier seinem Gegenstand ähnlich geworden ist: Die ethnopoetische Subversion der ethnologischen Form ist gelungen. Die Frauen, die der selbstbewusste Autor im Sinne einer eben doch nicht ganz überwundenen Haltung des Ethnologen im Vorwort als »Informanten« bezeichnet, denen er großzügig entgegenkommt, indem er sich für ihre Informationen mit Französischunterricht revanchiert, um das von ihm selbst beschriebene Machtgefälle auszugleichen, nutzen ihn ebenfalls ganz selbstbewusst als Vehikel und Medium. Hubert Fichte, der hier der Konvention und den Machtverhältnissen entsprechend weiterhin als Autor zeichnet, ist längst selbst ein Instrument geworden: Er übernimmt die Rolle der Voduncis, die nun aufhören, Medien ihrer Götter und Traditionen zu sein. Sie beginnen zu sprechen, sie sagen Ich. ❑

Das imaginäre Werk Hubert Fichtes

these.null

Die Bilder sind Teil der Ausstellung »Das imaginäre Werk Hubert Fichtes«, die die Gruppe *these.null* (Marianne Wendt, Malve Lippmann, Thomas Draschan) 2003 im »basement« der Galerie Markus Richter in Berlin präsentiert hat.

»Unser Ansatz ist der Beginn einer fruchtbaren Arbeit auf den Spuren Fichtes: Wissenschaftlichkeit nicht in vollem Umfang, sondern wissenschaftliche Analyse als Teil einer Methode, die ihren selbst gesteckten Rahmen permanent wieder zu verlassen droht. Das hier Gezeigte muss also als Zwischenschritt beurteilt werden, bei der sich Methode und Intuition ergänzen: ›Die Leute sind ganz naiv, was Kunst anlangt.‹ (Hubert Fichte: *Die schwarze Stadt*, Frankfurt am Main 1990, S. 81).«

Wohlwollendes Gerede über Hubert Fichte

Von Anne Schülke

I Beobachten

Ich im Batikhemd.
Eine Straße in einem Dorf.
Ein Baum im Hintergrund.
Darunter stehen zwei Jungen und ein Mann.
Zwei Jungen stehen bei mir.
Sie tragen keine Schuhe.
Der eine Junge schaut in die Kamera.
Sein Schädel ist kahl.
Gleich wendet er sich ab.
Gleich geht er hinter mir.
Der andere steht vor mir.
Sein Hemd ist weiß.
Der Gürtel hängt auf der Hüfte.
Mein Blick geht über ihn hinweg.
Gleich gehen wir in einer Reihe.
Eine Szene auf dem Gelände einer psychiatrischen Klinik in Afrika.

– Mir ist das mit der Wissenschaft egal. Handwerk finde ich auch müßig. Da steht ein Wunsch dahinter, das finde ich stark. Mich interessiert die Palette, die Zeit, die Gammlerbewegung. Du hast dich aus dem Fenster gelehnt. Du warst homosexuell. Das war damals noch verboten. Damals wurde man noch eingesperrt. Hamburg interessiert mich, die ganze Umgebung, dieses Draufschauende. Du warst ein wahnsinnig guter Beobachter. Als Figur innerhalb der Stadt warst du gut – das kulminiert in deinem Star-Club-Konzert. Und du zeigst, dass man Text rhythmisieren kann. Du warst outstanding. Du warst fremd da drin, in der ganzen Szene. Das war eine Hafenkneipe, die Palette. Später erst ging das dann los mit den Bohemiens. Dieser Blick ist es: Das sind die Freaks – nicht wir. Wenn ich heute rausfahr aus meinem Subkultur-Ghetto, denk ich schon auf der ersten Tankstelle: Was ist denn hier los? Was sind das für schräge Typen hier? Ich komm vom Dorf. Man war da wirklich Außenseiter. Die haben dich gehasst. Du hast eine Form gefunden, das auszudrücken.
– Würdest du mich als politischen Autor bezeichnen?
– Ja, klar. Du bist ein Feind vom Bürgertum. In deiner Freiheit beschnitten. Du warst ja auf der Suche nach abseitigen Freiheiten. Du arbeitetest mit Protest über Codes. Du warst aber nicht gruppentauglich und standst nicht für Bewegung, hattest kein kollektives Ansinnen. Du wehrtest dich gegen Vereinnahmung. Kollektiven Bewegungen misstrautest du. Sobald es größer wurde, konntest du nicht mehr dabei sein. Du warst nicht der Typ, der Lust hatte, sich zu benehmen wie die Leute aus der Szene. Laut oder so. Man muss deine Psyche vielleicht einmal untersuchen. Du lebtest unter enormen Zwängen, glaub ich. Da müsste man mal genauer nachgucken, was du an Verletzungen erlebt hast.
– Ich glaube, dass ich sehr einsam war.
– Ja, das findet man ja oft, dass solche Leute sehr sensible Beobachter werden. Da les ich uns mal was vor. Der Commune-Führer Jules Vallès schreibt in seiner Autobiografie: »All denen, die in der Schule vor Langeweile umge-

kommen oder die man in ihrer Familie zum Weinen brachte, die während ihrer Kindheit von ihren Lehrern tyrannisiert oder von ihren Eltern verprügelt wurden, widme ich dieses Buch.« Es liegt sicher an den frühen Erfahrungen. Wenn das Natürliche so Brüche hat, kommt man ganz schnell zum Künstlerischen.
– Es ist der distanzierte Zugriff auf Realität.
– Wenn du kein Vertrauen hast in die Natürlichkeit, dann bist du woanders, und das Gegenteil ist eben die Künstlichkeit. Aber ich weiß nicht, wie weit man für Kunst leiden muss.
– Ich glaube, dass man das muss.

– Vielleicht bin ich ein Autor der Randständigen, Stimme der Unterdrückten. Vielleicht bin ich ein Randständiger. Ein Individuum außerhalb der Gesellschaft, das nicht in der Lage ist, sein Selbst zu konstituieren. Die Unmöglichkeit, in einer feindlichen Umwelt Beziehungen herzustellen, könnte eine Ursache für meine fragmentierte Identität sein. Ich flüchte möglicherweise in Ersatzhandlungen, wo mir die Gesellschaft die Verwirklichung meiner Konzeptionen verwehrt: Reisen, Ficken, Forschen. Oder aber meine Marginalisierung ist eine Selbstbehauptungsstrategie, eine Selbstmarginalisierung.

– Ein Phänomen ist, dass Sie weder in der Germanistik noch im allgemeinen Kulturbewusstsein so bekannt sind, wie Sie sein müssten. Ich habe in der Campus-Buchhandlung nachgesehen, da sind Hunderte von Taschenbüchern, aber da ist kein einziges Werk von Ihnen dabei. In meinen Augen, da spreche ich erst mal als Germanist und Literaturwissenschaftler, gehören Sie zu den Autoren nach 1945, die zum Kanon gehören müssten. Sie waren sprachschöpferisch relevant, vielleicht nicht im ganz großen Sinn wie Arno Schmidt oder Elfriede Jelinek, aber Sie arbeiteten mit und an der Sprache und gehörten damit zu den Autoren, die wissen, dass Dichtung aus Sprache besteht. Es ist für mich immer wieder erstaunlich, dass weder die Studierenden noch die offizielle Germanistik Notiz nehmen von Ihnen. Aber keiner hat jemals behauptet, dass es da gerecht zugeht.
– Haben Sie eine Idee, woran das liegt?
– Wer kanonisiert wird, das sind Prozesse, die ganz merkwürdig verlaufen. Die Ausgeschlossenen sind eher Autoren, die relativ schwierig, weil sprachlich sehr innovativ sind. Nehmen wir Arno Schmidt, der natürlich nur von einer kleinen Gruppe gelesen wird, dann aber auch ganz intensiv. Sie haben sicher auch Ihren Fan-Club. Letztlich scheinen diese Kanonisierungsprozesse undurchschaubar bis mystisch, wie die Börsenkurse.
– Wann haben Sie begonnen, meine Bücher zu lesen?
– Sie waren der Starautor meiner Jugend.
– Was heißt Jugend?
– 1966 war ich 20. Ich war damals sehr an Literatur interessiert. Ich habe jede Woche die *Zeit* gelesen und die Namen der jungen Autoren wahrgenommen. Ihre Bücher besorgt. Kaufen konnte ich sie nicht, weil ich zu wenig Geld hatte. Zu der Zeit war ich häufig in Hamburg. Für einen 16-, 17-Jährigen, der aus einer Kleinstadt kommt, war Hamburg die Welt. Der Star-Club. Hubert Fichte liest im Star-Club. Das war es! Das war mehr als Literatur,

das war eine Lebensform. St. Pauli war damals Abenteuer pur. Adrenalin pur. Wie Fallschirmspringen. Es gab tollste Gerüchte, Schlägereien, Prostituierte, wie in einem Dschungel. Da ging eine Welt auf. Meine Welt war keine bürgerliche, keine Gelehrtenwelt. Ich war Bohemien. Meine Lebensform: Mit ein bisschen Geld und Reclamheftchen in der Tasche durch Europa trampend. Ich glaube, man kann sagen: Wir haben damals Europa mitgeschaffen. Das Nationale spielte nicht so eine große Rolle. Wir waren die erste Generation, die sich leisten konnte, durch Europa zu trampen. Schweden, Frankreich, Italien, England. Einmal kam der Direktor und fragte: Wer war im Sommer in Schweden? Ein Mädchen aus Göteborg ist schwanger. Wir suchen den Vater. Das war die Zeit.

– Herausschreiben aus kleinbürgerlichen Verhältnissen muss ich mich. Die Kluft wird irgendwann so groß, dass niemand mehr ahnen will, dass ich ein Groschenromanheld sein könnte oder Zollbeamter. Die Kiste, aus der heraus ich schreibe, ist eng. Anarchismus genießen die Kinder der Freiheit. Revolution machen die von oben. Die von nebenan interessieren sich doch eher für Gewohnheitsmäßigeres.

– Sie reflektieren im *Waisenhaus* eine frühe Erfahrung: Es gibt kein Dahinter, keine religiöse Substanz oder metaphysische Welt. Diese Erfahrung hat dazu beigetragen, dass Ihre Aufmerksamkeit geschärft wurde. Es interessierten Sie nicht die Inhalte einer Religion, sondern die Riten, die Verhaltensweisen, die Bräuche. Sie gingen in keinster Weise wie ein Theologe heran, der irgendwelche heiligen Texte liest, interpretiert und quellenkritisch begutachtet, sondern Sie interessierte wirklich das Verhalten. Sie sagten, es gibt keine religiösen Inhalte. Die religiösen Inhalte sind immer nur Effekte von Riten und rituellem Verhalten, sind die Wirkung, die erzielt wird durch theaterhafte, rituelle, illusionäre Techniken. Mich hat das immer gewundert, warum man bei Ihnen so wenig erfährt über die mythischen Erzählungen des Candomblé oder des haitischen Voodoo oder der Maria-Lionza-Religion, das taucht gar nicht auf in Ihren Reportagen oder ethnografischen Essays. Andere Ethnologen erzählen auch die Geschichten von Xango, seiner Mutter und seinem Vater.
– Glauben Sie, dass meine Erfahrungen der Bombenangriffe in Hamburg mit meinem Interesse an Gewalt – zum Beispiel dem Blutopfer – zu tun haben? Mit meiner Neigung zum Sensationellen, Brutalen, Blutigen? Das geht ja manchmal bis in kleine Details. Wie in dem Interview mit Wolli, in dem ich genau wissen will: »Wie viele Finger würdest du dir für 1000 Mark abschneiden lassen?«
– Das stimmt. Zum Teil ist Ihre Faszination am Blut sicher auch katholisch. Es ist ganz richtig, dass es da auch eine gewisse Fixierung auf das Blut gibt, die dazu führt, dass Sie innerhalb des Candomblé dieses Blutbad überbewerten, als etwas ganz Großartiges darstellen, als den Höhepunkt der Einweihung, als das ganz Besondere, dem Leonore und Sie – oder Jäcki und Irma – hinterher jagen. Das ist ethnografisch nicht haltbar, dass das Blutopfer der liturgische Höhepunkt der Initiation ist. Das ist eher wiederum eine Ihrer Obsessionen, Fixierungen, Projektionen auf den Candomblé.

– Forscherideale unterscheiden sich im Grunde genommen in der Art und Weise, wie sich der Forscher seinem Gegenstand nähert. Forscher bewegen sich hin zu ihrem Gegenstand und wollen ihn berühren, stecken dann in dem Konflikt, ob sie näher kommen können, ohne ihn zu zerstören, und sich nun entscheiden müssen, ob sie um des Lebens oder um der Forschung willen forschen. Forscherideale unterscheiden sich eben in der Beantwortung dieser Frage. Die einen forschen weiter und beginnen, den Gegenstand zu zerstören. Um ein Gehalt zu bekommen oder einen Titel, ihre Familie zu ernähren oder eine These zu belegen. Sie haben eine unwiderrufliche Entscheidung getroffen. Die, die sich für das Leben entscheiden, haben noch immer die Chance, dass die anderen ihre Ergebnisse herauslesen aus einem Gemenge von Leben und Forschung, Gegenstand und Beschreibung, Kunst und Wissenschaft. Außerdem besteht die Aussicht, nicht nur einen Erkenntnisgewinn, sondern auch Poesie zu schenken.

II Forschen

Ein Wasserfall, umgeben von Steinen.
Brüste, Knie, Köpfe, Hintern, Beine der Umstehenden.
Eine am Felsen wäscht.
Einer trägt Kanister.
Eine spült sich ab.
Eine hockt.
Ich rausche mitten unter ihnen im weißen Schaum.
Eine neben mir kneift die Augen zusammen, liegt ausgestreckt, die Brüste hängen an den Seiten herab.
Vor ihr steht einer auf, die schwarze Haut glänzt.
Weiße Wäsche, weiße Shorts, weiße Kanister, weißer Schaum an den Felsen.
Ich in Südamerika.

– Magst du lange Reisen?
– Ja schon, Blitzgeschichten mag ich nicht. Anlassreisen finde ich gut. Ich renn auch vor irgendetwas weg. Ich reise nicht so in deinem Sinne, ich untersuche nicht irgendwas. Ich reise immer wegen der Arbeit. Ich kann nicht als Tourist reisen, das kann ich einfach nicht.
– Glaubst du, dass sich das Reisen verändert hat?
– Mit Sicherheit. Ich weiß nicht, ob sich die Draufsicht der Leute verändert hat, aber die Möglichkeiten sind ganz andere. Jedermann kann überall hin mit ein bisschen Geld. Die Zugänge, die Wege, alles ist viel einfacher, schneller, organisierter, billiger, erkundeter. Alle haben Erfahrungen mit dem Reisen und wundern sich nicht mehr, wenn sie plötzlich da oder dort hingebracht werden. Jetzt gibt es billige Fernreisen überallhin. Die Leute werden immer mutiger. Es kann sich ja heute jeder vorstellen, mal in Patagonien rumzulaufen. Das ist vor 20 Jahren bestimmt nicht so gewesen. Deswegen sind sie dabei, auch noch das Allerletzte rauszuholen. Man spricht von Tiefseegeschichten, bei denen es irgendwas zu entdecken gibt. Direkt danach war der Bürger auch schon überall, ist auf jeden Berg rauf, an jedem Lavastrom gestanden, unter jedem Wasserfall durchgekrochen, auch schon tiefgetaucht.

– Es scheint, als könnte ich in mir Welten nebeneinander bestehen lassen. Ich wäre dann viele, Forscher, Vogel, Tourist, Mann, Schriftsteller, Schwuler, Karrierist, Ehemann, Busch, Frau, Kollege, Liebhaber, Fisch, Sextourist, Freund und Rundfunkautor. Widersprüche und Zerrissenheiten liegen nicht in mir, sondern sind angelegt in Gruppen und Gesellschaften. Meine Arbeit spiegelt das Fremde, das Andere, das Nicht-Identische in der mich umgebenden Gesellschaft.

– Erzählen Sie ein bisschen von Michel Leiris?
– Michel Leiris kommt aus der surrealistischen Bewegung. Er hat um 1930 herum an einer großen Expedition von Dakar nach Dschibuti teilgenommen und darüber ein Tagebuch geschrieben. Das war seine offizielle Aufgabe – und er hat zur selben Zeit oder noch kurz davor eine Psychoanalyse gemacht. Durch die Teilnahme an dem französischen Forschungsvorhaben ist er danach auch beruflich im Bereich der Ethnologie tätig geworden. Er hat für das

Musée de l'Homme gearbeitet. Daneben hat er auch als Schriftsteller, vor allen Dingen an einer großen vierbändigen Autobiografie, gearbeitet. Man kann bei ihm sehen, dass er diese Bereiche noch relativ stark getrennt hat. Die Ethnologie, die Veröffentlichungen in den französischen Fachzeitschriften auf der einen Seite und die literarischen Arbeiten auf der anderen.
– Er hat also nicht versucht, die Konventionen aufzulösen, die Grenzen zwischen den Bereichen einzureißen?
– So stark würde ich das nicht formulieren. Sein Tagebuch, eine Mischung aus ethnografischen Details und Alltagsbeschreibungen erschien allerdings bereits 1934, obwohl das Tagebuch als eigenständige ethnografische Form der Veröffentlichung noch nicht etabliert war. Eine strikte Trennung von Wissenschaft und Literatur hat er allerdings, wie auch andere französische Kollegen zu der Zeit, so nicht vorgenommen. Das war eher ein Charakteristikum der angloamerikanischen Forschung. Tagebücher wurden zwar schon immer geführt, aber sie wurden noch nicht selbstverständlich veröffentlicht, sondern eher verschwiegen. Später, in den 70ern wurde das dann möglich. Der Qumran-Verlag hat damals einige Autoren, die sich zwischen Kunst und Ethnologie bewegten, herausgebracht und Michel Leiris in Deutschland ein bisschen bekannter gemacht.

– Ich schreibe heraus aus einem großen Unbehagen, gegenüber der Erotik, dem Sozialen, Politischen und Ästhetischen. So mache ich mich auf die Suche und entdecke mein Interesse für die Ethnologie. Diese Disziplin entstand, so sagt man, aus den Versuchen, der Vielheit den Vorrang zu geben vor der Einheit. Das war damals und ist unter Umständen noch heute – neben der Psychoanalyse – ein Weg heraus aus vertrauten Zusammenhängen, ein Ausweg aus dem Unbehagen, vielleicht. Die Empfindung der Unterschiede nicht unterdrücken, gleichzeitig sie ganz und gar zulassen, ohne dabei sie zu überhöhen und zum ganz Anderen, Unerreichbaren zu ernennen und auf diese Weise ganz von sich zu halten. Das Fremde als das Eigene, in sich Nicht-Identische aufnehmend abstoßen, während man es sich immer wieder als etwas Unbekanntes vorführt: immer nicht ich.

– Das Sexuelle ist bei dir immer der erste Schritt. Du arbeitest so körperlich, da wundert es mich nicht wirklich. Ich finde deine Texte auf eine Art erotisch. Es gibt eine Offenheit, eine Möglichkeit zu fantasieren. Immer wieder kommst du zum Körper. Scheinbar hast du über sexuellen Kontakt Anschluss zur Welt gefunden. Aber es bleibt nicht dabei. Schließlich schreibst du keine pornografische Literatur. Ganz praktisch sehe ich es so, dass es deine Möglichkeit ist, Kontakt aufzunehmen, irgendwo anzukommen. Es gibt künstlerische Arbeitsweisen, die auf diese Art beginnen, ich finde das als ersten Schritt vertretbar. Du interessierst dich möglicherweise mehr für afrikanische als für asiatische Kultur, weil du schneller rankommst an die Afrikaner als an die Asiaten. Ich habe mich dann auch schon mal gefragt: Was interessiert dich so brennend an Bordellen und Sex? Ich würde dein Interesse an Sexualität deuten als Interesse an Gewalt und Körper und den Ritualen, die sich damit verbinden in verschiedenen Kulturen. Das Schreiben und Sprechen über Sexualität macht dir dann vielleicht doch noch mehr Spaß als das Ficken vor Ort. In einem Kino, in dem viele Männer Sex haben, ist es wahrscheinlich sehr aufregend, aber es scheint noch viel berauschender, wenn du darüber schreibst und sprichst. Darum vielleicht erzählst du Leonore so gerne davon. Nicht, wie manche glauben, um sie zu verärgern, und weil du hoffst, sie durch diese Quälerei zu verscheuchen, weil du dir heimlich doch eine schwule Ehe wünschst.

– Als Literaturwissenschaftler müsste man Sie noch mal im Zusammenhang mit Foucault lesen. Sein Text über Heterotopien, die Andersorte: Friedhöfe, Bordelle, Hotels. Von hier aus kommt man zu Ihren Texten und kann das Hybride untersuchen. Früher war man auf der Suche nach Reinheiten. Ihr Blick geht von vornherein auf das Vermischte. Sie beschreiben Kulturen sehr früh als synkretistische. Für diese Motive – die Heterotopie, das Hybride, das Fremde in uns selber – bieten Sie viel Material. Die fremde Kultur dient dann als Spiegel für das Fremde in uns.
– Ja, das wäre interessant, das herauszufinden.

III Ausfegen

Ein Junge hockt.
Ein Knie am Boden.
Ein Knie aufgestellt.
Die Hände vor der Brust gekreuzt.
Die Augen nach oben gerichtet.
Die Stirn gerunzelt.
Der Mund geöffnet.
Die Winkel nach unten gezogen.
Das Weiß der Augen leuchtend.
Der Bauch dick.
Die Muskeln kräftig.
Die Finger zu Krallen gekrümmt.
Die weißen Nägel blitzend.
Der Fuß voller Sand.
Die Haare kurz geschnitten.
Auf dem Kopf Sand.
Hinter ihm steht ein Junge.
Beine.
Ein aufgeblähter Bauch.
Ein Schwanz.
Ein Bauchnabel.
Die Beine voller Sand.
Vor dem knienden Jungen eine Hand.
Die Hand streckt sich zu ihm hin.
Weiße Haut innen.
Dunkle außen.
Negerkinder.
Grobkörnig.

– Es gab kurz nach Ihrem Tod 1986 eine erste kleine Ausstellung von Leonore Mau, die ich gesehen habe: Fotografien des Zaubermarktes von Bé. Es gab im Abaton eine Hörspiel-Vorführung: *Ich bin ein Löwe und meine Eltern sind Eichen und Steine. Die Geschichte des Zaubermarktes von Bé,* Ihr letztes Hörspiel. Es gab ein Gespräch mit Leuten, die Sie kannten, Lesungen Ihrer Texte. Das war meine erste unmittelbare Berührung mit Ihnen, aber auch mit Leonore Mau und ihren Fotografien, die mich sehr angesprochen haben. Für mich ist es in der Beschäftigung mit Ihnen wichtig geworden, dass Ihr Werk in sehr enger Zusammenarbeit mit einer Fotografin entstanden ist. Beim ersten Lesen habe ich empfunden, dass diese Literatur sehr visuell ist, viele visuelle Elemente aufgenommen hat, vielleicht sogar auf eine Weise fotografisch. Eine Literatur, die die Fotografie in sich aufgenommen hat.

– Ich stelle mir vor, du machtest eine Analyse. Vielleicht hättest du deinen Beruf aufgegeben und wärst schwuler Öko-Bauer in Schweden oder Italien geworden. Vielleicht hättest du weniger über Psychiatrie in Afrika und afroamerikanische Mischreligionen geforscht – die Ergebnisse wurden ohnehin nicht gebührend gewürdigt von den Fachkollegen – und wärst aufgebrochen nach Inner-Afrika. Stattdessen hast du versucht, Kälte in Kunst zu verwandeln. Stattdessen liegt vielleicht dein Werk heute auf der einen oder anderen Couch, und Leser fühlen sich aufgefordert, die Mischungen und Wandlungen von Leben und Forschung, Gegenstand und Beschreibung, Kunst und Wissenschaft entgegenzunehmen oder deine Welt im schreibenden und sprechenden Nachvollzug zu übertragen in ein Drittes.

– Ich habe einen Zeitungsartikel gelesen, in dem eine Renaissance meines Werkes angekündigt wird. Glauben Sie tatsächlich an eine solche Wiederbelebung?
– Zunächst ist mal zu sagen, dass der Fischer-Verlag mit einer neuen Generation von Lektoren dabei ist, Ihre Arbeiten wieder zugänglich zu machen, Ihre Bücher zu publizieren. Wenn man bis vor kurzem versucht hat, irgendwelche Bücher im Buchhandel zu bekommen, war überhaupt nichts mehr lieferbar. Ansonsten stehen da die teuren Bände der *Geschichte der Empfindlichkeit*. Die Taschenbücher, Ihre früheren Romane sind mittlerweile wieder zugänglich und es wird im Herbst und auch nächstes Jahr einzelne Bände aus der *Geschichte der Empfindlichkeit* als Taschenbuch geben. Dann ist außerdem endlich realisiert worden, was mich für Leonore Mau sehr, sehr freut, dieser dritte Fotoband, den Sie beide ja noch gemeinsam kurz vor Ihrem Tod konzipiert haben.

– *Psyche,* ich habe den noch nicht gesehen, ich warte drauf.
– Für nächstes Jahr im März ist der letzte Band der *Geschichte der Empfindlichkeit* angekündigt: *Die zweite Schuld*. Das wird nun der Abschluss der *Geschichte der Empfindlichkeit* sein. Sicherlich kein ganz unwichtiger Band, weil er diese Zeit 1963/64 in Berlin beleuchtet, die Zeit, als Sie praktisch zum Schriftsteller herangereift sind. Als Sie Teilnehmer waren des von Walter Höllerer initiierten Literarischen Colloquiums und dort einer Veranstaltung, die sich »Prosaschreiben« nannte. Das war eigentlich der erste Versuch, dieses amerikanische Creative Writing in Deutschland zu versuchen. Man kann, glaube ich, sagen, dass Sie in dieser Zeit einen Schub an modernem Schreiben, avantgardistischem Schreiben erhalten haben. Die Texte, die Sie bis dahin geschrieben haben, sind eher konventionell, es sind geschlossene lineare Erzählungen. Mit dem *Waisenhaus* bricht das auf, explodiert die Form, und Sie finden zu ganz anderen, sehr viel avantgardistischeren Darstellungsweisen, Formen auch nicht-linearen Erzählens, also auch einer neuen Brüchigkeit und einem Arbeiten der produktiven Lücken und Risse. Das ist etwas, wofür Berlin damals sicher ein Boden war.

– Die Fichte-Renaissance hat also begonnen. Es bleibt der Eindruck bestehen, dass beim Nennen Ihres Namens mehr und mehr Köpfe zustimmend nicken, eine intensive Lektüre Ihres Werkes allerdings noch aussteht. Das liegt vermutlich nicht an Ihrem möglicherweise sperrigen Werk, der schwierigen Kaufsituation oder an einem angeblichen Mangel an dokumentarischem und biografischem Material, sondern an einer allgemeinen Lust an der Oberflächlichkeit, am Streifen, Durchfliegen und vielleicht an der Kraft Ihrer schillernden Persönlichkeit. Sie bieten sich als Pop-Ikone außergewöhnlich gut an.
– Vermutlich.

– Warum bloß gibt es diese Figur Jäcki? Ich wünsche mir manchmal ein Ich. Es gibt so viel Verhindertes, Indirektes. Es ist nichts direkt benannt!
– Als du Detlev einführtest, gab es diese Erzähler-Konstruktion noch nicht.
– Meine späteren Arbeiten, die einen stärker dokumentarischen Charakter haben, brauchen diese Konstruktion eigentlich gar nicht mehr.
– Was meinst du mit dokumentarisch? *Explosion* zum Beispiel ist extrem konstruiert. Es ist nicht authentisch. Die beschriebenen Reisen sind zum Zeitpunkt des Schreibens längst abgeschlossen.
– Es gib den Geschmack des Dokumentarischen.
– Die Cuts, die einmontierten Passagen. O. k. Damit fängst du schon früher an, das betreibst du ganz systematisch.
– Kannst du das denn nicht nachvollziehen?
– Natürlich kann ich das nachvollziehen, aber das ist einfach sehr unterschiedlich, je nachdem, wie ausgearbeitet die Arbeiten sind. Manches ist noch sehr roh.

– Ohne Erzählzentrum scheint die Rekonstruktion von Zusammenhängen und Motivationen unmöglich zu sein – und für manche Ihrer Leserinnen unbefriedigend. Wie in alltäglichen Kommunikationssituationen müssen sie aus einem Gemenge unterschiedlichster Eindrücke unterschiedlich vertrauter Schreibweisen und Textsorten auf Intention und Motivation, auf normative Orientierungen und andere Ursachen schließen, ohne in einem Erzähler einen Fluchtpunkt zu finden, von dem aus sich der, aus unvollständigen Informationen errichtete, Sinnhorizont als geschlossen darböte. Und am Ende bleibt im besten Fall ein lustvolles Umherschweifen.

– Ich habe den Anthropologen und Fotografen Pierre Verger sehr bewundert. Er war irgendwann kein Medium mehr, sondern hat sich scheinbar aufgelöst in seinem Forschungsgegenstand. Über unser Verhältnis schreibe ich im Roman *Explosion,* da taucht er immer wieder auf.
– Entweder betrachte ich Verger als Figur deines Romans und die Konstruktion als ein Spiel mit dem Schriftstellersein: Wie viel Roman braucht man eigentlich, um einen Roman zu schreiben? Oder ich nehme ihn und dich an dieser Stelle ernst als Ethnologen und schaue mir an, was du wirklich herausgefunden hast. Dann bricht das wahrscheinlich schnell zusammen.
– Forschen ist letzten Endes Glückssache. Kunst auch.

– Woran arbeitest du jetzt?
– Palette. Ein Freund von mir macht einen Film und ich arbeite an einem Buch.
– Geht es um den Roman oder die Kneipe?
– Um beides, ohne jetzt korrigieren zu wollen, wie es wirklich war. Wir fragen: Wie funktionierte diese Kneipe? Wie funktionierte diese Szene? Und ein Symposion soll es geben. In London.
– Warum in London?
– Weil der Literaturwissenschaftler Robert Gillett in London sitzt. Wir haben mal versucht, hier in Hamburg eine Ringvorlesung zu machen und haben von der Uni 150 Euro bekommen, das reichte natürlich nicht!
– Es erstaunt mich immer wieder, dass meine Arbeit hier in Hamburg so

wenig Beachtung findet. Es gibt hier doch das Hubert Fichte Forum.
– Das Fichte-Forum ist Michael Rieger. Es gab einmal diese Arbeitsstelle, das war aber stark personenabhängig.
– Das hing also an Hartmut Böhme.
– Ja, genau, und seit der weg ist, gab es noch einen Prozess zwischen der Uni Hamburg und einem Forscher. Er arbeitete an einer Bibliografie, die dann auch unter seinem Namen erschienen ist, wogegen die Universität Hamburg geklagt hat, weil es die Vereinbarung gab, gemeinsam eine solche Bibliografie zu erstellen. Das war das Letzte, was dort passiert ist. Vorher gab es zwei Kongresse, die auch veröffentlicht wurden. Die Kopien und Bestände, die damals angelegt wurden, die sind das Fichte-Forum. Da sind keine Gelder, da ist gar nichts. Es wäre wünschenswert, dass hier in Hamburg etwas zu dir gemacht würde, aber das passiert nicht.
– Es scheint eine überschaubare Fichte-Community zu geben, wenige Künstler, die sich mit mir beschäftigen.
– Du wirst häufig genannt, es gibt immer wieder Referenzen, aber eine inhaltliche Auseinandersetzung findet nicht statt.
– Ich bin auch mal gespannt, wie viel von mir in der Theaterarbeit an *Explosion* wieder zu finden sein wird.

– Als Instrument der sozialen Kontrolle fördert Gerede die Bildung einer Gruppe und bekräftigt den Horizont ihrer Normen und Werte. Deren Übertretung ist Ursache für Gerede. In differenzierten Gruppen ist es ein normiertes Medium der Auseinandersetzung um Statusansprüche von Mitgliedern und wird zur Einschränkung der sozialen Mobilität gebraucht. Die Reichweite von Gerede markiert die Grenzen einer Gruppe, weil die Teilnahme ein Privileg ist und zudem Kenntnisse über die Geschichte der beteiligten Individuen und ihrer Beziehungen erfordert. Form und Ausmaß des Geredes, mögliche und unmögliche Geredepartner etc. sind Teil der kulturellen Grammatik und müssen erlernt werden. Eine solche Konstitution von kollektiver Geschichte aus Gerede fundiert die Gruppenidentität. Die Teilnahme am Gerede ist daher nicht nur ein Privileg, sondern auch eine soziale Verpflichtung. Diese Funktion von Gerede kann sich jedoch nur entfalten, wenn bereits ein gewisses Maß an Vorstellungen von gemeinsamen Zielen existiert. Je exklusiver eine Gruppe ist, desto mehr frönen die Mitglieder einer Gruppe dem Gerede. Und umso beharrlicher werden sie wieder und wieder das gleiche Geschwätz wiederholen. ❑

Vielen Dank für die Gespräche, Telefonate und E-Mails an Jörg Althen, Jan-Frederik Bandel, Peter Braun, Schorsch Kamerun und Hans-Georg Pott. Die Gespräche führte die Autorin als Vorbereitung für die Theaterproduktion *Explosion* im Frühjahr 2005. In einer Veranstaltungsreihe in Düsseldorf dokumentiert sie ihre Begeisterung für Fichtes Arbeit und versucht, ihr auf den Grund zu gehen.

KIKI POST

COMIC BOOKS

Kiki Post
c/o Sascha Hommer
Bornkampsweg 11
22761 Hamburg

Telefon: (040) 890 629 25
E-Mail: mail@kikipost.de

Preisänderungen und Lieferbarkeit vorbehalten (Stand: Mai 2006).

Mehr Informationen und weitere Comics unter: **www.kikipost.de**

Auslieferung in Deutschland:
MSW Medienservice
Linde 72-74
42287 Wuppertal

Telefon: (0202) 55 50 41
Fax: (0202) 55 55 21
www.msw-medienservice.de
Medien-Service-GmbH@t-online.de

Gregor Wiggert

STADT DER TIERE

Das Brillenschaf Arthur Lammú ist ein Bewohner der Stadt der Tiere. Oft laufen die Dinge nicht so, wie er es sich vorstellt, doch davon lässt sich Lammú nicht entmutigen. In komischen, zum Teil melancholischen Episoden erzählt Gregor Wiggert aus dem Leben des Müßiggängers Arthur Lammú und seiner Freunde.

Gregor Wiggert studierte Illustration in Hamburg, wo die Geschichten zu "Stadt der Tiere" als Diplomarbeit entstanden. Arbeiten von Gregor Wiggert erschienen auch in Anthologien wie »Orang«, »Panik Elektro«, sowie "Klassenfahrt".

64 Seiten, s/w, 16,5 x 22,5 cm, Klappenbroschur, 10 Euro

ISBN 3-9809769-3-9

Anke Feuchtenberger

WENN MEIN HUND STIRBT MACH ICH MIR EINE JACKE

Anke Feuchtenberger zeigt narrative Zeichnungen, vorwiegend auf Seidenpapier und Schabkarton; sie erzählt von geheimnisvollen und profanen Orten, die von traurigen und handgreiflichen Gestalten bewohnt werden.

120 Seiten, farbig, 24 x 17 cm, Broschur mit Schutzumschlag, 20.00 Euro

ISBN 3-9809769-2-0

Sascha Hommer (Hrsg.)

ORANG 5

Die Comicanthologie aus Hamburg versammelt in ihrer fünften Ausgabe Beiträge von Zeichnern aus Hamburg, Italien, China und der Schweiz.

112 Seiten, s/w, 21 x 24 cm, Softcover, 9.90 Euro

ISBN 3-9809769-1-2

DIE SINNLICHE GEWISSHEIT

Claus Becker *Spielverderber*, 2006

Plötzlich waren sie da. Zwei Schatten im Schatten der Wand.

Edison hatte ihren Weg gekreuzt. Für einen kurzen Moment hatte Theora seine Spur verloren und ihn ohne Schutz gelassen.

Er fuhr herum und sprintete zurück.

Dann fiel sein Blick auf eine Tür. Er war in der Vorstandsetage. Er riß sie auf und stand einen Moment später in jener Herrentoilette, in der er und

DAS GESETZ DES HERZENS UND DER WAHNSINN DES EIGENDÜNKELS

WISSENSWERTES ZUR ÄSTHETIK DES HYDE

Worin unterscheidet sich die Ästhetik des HYDE von anderen zurzeit sich im Umlauf befindlichen ästhetischen Programmen? Eine an den Hochschulen gelehrte Ästhetik ist etwas völlig anderes als eine ebensolche, die möglicherweise in einer Bar oder unter Tage entwickelt wird. Und naturgemäß lauert hinter jedem theoretischen Prinzip der dumpfe, aber mächtige Geist der Verallgemeinerung, der seinen eigenen Horizont zum allein gültigen erklären möchte.

Das Prinzip HYDE

In einer Zeit, in der die Kunst immer stärker von ökonomischen Strukturen durchdrungen und von ökonomischen Imperativen überzeichnet ist, stellt HYDE das Prinzip dar, durch dessen homöostatische Anwendung die Möglichkeit einer Fortsetzung von Kunst bewahrt bleibt.

HYDE gründet in der Ästhetik des Verschwindens und bringt sich mittels Kunst selbst zum Verschwinden. Die Aktivitäten der verschiedenen Organisationen, Akteure und Sympathisanten des HYDE sind jedoch nicht nur auf ästhetische Prozesse beschränkt, die sich der Sichtbarkeit *entziehen*. Das Problem liegt tiefer: In der Moderne wird das Sichtbare gelegentlich als Unsichtbares umkodiert und vice versa das Unsichtbare als Sichtbares. Die produktive Paradoxie kann darin bestehen, dass der Prozess des *Entzugs von Präsenz* sich anhand *präsentierter Objekte* ereignet. Keines der Exponate oder Ereignisse des HYDE ist jedoch ein Beispiel für etwas.

Die Spirale von Überbietung und Verdrängung, mit der das Betriebssystem Kunst und seine Funktionäre beschäftigt sind, zielt jeweils auf eine Ästhetik, die sich permanent erneuert und durch diese Aktualisierungen mächtiger zu werden vermeint. Von der *Ästhetik des Erhabenen* bis zu den Paradigmen z. B. der *kontextuellen* oder der *postkolonialen* Kunst lässt sich die grenzziehende Einflussnahme von Programmen und Begriffen beobachten, die sich fortwährend im Regelkreis von Innovation und Tradition austauschen und wiederbeleben. *Das Neue* ist im Sinne des HYDE jedoch kein Wert an sich, sondern eine mittlerweile erodierte Kategorie von Kunst im Zeichen der (Post-) Moderne.

HYDE und die Vize-Diktion

Wie sich etymologisch nachvollziehen lässt, liegt im Prinzip des HYDE eine Strategie des Versteckens, Verhüllens, Verbergens, Einhäutens, Verschachtelns, die nicht auf eine einzige Bedeutung zu reduzieren ist. HYDE benutzt die Peripherie des Besonderen im Allgemeinen, stellt sich einem entschiedenen Hier und Jetzt und reagiert auf die vorhandene Virtualität ästhetischer Manifestationen mit einer vielschichtigen Intensität, die von der Bewegung der Vize-Diktion geprägt ist. Die Verwendung des Begriffs Vize-Diktion ist in diesem Zusammenhang erklärungsbedürftig: So wie der Begriff HYDE selbst eine Reihe von Vize-Diktionen mit sich führt, nämlich *verstecken, verbergen, verhüllen,* aber auch: *Haut oder Fell,* so trifft dies im Grunde auf alle wesentlichen Begriffe zu, und die Schwierigkeit, sich zu verständigen, ist auf die verschiedenen Aktualisierungen von Vize-Diktionen zurückzuführen.

Ein Beispiel: Jeder kennt den Begriff *Enttäuschung,* beinahe jeder hat bereits einmal eine solche erlebt oder verursacht bzw. ausgelöst. Der Begriff steht gemeinhin für das Scheitern guter Erwartungen. Diese Bedeutung erlangte er jedoch erst nach dem 18. Jahrhundert, ursprünglich bedeutete *enttäuschen:* »… aus einer Täuschung herausreißen, eines Besseren belehren«, auch das grimmsche Wörterbuch definiert »entteuschen« mit »aus der teuschung ziehen«.

Die negative Bedeutung ist als Vize-Diktion im Begriff eingehüllt, bis sie sich nach langem Insistieren aktualisieren konnte. Die Sinnverschiebungen, die die Vize-Diktionen ab einem bestimmten Zeitpunkt bewirken, sind aber nicht nur innerhalb der Dimension Sprache wirksam, sondern betreffen unser Denken, Handeln und Fühlen insgesamt. So wird das Gefühl der Enttäuschung mit zahlreichen anderen Begriffen assoziiert, die im Gehirn neuronale Strömungen auslösen können, welche ein Ereignis, das sich im Grenzbereich zur Enttäuschung befindet, orten und in ein Wahrnehmungs-Cluster übertragen. Ist das Ereignis mit dem Begriff besetzt worden, so setzt sich ein weiterer neuronaler Strom in Gang, der das Gefühl der Enttäuschung in die Nervenbahnen leitet und gleichzeitig zur Zentrale zurückkoppelt. In anderen Worten: Der Begriff setzt das Gefühl frei. Wenn nun das Begriffsfeld – in unserem Fall *Enttäuschung* – verschoben worden ist, d. h. durch die insistierende Vize-Diktion in seiner Bedeutung verändert wurde, so verschiebt sich zwangsläufig auch die Empfindung, da diese mit Wahrnehmungen korrespondiert, die wiederum die Erscheinungen ausdrucksfähig auf Begriffe lenkt. Hier deutet sich die gravierende Dimension der Vize-Diktion an. Eine vordringliche Aufgabe des Prinzips HYDE ist die Aktualisierung, Praktizierung und Exterminierung von Vize-Diktionen.

HYDE KARTELL: *Untitled,* Kassel 1987

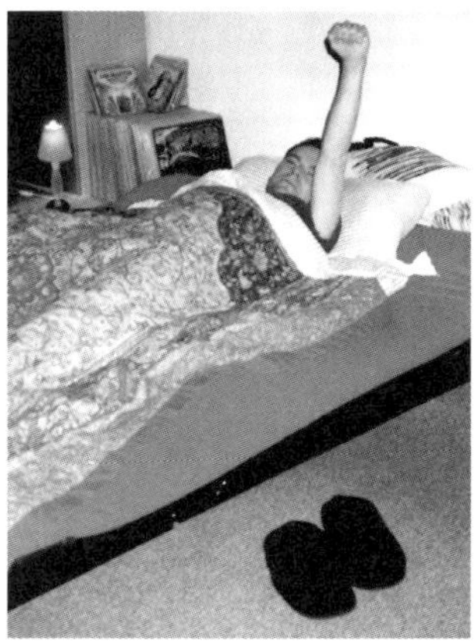

HYDE PROD., *Untitled,* Berlin 2004

Wahnfried: *DIE FRAGE STELLT SICH,* Aussetzung eines Ölgemäldes in der Pariser Metro, 2. 1. 2003

Ästhetik des Verschwindens

Gleichzeitig stellt sich die Frage nach einer *Ästhetik des Verschwindens*. Diese hat Paul Virilio bereits 1986 in seinem gleichnamigen Buch in überaus plastischer Weise skizziert: »Es geschieht häufig beim Frühstück: Plötzlich wird die Tasse losgelassen und ihr Inhalt über den Tisch verschüttet. Die Absence dauert wenige Sekunden, Anfang und Ende sind abrupt. Die Sinne bleiben wach, aber für äußere Eindrücke unempfindlich. So unvermittelt wie die Abwesenheit ist auch die Rückkehr. Sprache und Gesten werden dort wieder aufgenommen, wo sie unterbrochen worden waren. Die beiden Enden der bewussten Zeit werden automatisch wieder zusammengefügt und bilden eine kontinuierliche Zeit ohne erkennbare Einschnitte. Die Absencen können sehr zahlreich sein, mehrere hundert am Tag, meist werden sie von der Umgebung nicht bemerkt …«

Aus dieser Passage lässt sich folgern, dass die Absence in dem Moment eintritt oder ausgelöst wird, in dem die Wahrnehmung schockiert, in ihrem kontinuierlichen Ablauf gestört bzw. an ihrer Erwartung gehindert wird. Wahrnehmung ist zwar dynamisch organisiert, sie produziert aber durch situationsspezifische Rahmen, Vorbilder und Resonanzen ununterbrochen Rekognitionen. Diese Rahmen, Vorbilder und Resonanzen, die einen Großteil unserer Orientierung in der Welt ausmachen, werden im Moment der Absence kurzzeitig perforiert. Da die Ereignisse aber in einer sukzessiven raum-zeitlichen Abfolge stattfinden, ist es leicht möglich, die Perforation selbst wieder verschwinden zu lassen, indem man die Tendenz der Rahmen, Vorbilder und Resonanzen zur dramatischen Geschlossenheit ausspielt. Eine Spur bleibt übrig, wie wenn man mit einer Nadel in einen Kuchenteig piekst und beim genauen Hinsehen die Einstichstelle für kurze Zeit bei ihrem Verschwinden beobachten kann. Das ästhetische Prinzip dieser Wahrnehmung hat weitreichende Konsequenzen, wenn man eine Analogie zu künstlerischen Vorgehensweisen bildet. Ist nicht Kunst in ihrem Grunde diese Perforation von

Wahrnehmung und der ästhetische Prozess ein Vorgang des Schaffens von Absence?
Paul Virilio hat – ohne selbst eine umfassende Ästhetik formuliert zu haben – hierauf abgezielt, auch wenn er die mit seiner Fragestellung untrennbar verbundene Meta-Ontologie des HYDE nicht thematisiert. Denn es ist nicht nur das Verschwinden in der Absence, das in diesem Zusammenhang von Belang ist, sondern auch das *Vorzeigen* und *Wegnehmen,* das im Prinzip HYDE gleichsam in einer verschränkten Geste realisiert wird.

Das Vorzeigen – Wegnehmen

Das Vorzeigen-Wegnehmen des HYDE, das das Verschwinden umhüllt, ist eine ästhetische Praxis außerhalb der Repräsentation. Es gibt dabei eine Ähnlichkeit zu einem durchaus bekannten psychologischen Phänomen: HYDE versucht, das von Sigmund Freud als Einübung der Repräsentanz zugeschriebene Fort!-Da!-Spiel durch eine öffnende Wiederholung in umgekehrter Bedeutung gegen die Repräsentation einzusetzen, was natürlich nicht immer gelingen kann. Daraus wird der strafbare Versuch des Da!-Fort! Es geht nicht nur darum, feste Werke zu schaffen, die gekauft, gehätschelt, eingelagert, ausgestellt, restauriert werden müssen, vielmehr geht es um den performativen Einsatz der Geste des HYDE im zeitlichen Kontext der Perforation von Wahrnehmung.

An dieser Stelle könnte man im Sinne des Prinzips HYDE philosophisch spekulieren, ob die Weltgeschichte insgesamt nichts anderes kennt als ein andauerndes Vorzeigen-Wegnehmen. Denn es hat sich immer wieder gezeigt, dass die so genannte »Aufarbeitung der Vergangenheit« unmöglich ist und dass sie durch ein stets neues Vorzeigen-Wegnehmen ausgelöscht wird. Aber mit solchen Spekulationen begeben wir uns in eine Allgemeinheit, die für die Semantik des HYDE nicht maßgebend ist, obwohl das Kontinuum des Zu-Grunde-Gehens ja gerade selbst durch das Vorzeigen-Wegnehmen perforiert wird.

Vorbemerkung zur Unterschreitung

Heute sind *Unterschreitungen* auf allen künstlerischen Ebenen möglich, und es kann an einer Schwelle unterhalb dessen, was als Überschreitung wahrgenommen werden könnte, operiert werden. Und zwar in der Weise, dass man auch strategisch hinter bestimmte, im Gang der Kunst bereits einmal eingenommene, Positionen zurückgeht und diese entweder dramatisch oder tragikomisch wieder aufführt.

Natürlich überschreitet man damit wieder eine Schwelle, zumindest innerhalb des Betriebssystems Kunst, das sich mittlerweile selbstverständlich ähnlicher Strategien bedient. Konsequenterweise geht es deshalb um ein kaum identifizierbares erratisches Hin und Her, das die gängigen Qualitätskriterien und deren repressive Autorität, die in der zurzeit gängigen Kuratoren- und Referenzästhetik vorherrschen, unterläuft, um auf der ubiquitären Notwendigkeit der Ressource Kunst zu beharren, einer Ressource, die nicht nur für die Selbstbedienung des Kunstsystems »da« ist. Im Sinne des HYDE hat in der Kunst nahezu alles ausgedient – außer dem, was bereits überholt ist.

Es kann kaum die Aufgabe der verschiedenen HYDE-Organisationen (HYDE KARTELL, HYDE PROD.) sein, sich im Wahn des gegenwärtigen Ausstellungssystems zu positionieren. Deshalb besteht die gegenwärtige Aufgabe vor allem in Teilnahmslosigkeit und strikter Indifferenz sowie in der möglichst diskreten (Nicht-)Beobachtung bzw. (Nicht-)Hervorbringung ästhetischer Phänomene. Sollte diese Aufgabe unter Umständen nicht erfüllbar sein, so sind solche künstlerischen Praxen anzuwenden bzw. zu entwickeln, die dazu beitragen können, die Unterschreitung als Überschreitung bzw. die Überschreitung als Unterschreitung zu kultivieren.

Pierangelo Maset

SKELETTE FÜRS KOPFKINO

Zu Jeanne Fausts neuer Werkgruppe *Outlandos*

Die neuen Arbeiten von Jeanne Faust sind ziemlich überraschend: Fotos der seit 2005 entstehenden Werkgruppe *Outlandos* haben eine gegenüber dem bisherigen Werk völlig andere Bildsprache und Erzählstruktur, scheinen ein neues Feld von Fiktion zu eröffnen. Statt wie bisher mit Schauspielern zu arbeiten, hat Faust karge, selbst gefertigte Scherenschnitte farbig fotografiert. Eine dieser Fotografien zeigte sie bei Guenther/Borgmann das erste Mal in Form einer Installation: Das Bild ist großformatig auf eine Stellwand aufgezogen, mitten im Raum platziert und durch zwei skulpturale Elemente ergänzt. Die Spannung, die sie in Filmen und Fotos bisher mittels Akteuren inszenierte, delegiert Faust hier letztlich an den Betrachter: Er ist aufgefordert, die Übergänge zwischen re-inszeniertem Abbild, Bühnenszenario und plastisch gefasstem Realraum mit eigenen Vorstellungsbildern zu bespielen.

Darin liegt auch Kontinuität, die auf den ersten Blick womöglich nicht ins Auge fällt. Auf neue Weise sucht Faust hier den präzisen Umgang mit der Vagheit, die sie in ganz anderer Gestalt auch in ihren Filmen interessiert. Bisher nutzte sie dafür den Referenzrahmen des Kinos, machte die Konstruktion filmischer Erzählformen selbst zum Thema der Werke: Wie wird in Filmen Identität ausformuliert, wie greifen Dokument und Inszenierung ineinander, wie viel Information beziehungsweise Klischee braucht man, um eine Story zu konstruieren, und wie lässt man solche Erwartungen dann gehörig offen und ins Leere laufen? All das lässt Faust im Sehen erlebbar und im Erleben lesbar werden. Ihre Filme und Fotos sprechen die Sprachen des Kinos wie unter Abzug von stringenter Narration: Meist beiläufig erzählt, oft nah am Rande des Ereignislosen, spinnen sich Handlungsfäden darin kaum zu schlüssigen Zusammenhängen aus. So zeigt und so inszeniert Jeanne Faust bisher die Sollbruchstellen filmischer Fiktion, verknüpft mit einem analytisch scharfen Blick auf psychosoziale Konditionen und Wechselverhältnisse der dargestellten Individuen. Mit den neuen Arbeiten rückt Faust dichter an die Betrachter heran, während Film zum imaginären Raum von individueller und auch medial geprägter Projektion mutiert.

Einen ihrer Lieblingsfilme, Dennis Hoppers *The Last Movie* (1970), beschrieb Faust einmal auf eine Weise, die viel über ihr eigenes Arbeiten verrät: »Alles wirkt darin etwas verwischt […] der Rhythmus ist immer wieder […] unterbrochen, man hat das Gefühl, dass sich nichts im Film der Narration unterordnet. Die verschiedenen Handlungsstränge sind so miteinander verwoben, dass […] nie klar ist, wer wann nach wessen Regie agiert. Was ist gespielt, was nicht, und macht es überhaupt Sinn, eine diesbezügliche Unterscheidung zu treffen? Man hat das Gefühl, der Film ist all den langweiligen Fragen danach, was authentisch ist, weit voraus.«[1] In derartiger, gezielt herbeigeführter Unschärfe greifen in Fausts Werken Erzählung und Analyse ineinander, verschmelzen zu hybrider Filmrealität. Faust will Wahrnehmung von Diskontinuität vermitteln: »Wenn dich ein Regisseur dauernd aus dem Fluss seines Films reißt und man nachdenken muss, dann ist das doch ein tolles Angebot, […] die durchgehende Oberfläche zu verlassen.«[2] Und im Reflex einer Gebrochenheit des Mediums kristallisiert sich dann womöglich desto schärfer auch ein Psychogramm, von vornherein als offen und als Konstruktion erkennbar und gefasst. In Filmen und Fotos genügen ihr dafür bisher meist Andeutungen, Fährten, kleine Gesten, die sie in eine kinematografische Syntax aus gezielten Auslassungen einwebt. Auf diese Weise bindet Faust die strukturellen Lücken, eine ausdrücklich gemachte Ungewissheit des Handlungszusammenhangs dann gleichsam von den Rändern her – und überantwortet sie der Imagination des Betrachters.

Das gilt ganz ähnlich für die neuen Scherenschnittfotos. Auch ihnen ist eine – allerdings deutlich verlangsamte – Form von medialer Reflexion und filmischem Erzählen eigen. Faust betreibt darin Verdichtung, kondensierende Abstraktion: Sie wählt unter medial verfügbaren Abbildungen, etwa Pressefotos, abfotografierten TV-Nachrichtenbildern usw., einzelne Motive aus. Durch simples Ausschneiden, Collagieren und Abfotografieren führt sie visuelle Übersetzungsstufen ein, fährt den Repräsentationsgehalt der Abbildungen

Jeanne Faust
Outlandos
Fotos: Fred Dott

extrem herunter, infiziert ihn aber auch mit einer ganz eigenen, weltentfremdenden Künstlichkeit. Faust etabliert eine Ebene, auf der kollektive Bilder und imaginatives Reservoir/Potenzial von Betrachtern kollidieren – und eventuell auch koalieren.

Das Foto in der Installation *Outlandos* etwa zeigt einen flachen, leicht nach rechts in eine Dunkelzone hinein fluchtenden Raum. Dominiert wird es aber von Fläche in Gestalt einer intensiv orangefarbenen, rückwärtig ausgeleuchteten Papierwand. Die oberen Zweidrittel des Bildes sind schattenschwarz von eigenartig steifsträngigen Girlanden und Fähnchen durchzogen – als hätte sich der leichte Wind, der sie soeben noch zum Flattern brachte, wie Gelee komplett zu starrer transparenter Dichte materialisiert. Rechts neben dem Dunkel ragen dünne Masten auf. Nach links hin mündet die leicht durchhängende Dekoration im Off – ist durch den Bildrand abgeschnitten – und schwebt dort gleichsam in der Luft.

Man sieht das Bild, und man sieht auch Licht, Papier und schwarze Pappe: In der Offensichtlichkeit der Bastelarbeit ist die Fiktion entzaubert und zugleich wirkungsstark. Jene bühnenartige Verräumlichung, zu der das fotografische Bild den Scherenschnitt aufhebt, verlängert Faust auch in die Realität: Vor das Foto setzt sie zwei leicht geneigte Säulen aus ineinander geschichteten, schmalen, schwarz lasierten Keramiktöpfen, die trotz aller abstrahierten Künstlichkeit sofort an Palmenstämme denken lassen. Mit dieser installativen Erweiterung des Bildes, auch mit der Andeutung von Exotik, wird das Werk vollends zum reduziert mehrschichtigen Bühnenbild, zu einem Feld für Imagination, in dem die Bilder ganz verschiedener Wirklichkeiten aufeinander treffen: Faust importiert jene »düster überblendete Idyllik« ins Bildgeschehen, »mit der Medien Nachrichten von Krisen und Katastrophen ferner Länder illustrieren und Filme wie *Touch of Evil* (Welles) oder *Traffic* (Soderbergh) ihre Unglücksszenarien herbeizitieren«.[3] Auch hier liegt ein Moment von Kontinuität zum bisherigen Werk: Denn tatsächlich interessierte Faust ja auch schon früher genau dieses Verhältnis von persönlichem Erinnern und kollektivem (medial gesteuertem) Gedächtnis. In *Outlandos* erfindet sie dafür eine neue Bildsprache. Eine Bildsprache zudem, in der auch Fausts Gebrauch der Fotografie eine Neuausrichtung zwischen Dokumentation und Fiktionalisierung erfährt. Warum sie ihre Scherenschnitte überhaupt fotografiere und nicht direkt ausstelle, wurde Jeanne Faust einmal gefragt: Ihre Antwort liefert ein frappierendes und schönes Bild für das, was neu an dieser Arbeit ist – und auch für das, was darin aus älterem herüberreicht. Sie verstehe, so Faust, die Papierarbeiten »als Ausgangspunkt, wie ein Skelett für den Körper kinematografischer Vorstellungen und Erzählungen, die von der Aura des Fotografischen hervorgerufen werden.«[4] So erzeugt sie eine bildhaft verdichtete Atmosphäre des Erinnerns, die Film in den Köpfen der Betrachter animiert.

Jens Asthoff

Jeanne Faust: *Outlandos*
Galerie Guenther/Borgmann, Hamburg

1 *Der letzte Film – Drei Fragen an Jeanne Faust* in: *Facing Footage* (Ars Viva 2003/04), Berlin 2003; S. 117–119
2 a.a.O., S. 118
3 Karin Schulze, *Über Jeanne Faust,* in: *o.T. Nr. 1*, Hamburg 2006, S. 5
4 Jeanne Faust in einem unveröffentlichten Statement, März 2006

IN DER TRAUMHÖHLE EINES SATURNTIERS

Nach nunmehr sieben Jahren verschlug es mich vor Wochen erneut flussaufwärts ins Elb-Florenz, wo ich entfernten Seelenverwandten an düsteren, aber damals wie heute einschlägigen Orten wieder begegnete. Schwarzweißmalerei prägt ihre labyrinthischen Gedanken, die von historisch überformten Gepflogenheiten des geistig noch immer verminten Milieus handeln. Im einstigen Tal der Ahnungslosen unterhielt man sich nur wenig über bildnerische Darstellungsformen, für die sich die »Alliierten wieder stärker engagierten«. Wo vermeintlich jeder Einfaltspinsel weiß, wie man die Ecken einer Leinwand einschlägt, wie man Proportionen erwägt und wer an welchem Ast sägt, hier reden die Leute in den toten Winkeln statt von Petersburger Hängung über Budapester Lochmuster, von Funklöchern und Filmrissen, Grauzonen und Grenzwerten, Spatzenhirnen und Spitznamen.

Einer aber erzählte mir von diesem Maler, der zurückgezogen unter Pseudonym in der sächsischen Provinz lebe und dessen Bilder er neulich in einer kleinen Sammlung bewundert habe. Zu fortgeschrittener Stunde beschrieb er mir seine Ideen von der Doppelbödigkeit dieses Malers und seinen ungewöhnlichen Werken in teils obskuren Sätzen. Das Besondere sei die »Inkongruenz der Ausdrucksebenen«, eine »Kollaboration von Patina und Pathos«, die etwas Unidentisches verberge.

Mir blieben noch einige Tage, ehe ich meinen Verpflichtungen in der rumänischen Walachei wieder nachkommen musste, und ich wollte diesen Künstler kennen lernen. Also bemühte sich mein Gesprächspartner um ein Treffen mit der Sammlerin.

Mein Blick schweift über eine weitläufige parkähnliche Anlage. Die kargen Anhöhen und Terrassen sind durchsetzt von fragmentarischen Fundamenten oder archäologischen Grabungen. Die Gemälde passen zu dem Gebäude, in dem ich die kleine Sammlung zu sehen bekomme – eine renovierungsbedürftige Villa auf einem Waldgrundstück am Stadtrand. Die Sammlerin, eine pensionierte Psychiaterin, spricht vor den Bildern in der Rhetorik ihrer beruflichen Vergangenheit. Die angedeuteten Architekturen seien die Grundmauern von Wünschen, die nicht in Erfüllung gehen dürften und in die es nun hereinregne – wie in ein offen gelegtes Bewusstsein. Es seien Heterotopien des gebrochenen Denkens, quasi begehbare Ideen, die den widerspenstigsten modernen Themen wie Zeitlosigkeit und Raumknappheit anheim gefallen seien: Es rät herum und kombiniert die aufgeregte Seele zwischen Trümmern.

Man könnte meinen, dass es sich um Ruinen handelt, die sich mühsam gegen den Zerfall stemmen, aber ich denke eher an unvollendete Architekturen, Raumstümpfe, die ihrerseits das Zeitliche segnen. Während man sich in dem Glauben wähnt, einer authentischen Geste auf der Fährte zu sein, beschleicht einen das mulmige Gefühl, hinters Licht geführt zu werden. Ein diffuses Licht, das aus diversen Quellen auf kaleidoskopisch fragmentierte Trümmerhaufen strahlt und diese bühnenartig illuminiert. Die kaputten Panoramen versetzen in ein argwöhnisches Staunen, wie es sich an Originalschauplätzen nicht einstellt.

Die Frau erzählt mir, dass Gernot Faber 1989 als »gescheiterte Existenz« aus dem gesicherten Westen gegen den Strom nach Sachsen geflohen sei. Er sei ihr als wortkarger, aber unbekümmerter Typ erschienen. Seit dreizehn Jahren habe er hier nun sein Trachten und Tun der Malerei gewidmet. Sie schildert das Klischee eines Menschen, der immer weitermale, während andere weiterdächten. Vor meinem inneren Auge erscheint das Bild eines Besessenen, dessen Pranken Stunde um Stunde, Tag für Tag bedächtig durch die dicke Luft vor der Leinwand streifen. Wie Punkte am Satzende sitzen seine Pupillen im wässrigen Blau der Iris, die ihrerseits im blassen Augapfel vor der Leinwand verschwimmt. Der Rest seines Gesichts wirkt wächsern, gleich einer verstaubten Figur im Lager von Madame Tussauds Kabinett. Das Bild, dass die Sammlerin von Gernot Faber zeichnet, erinnert mich an einen kauzigen Typ, der in einer manischen Umsichtigkeit mitten auf einer Pariser Verkehrsinsel die hier angelegten Blumenbeete auf seine Leinwand bannte. Während der Rush Hour pflegte er die Botanik seines floriden Malwahns. Ist der echt? Ist es ein Avatar in Echtzeit? Wieso ächzt hier jeder Baum in der Vergangenheit? Die Sammlerin holte ein Foto von Faber, das ihn in seinem Atelier in Baselitz zeigt. Er habe immer diese Lederkappe getragen, die seine dünnen, schwarzgrauen Haare bedeckte. Ich beschloss, mir selbst einen Eindruck zu verschaffen, wie er seine Malerei betreibt, und machte mich Hals über Kopf auf den Weg.

Das Atelier war ein kleines zweistöckiges Gebäude einer ehemaligen Tischlerei. Es war winterlich dunkel, Schnee lag vor der unverschlossenen Tür. Auf dem Briefkasten stand sein Name. Er schien nicht da zu sein. Ich zögerte einzutreten. Da ich Faber auch nach einem ausgedehnten Spaziergang durch die Ortschaft nicht antraf, entschloss ich mich, die Nacht in Baselitz zu verbringen. In meiner Pension kannte man den »ominösen Künstler«. Er sei manchmal wochenlang verschwunden, um dann wieder täglich im Wirtshaus zu sitzen, wo er Wodka trank, rauchte und Zeitung las. Ich ging zu der besagten Kneipe, wo mir der Wirt Anekdoten aus Fabers Vergangenheit servierte. Er konnte mir erzählen, dass Faber eigentlich aus dem Ruhrgebiet komme, wo er erfolglos eine Schauspielschule besucht habe. Weil er nicht arbeiten wollte, sei ihm nichts anderes übrig geblieben, als durch die »Gassen zu gurken« – wie er sagte. Es sei ein denkwürdiger Abend gewesen, als Faber plötzlich redselig von den Dingen plauderte, die er als Nichtsnutz verzapfte. Auf meine Frage, wie er heute sein Geld verdiene, zuckte der Wirt mit den Schultern und spekulierte, dass er wohl dann und wann mal ein Bild verhökere. Irgendwie seien sie nie wieder ins Gespräch gekommen.

Am darauf folgenden Tag das gleiche Bild. Atelier offen und menschenleer. Die geknickten Jalousien hinter den vergitterten Fenstern gekippt. Unter dem Vorwand, nach dem Rechten

Panorama Sächsische Schweiz

Gernot Faber
Foto: E. Schlomo 1999

M. v. Heemskerck
»Die schöne Helena in den Romruinen« (Ausschnitt)

sehen zu wollen, trat ich ein. Im Inneren herrschte ein spärliches Zwielicht, an dem auch ein Druck auf den Lichtschalter nichts änderte. Eine enge und brüchige Wendeltreppe führte mich in das obere Stockwerk. Sieben kleine, wohl gerade fertig gestellte Malereien hingen an den Wänden. Ich setzte mich auf ein Sofa – neben einem Tisch und einem Sideboard voller Öltuben und Pinsel die einzige Möblierung. Es gab riesige Zeitungsstapel und einige Bücher. Die kalte Luft war von Lösungsmitteln durchsetzt. Ich schaute mir die Bilder genauer an. Er schien an allen gleichzeitig gemalt und je nach Tageszeit andere Schatten gesetzt zu haben. Entsprechend den motivischen Quellen unterschiedlichster Provenienz changiert sein Malhabitus chamäleonartig. Manche Bildteile wirken gestisch-dekorativ, andere substanzieller, durchdrungener. Mein Blick fällt auf eine zerbrochene Statuette, die wie ein hohes Tier aufwendig mit Kulturmüll dekoriert ist, der sich wie bei Piranesi auch im Bildvordergrund wieder findet. Wie ein Vampir scheint er sich an der Hure »Vergangenheit« zu vergehen. Im schwindelnden Tiefsinn dieser Bilder liegt ein Bruch mit dem, was als Albert Speers Ruinengesetz längst in Vergessenheit geraten ist. Sie zelebrieren das Kollabieren unter der Last der Lüge, ohne eine Wahrheit zu propagieren. Ich wollte diese Bilder unbedingt ausstellen und hinterlegte eine Notiz mit meinem Anliegen. Dann verließ ich Baselitz.

Als ich wieder in Klausenburg angekommen war, erreichte mich die Nachricht von Fabers Tod. Er sei von Wanderern gefunden worden und wahrscheinlich erfroren. Der Beamte bezog sich auf meine Nachricht, die Gernot Faber nicht mehr erreichte. Er erkundigte sich nach meiner Beziehung zu dem Verstorbenen und ob ich wüsste, wie er wirklich heißt, da man seine Identität nicht feststellen konnte. Man sei sich sicher, dass sein wirklicher Name nicht Gernot Faber war. Als ich mich an die Sammlerin wandte, entwickelte sich ein längeres Telefonat, in dem sich ihr Entsetzen über seinen Tod mit Erklärungsversuchen vermischte. Vielleicht hat Gernot Faber diesen Tod selbst gewählt? Wir waren sehr unsicher, aber es schien uns eine Inszenierung zu sein – er starb den Kältetod eines Obdachlosen, der er doch eigentlich nicht war. Später überlegten wir, ob es eine Möglichkeit gebe, die Bilder zu sichern, und die Sammlerin wollte sich darum kümmern. Tage darauf telefonierten wir erneut. Man hatte ihr zugesichert, dass sie sich vorläufig um die Verwaltung des Nachlasses kümmern könne, solange sich keine Verwandten melden würden. *Andrea Dracul*

(Aus dem Rumänischen von *Sylvia Huza*)

»In der Traumhöhle eines Saturntiers« von Andrea Dracul ist zuerst erschienen in *Sdafi in cap / Gespenster im Kopf* – herausgegeben von Lutz Krüger und Seo Reuss (Klausenburg, 2003). Der Nachlass des Künstlers wird von Andrea Dracul und Elisabeth Schlomo verwaltet, die zurzeit an einem Werkverzeichnis arbeiten.

Kultur & *Gespenster* veröffentlicht in der nächsten Ausgabe Bilder von Gernot Faber.

GENREKANTEN
Zu den Stellagen von Oliver Ross

Architektenmodellschaumplatten, mit angebissenen Rändern. Sperrholzplatten, mannshoch. Fichtenholzleisten, bemalt mit Kugelschreiber, Ponal, Marmelade, Textmarker – neonfarbig. In die Platten montiert: Klodeckel, Bratpfannen, Zahnbürsten, Kaugummis, Schlingware, Vorleger. Verschlungene Gedankengänge zu Fragen der Selbstwahrnehmung, zu innen Welt und außen alles Scheiße, gepaart mit offensiver Homo-faber-Schaffenswut. »Man ist«, wie Oliver Ross selbst formuliert, »das virtuelle Produkt eines sterblichen, wunderbar komplexen Bioapparats«, und kann es nicht fassen.

Die Zirbeldrüse wurde für den Sitz der Seele angenommen, da ihr Äußeres dem Finger Gottes gleicht: gelblich, lang gestreckt, milde und doch drohend. Mittlerweile hat man sich eines anderen besonnen. Ärzte haben das Hirn systematisch auf Funktionen durchstochert und festgestellt, wann beim Einstich der Speichel läuft. Wo die Seele sitzt, hat man nicht herausgefunden. Man kann zwar sagen, der Sitz des Bundesverwaltungsgerichts ist in Leipzig. Man kann nicht sagen, der Sitz der Seele ist da und da, als wäre das eine adressierbare Behörde für Inneres. Das Ding, dem man sich nähern kann, ist offenbar nicht das Ding, dem man sich nähern will. Je genauer man hinzuschauen meint, umso koboldhafter springt einem das Rätselhafte entgegen. Ideale Arbeitsbedingungen für Künstler, die wissen, dass sie von den Dingen sprechen können, ohne je mit ihnen sprechen zu müssen. Hirne winden sich zum Reigen, und Oliver Ross beißt in die Arbeitsplatte, man kann die Bissränder deutlich erkennen. Die verklärte Sphäre, Innenwelt oder Seele genannt, ist genau genommen nur als Fluchtort etabliert, um Unerklärliches dorthin zu stopfen. Man flieht überwältigt von allerlei äußerlichen Scheußlichkeiten romantisch Richtung innerer Seelenfrieden. Im Innern sind allerdings tatsächlich nur Fleischmassen anzutreffen.

Innen also eine Rumpelkammer aus Fleisch. Und wie das so ist mit Rumpelkammern, ist die Zuhandenheit der Materialien nicht gegeben. Man bemüht sich heiß, mit diesen dort virtuell gelagerten Erfahrungen zu reden. Aber jedes Gespräch mit dem Innen gerät zur Standpauke auf einer Couch liegend, oder zu wirren Beichtstuhlzuständen.

Oliver Ross nimmt das Gewirr der Disziplinen Hirnforschung, romantische Innerlichkeit, Psychoanalyse und Kunst in eins auf und offenbart die Künstlichkeit der sorgsam präparierten Genrekanten. Grünkohl wird Hirn wird Rotkohl. Die Ähnlichkeit ist frappierend. Die Dinge, die auf den Bildern von Oliver Ross auseinander hervorgehen und ineinander umschlagen, haben eine augenscheinliche oder eine funktionale Verwandtschaft. Kausalität ist nicht seine Sorge, ihr gilt eher sein Misstrauen. Denn dass man als Westeuropäer einen so innigen Glauben an kausale Zusammenhänge pflegt, ist das Problem. All die verquälte Aufklärung erzeugt ja gerade die romantische Innerlichkeit als uneinnehmbare Charaktertabernakel, denen Ross so manchen Paravent widmet.

Etwas muss »da innen« sein, was man übrigens ähnlich verschwurbelt verortet wie die Geschlechtsteile »da unten«, und man muss verdammt noch mal damit etwas machen können, eben mindestens so funktional wie mit Geschlechtsteilen. Sollte da etwa nichts sein? Oh Gott. Man stelle sich einen europäischen Wissenschaftler bei der Erforschung der Funktionen des Nirwana vor: Ein ungeduldiger und besserwisserischer Kobold, der Kragen platzt ihm bald vor Eifer. Am Ende hat er tintige Finger, Hämorriden und den Nihilismus erfunden. Nichts bewegt Sie wie ein Hirn.

Oliver Ross
Triumph der Bratpfanne
Contemporary White Trash, Hamburg
Fotos: Lilli Kuschel

Oliver Ross rekurriert in seinen labyrinthischen Ausstellungsaufbauten ironisch auf das Durcheinander europäischer Alchemistenkammern, Studierstuben und Ateliers. Diese Orte sind anthropologische Entwürfe, weniger Stätten stringenter Beweisführung. Die unsterblichen Apparate glucksen zufrieden, die unsterbliche Kunst trocknet feierlich für die Ewigkeit, und der sterbliche Forscher kommt mit seiner Erkenntnis weder dem Nirwana noch der Seele auch nur ein Stück näher.

Drangvolle Enge herrscht auf den Bildtafeln Oliver Ross'. Die wild gewordene Regenbogenfarbigkeit ist jeder Tradition göttlichen Gnadenbeweises entledigt, man ist also ganz auf sich gestellt. Der Spaß beginnt nun mit der Identifizierung der abgebildeten Objekte: Sind es Kartoffeln, Bratpfannen, Spiegeleier? Ja, es sind »Versorgungsdeterminanten für Künstler«. Die Fettecke im Butterteller grüßt salbungsvoll aus der näheren Kunstgeschichte, die Kartoffelesser van Goghs glotzen mit vollem Mund misstrauisch von fern. Sie erzählen durchreisenden Künstlern und Existenzialphilosophen in selbst gestrickten Unterhosen auch nur noch das, was sie von Heidegger über sich erfuhren. Wer vergisst, über die Gebilde von Oliver Ross zu lachen, macht einen Fehler. Die Akkumulation von Information auf diesen Platten ist weniger tragisch verwickelt als euphorisch chaotisch. Die krakenhaft wichtigtuerischen Objekte berichten ungerührt von der andauernden Sinn- und Sinnlosflut zwischen Innen und Außen.

Oliver Ross hat die Löcher, aus denen der Sinn ein- und ausdiffundiert, gleich integriert in seine Geistesstellwerke mit Tastflächen und Psycholöchern. Ross tut nicht so, als könnte er von dem berichten, was sonst noch keiner zustande brachte. Ross versucht mit seinen Arbeiten, einer Kunsttheorie auf die Sprünge zu helfen, die sich nicht in der begeisterten Analyse der Visualisierungserfolge der Neurowissenschaft erschöpft. Nichts Inneres kann sich in Kunst als Kommunikation abbilden. So sehr man auch will, man wird nie *mit* der Wahrnehmung und der Seele selbst sprechen können, auch nicht, wenn man sich Eukalyptus auf die Stirn legt. Aber Ross provoziert Kommunikation *über* das virtuelle Innen.

Nora Sdun

KLISCHEES BESEELEN

Ein Gespräch zwischen Anselm Reyle und Jens Asthoff

Anselm Reyle greift Sprachstile der modernen Abstraktion wie Fundstücke auf. Gezielt schöpft er aus dem Genre-Fundus des vergangenen Jahrhunderts und bringt verschiedene, ja gegenläufige Richtungen wie Informel, Op-Art, Hardedge oder Minimal in überraschende Wiedervorlage und irritierende Gleichzeitigkeit. Auf Ebene des Stils stellt er ein charakteristisches ästhetisches Klima her, erzeugt eine übers Einzelwerk hinausführende, dichte Mischung aus Affirmation, Distanz und Intensität. Wer eine Einzelausstellung Reyles besucht, gewinnt leicht den unbestimmten Eindruck einer Gruppenschau »moderner Kunst«. Ausdrücklich, aber unaufdringlich arbeitet Reyle mit der Inszenierung verschiedener Stilformeln und durchsetzt das mit farbig assimilierten Realitätszitaten, gesellt etwa antiquiertes Landwirtschaftsgerät wie Heuwagen und Obstpresse dazu, bemalt in Neontönen. Oder zeigt farbig strahlende Lampen und monochrom illuminierte Wandverkleidung.

Solche Friktionen zwischen Sprachen der Kunst, des Designs und verfremdeten Gebrauchsobjekten spielt Reyle mit großem Raffinement aus. Doch während er eigene Stileinheit scheinbar verwirft und zugleich die Geltung historischer Formensprachen unterminiert, holt er zum Klischee geronnene Ausdrucksformen zu neuer Wirksamkeit zurück. Reyle geht es nicht bloß um Entzauberung der einstmals hehren Abstraktion zum Musterfundus für die Gegenwart, nicht um postmodern-ironische Distanz, erst recht nicht um die Wiederbelebung vergangener Formate. Er verfolgt einen anderen Weg, wenn er jene Bildsprachen, die er an die Oberfläche holt, auch ernst nimmt, sie in der Spiegelung sich anverwandelt und zugleich verfremdet. Wenn er den schnellen, freistehenden Gestus eines Karl Otto Götz in Flieder- und Orangetönen und mit fluoreszierendem Gelb revitalisiert, wenn er abstrakte Streifenbilder in drastischer Farbigkeit beschwört oder die Bildsprache eines Otto Freundlich in Großformaten adaptiert, dann steckt in all dem mindestens so viel Behauptung wie Zitat, so viel neues Sehen wie Demonstration des Klischees: »Mich interessiert etwas, das überhaupt die Qualität hat, ein Klischee zu sein«, sagt Reyle, »etwas, auf das sich viele Leute offenbar geeinigt haben. Dann versuche ich, seinen Kern zu erfassen – es zu nehmen und neu zu beseelen.«

Jens Asthoff: In den 80er und frühen 90er Jahren haben Künstler die Archive geplündert und sich verstärkt mit Aneignung historischer Stile befasst. Stichworte: Postmoderne und Appropriation Art. Siehst du da eine Nähe zu deiner Arbeit, die ja auch stark durch Aneignung kunsthistorisch sanktionierter Stilfiguren geprägt ist? *Anselm Reyle:* Ich glaube, dass mich das aus einer ganz anderen Haltung heraus interessiert. Ich möchte nicht bloß etwas aufgreifen und als verfügbare Form vorführen. Ich gehe damit eher wie mit Fundstücken um, auf die ich stoße, weil sie mich faszinieren und ich diese Faszination dann zuspitze, also auch zeigen will. Teils faszinieren mich Stile auch deshalb, weil sie so abgegriffen sind, etwa bei den Streifenbildern. Das ist ein so simples Prinzip, das hat jeder Kunststudent irgendwann schon mal gemacht. Da wird einem auch meist gesagt, dass das schon längst vorbei sei, dass es das schon in den 60er Jahren gab und es auch da nicht mehr neu war. Und in den 90er Jahren wurde das Streifenbild von Leuten wie Zobernig noch mal ironisch aufgegriffen. Aber das Ironische ist nicht das Einzige, was mich daran interessiert.

Ich finde, du rückst das adaptive Moment, den ja stets noch erkenn- oder erahnbaren Verweis, auf eine merkwürdige Mischung aus Vagheit, Entleerung und Intensität. Das führt zu ganz eigenartiger Glätte und Neutralität, die dann ihrerseits den Charakter eines persönlichen Stils annimmt. Ja, mich interessiert da eine gewisse Neutralität, einerseits, aber die muss subjektiv auch wieder aufgebrochen, aufgeladen werden. Ich sehe das nicht als kalte Neo-Geo-Kunst, was ich da mache.

Kannst du dieses Verhältnis von Neutralität und Subjektivität genauer fassen? Ich gehe da intuitiv vor. Aber dem kommt zum Beispiel die Zusammenarbeit mit Assistenten entgegen. Ich habe festgestellt, dass eine solche Werkstattsituation für meine Arbeit gut ist. Ich habe mehr Zeit für Entscheidungen, es fällt mir auch leichter, Entscheidungen zu treffen. Wenn ich beschließe, das Bild muss noch mal gemacht werden, sehe ich nicht automatisch wieder eine Menge Arbeit vor mir. Das funktioniert am besten bei den Streifenbildern. Dabei liegt die Subjektivität weniger im Tun als in den Entscheidungen, und so ist in der Arbeit insgesamt ein ganz anderer Fluss möglich. Es macht auch einen Unterschied für die Position, die man formuliert, ob es nur drei Streifenbilder gibt oder 30 oder vielleicht 50. Das ist eine andere Aussage. Und dann fasziniert mich auch die Farbenfülle, die Vielfalt der Kombinationen. Man kann ein dunkles, depressives, aber auch ein helles, luftiges Streifenbild machen. Hat man ein Bild konzipiert, hat man vielleicht gleich drei nächste im Kopf. Solche Möglichkeiten habe ich nur, wenn ich mit Assistenten arbeite.

Wie läuft die Zusammenarbeit mit Assistenten denn genau ab? Bei den Streifenbildern mit sechs oder neun breiten Farbbahnen lege ich die Töne und deren Abfolge fest, weil ich ja gewisse Harmonien oder Disharmonien erreichen will. Die Farben sind alle nummeriert und lassen sich zuordnen. Ich bestimme auch, ob farbige Folie oder getönte Spiegel verwendet werden. Darüber hinaus setze ich vielleicht am Schluss nur ein paar Kleckse drauf oder ändere die eine oder andere Farbe. Bei den neueren, schmalen Streifenbildern entscheide ich bloß, welche Farbtöne wie oft ungefähr vorkommen sollen, auch welches Farbmaterial – ich verwende da ja inzwischen häufig Effektpasten, etwa Lava- oder Rauputzeffekte, wie man sie heute im Künstlergroßhandel als spezielle Dekofarben findet. Die Platzierung nehmen die Assistenten jedenfalls selbst vor. Die haben ja auch ihre Erfahrung und können das teilweise besser als ich *(lacht)*. Und sobald sehr viele Farben vorkommen, zum Beispiel auch bei meinen neuen Otto-Freundlich-Bildern, ist es relativ egal, wo welche Farbe sitzt. Es geht mir dabei dann eigentlich vor allem um simultane Wirkung, um eine bestimmte Gesamtfarbigkeit.

Ist das beim Umgang mit freien Gesten nicht etwas anders? Das ist doch nicht in gleicher Weise planbar? Das stimmt, bei den Streifenbildern wird relativ wenig verworfen, weil es eine klare Planung gibt und man mit zwei, drei Änderungen meist das Gewünschte erreicht, manchmal ist auch gar keine Änderung notwendig. Doch auch dabei geht es um subjektives Empfinden, ähnlich wie bei den gestischen Arbeiten. Es muss emotional etwas auslösen, nicht wie bei konzeptuellen Künstlern etwa aus den 60er Jahren, die nach dem Zufallsprinzip Farbstreifen oder Kreisformen gesetzt haben.

Ich habe den Eindruck, dass du in den gestischen Bildern individueller gegen Komposition anarbeitest, dass es dir um die Frage geht: Ab wann ist etwas ein Bild, an welchem Punkt kippt es ins Undefinierte? Reizt dich so etwas? Komposition ist etwas, was ich bei traditioneller Abstraktion eher als fragwürdig empfinde. Man hat sich von Konventionen befreien wollen, um dann doch ganz traditionell auf Ebene von Komposition zu agieren, und schaute genau, ob ein Strich jetzt zehn Zentimeter weiter rechts oder links sitzt. Das sieht manchmal fast pingelig aus, und ich glaube, dass das letztendlich eine Sache der Gewöhnung ist. An Positionen wie der eines Karl Otto Götz zum Beispiel hat mich immer diese Einfachheit gereizt, die Frage, ab wann etwas ein Bild ist: Da leert jemand zwei Kübel Farbe aus, wischt dreimal drüber, lässt es trocknen und verkauft es ans Museum. So simpel kann man das sehen. Diese Einfachheit will ich offen legen, und auch die Faszination daran. Eine Farbtube ausdrücken, zwei-, dreimal mit dem Pinsel reingehen – da entsteht für mich die größte Faszination. Und vielleicht hört das beim fünften Strich schon wieder auf. Diesen Moment möchte ich einfangen und zugleich die Fragwürdigkeit dieser Behauptung offen legen: Das ist ein Bild. Was bei einem K. O. Götz ja kein Thema war, der hat das im Gegenteil zu perfektionieren versucht. Bei meiner Beschäftigung mit gestischer Abstraktion habe ich gemerkt, wie wenig es mich interessiert, wenn jemand der eigenen Gestik verfallen ist. Das ist für mich Stillstand, eingefrorene Geste, das empfinde ich als tot. Jemand wie Götz drängte immer mehr in so eine Zen-buddhistische Meisterleistung hinein, und genau davon will ich weg. Und eher den Gestus an sich nehmen.

Ich finde, es gibt in deiner Arbeit eine interessante Tendenz zur Auflösung von Form. Der spezielle Drive liegt oft gerade darin, dass du bis knapp an die Grenze von Bildhaftigkeit gehst, den gegenstandslosen Repräsentationsraum entleerst, ihn aber zugleich visuell extrem stark machst. Diese Zuspitzung auf Wirkung, Oberfläche wurde in der Kritik ja gelegentlich als dekorativ oder affirmativ aufgefasst. Ich erkenne darin aber eine Konsequenz, mit der du aufs Stillstellen von Form reagierst, wie du es eben in Bezug auf Götz beschrieben hast. Ich glaube, du versuchst, das Gestische tatsächlich freizusetzen, also darauf projizierte kompositorische Formeln abzustreifen. Daraus gehen dann Bilder hervor, die zeigen, wie fragwürdig so eine Auffassung von Geste und Komposition eigentlich ist, während sie die Arbeiten dennoch daran partizipieren lässt, sie daran ihre Gültigkeit als Bild bewähren, eine Form behaupten und Kriterien aufwerfen. Da verläuft eine interessante Grenze, die du, wie ich glaube, sehr bewusst formulierst und auch ziemlich weit ausreizt. Ja, mich interessiert genau diese Ambivalenz.

Kannst du etwas darüber erzählen, wie sich deine künstlerische Haltung entwickelt hat? Ich habe in Karlsruhe Malerei studiert, unter anderem bei Helmut Dorner. Dort habe ich Leute wie Katja Strunz, Uwe Henneken, Jens Wolf und Wawa Tokarski kennen gelernt. Als ich 1997 nach Berlin kam, hatte ich ein Atelier mit Michel Majerus, John Bock, Berta Fischer und Dieter Detzner. Künstlerisch war das für mich allerdings ein

Anselm Reyle
Les deux figures (nues sur fond abstrait turbulent), 2006
Mischtechnik auf Leinwand
255 x 172 cm

Ausstellungsansicht »ARS NOVA«, Kunsthalle Zurich, 2006
Foto: Max Hannes

untitled, 2005
Bronze, Chrom emailliert,
Sockel aus Makassa Holz
35 x 30 x 23 cm,
120 x 30 x 30 cm

untitled, 2002
Acryl auf Leinwand
224 x 189 cm
Collection Landesbank Hessen Thüringen, Frankfurt am Main; Courtesy Galerie Giti Nourbakhsch, Berlin

ziemlicher Neustart. Ich habe mich damals bewusst dafür entschieden, dass ich mir das Leben lieber nicht so schwer machen will *(lacht)*. Von ihrer Haltung her haben mich zum Beispiel Leute wie Förg immer sehr fasziniert, Künstler, die einfach eine Arbeitsweise finden, die sie nicht so vereinnahmt. Ich wollte eben nicht so ein leidender Künstler werden. Aber das zu finden und dabei auch glaubhafte Kunst zu machen, das war ein Problem. Und es hat von 1997 bis 1999 gedauert, bis ich mal dieses eine Bild hatte [zeigt das gestisch-abstrakte *Ohne Titel* (1999)]. Nach einer Weile wurde mir dann klar, dass ich so weitermachen kann, dass das eine Arbeitsweise ist, die mir liegt, auf der ich aufbauen kann, ohne mich kaputtzumachen. Ich hätte dann am liebsten gleich zehn Stück davon gemacht – aber das funktionierte halt nicht. Diese gestischen Arbeiten sind doch wesentlich aufreibender als die konzipierten Arbeiten wie die Streifenbilder. Und es dauerte auch, bis ich einen gewissen Fluss in die Arbeit bekam. Das hat natürlich auch damit zu tun, ob man Ausstellungsmöglichkeiten hat. Jedenfalls hat das wieder zwei, drei Jahre Zeit gebraucht. Dass ich denke, alles läuft genau richtig, das ist eigentlich erst seit zwei Jahren der Fall. Mittlerweile ist der richtige Fluss drin. Inzwischen habe ich das Gefühl, dass es in letzter Zeit schon fast ein bisschen überhand genommen hat. Ich möchte jetzt wieder etwas reduzieren, damit ich nicht bloß noch Anfragen beantworte, sondern meine Geschwindigkeit wieder stärker selbst bestimme. Aber das waren für mich alles ganz wichtige Überlegungen und bewusste Entscheidungen: Wie will ich das machen? Zum Beispiel nahm ich bewusst keine Ölfarbe mehr, sondern Acryl, weil ich nicht wollte, dass mir das Terpentin die Lunge kaputt macht. Dabei habe ich dann gemerkt, dass das für meine Arbeitsweise eher von Vorteil ist, dass es viel schneller trocknet, und dass es auch von der Leuchtkraft her mit der Ölfarbe mithalten kann, vielleicht sogar stärker ist, wenn man sie lasierend verwendet und dann einen Firnis drüberlegt. Das waren jedenfalls alles Überlegungen, die mit einer bestimmten Lebensform zu tun hatten. Zum Beispiel die Frage: Was mache ich, wenn's mal gut läuft, aber ich für ein Bild drei Monate brauche? Dann könnte ich mein Leben vor der Leinwand verbringen.

Ausstellungsansicht »Painting in Tongues«
MOCA, Los Angeles, 2006
Foto: MOCA

Hast du früher anders, zeitaufwendiger gemalt? Während des Studiums habe ich eigentlich fast jedes Semester völlig anders gemalt. Als ich 1995 in New York war, habe ich diese amerikanische Hochglanzmalerei gemacht *(lacht)*, dann fand ich das aber wieder viel zu glatt und hab im nächsten Semester auf Jutestoff gemalt, tanzende Bäume, so esoterische Astralbäume, natürlich mit einer gewissen Ironie dabei, aber doch auch auf der Suche nach etwas Wahrem. Und hab dann aber gemerkt, dass mich diese Arbeitsweise auch nicht glücklich macht. Ich bin heute sehr froh, dass ich mir überlegt habe, welche Arbeitsweise sich am besten damit verträgt, wie ich mir mein Leben vorstelle.

Spiegelt sich da bereits eine bestimmte Haltung wider, die heute zu deiner Arbeit gehört? Auf jeden Fall. Was ja viele Maler ärgert, wenn sie meine Sachen sehen, ist dieses Gefühl: »Der macht sich's ja ganz schön leicht« oder dass sich überhaupt Leute ärgern, wenn sie meine

Kunst sehen und sagen: »Was, so einfach ist das?« Wenn ich zum Beispiel eine Skulptur mache, indem ich einfach ein Fundstück aus dem Regal nehme, vergrößern und in Bronze gießen lasse, dann ist da ja sozusagen gar nichts von mir dabei *(lacht)*.

Bis auf all die ästhetischen Entscheidungen ... Genau, und das ist auch viel aufwendiger. Man muss dauernd mit Firmen rumstreiten, bis es dann endlich klappt. Das ist letztlich viel schwieriger und aufreibender, als ein Bild zu malen. Aber es sieht eben so leicht aus, dass es manche Leute ärgert, und das finde ich zum Teil ja ganz gut. Auch deshalb nehme ich zum Beispiel häufig Neonfarben, die ein traditioneller Maler auf keinen Fall verwenden würde. Es ist ein ungeschriebenes Gesetz, dass man so ein Leuchten auch ohne Neonfarben hinkriegen müsse. Doch ich denke mir, dass es ja schließlich Neonfarbe gibt. Warum sollte ich es dann anders hinkriegen, wenn ich diese Möglichkeit habe? Ähnlich ist das mit der Effektfolie aus dem Deko-Shop. Ich glaube, dass das schon eine Haltung ist, die meine Kunst widerspiegelt, nämlich ganz bewusst diesen anscheinend leichten Weg zu gehen.

Du hast Anfang 2006 eine große Einzelschau in Zürich gehabt.[1] Angesichts der verschiedenen Werkgruppen und Stile ist mir dein Arbeitsprinzip als Umgang mit Fundstücken noch einmal deutlich geworden – die ganze Heterogenität deiner Bildwelt scheint mir darin übereinzukommen. Mit Fundstücken zu arbeiten, spielt für mich schon länger eine große Rolle. Eigentlich kann man sogar die Streifenbilder als Fundstücke bezeichnen, als etwas, das ich vielleicht mal in einem Katalog gefunden oder als klischeehafte Erinnerung von ähnlichen Bildern im Kopf habe. Auch die Skulpturen sind Fundstücke beziehungsweise ihre Form geht auf Fundstücke zurück. Oder das Material für die Folienbilder: Das habe ich ursprünglich in einem Schaufenster in Berlin entdeckt. Und die Lampen sind Fundstücke, die ich teilweise durch farbiges Licht verändere und Farbe über die Lampenschirme kippe, ebenso die Vasen oder die Wandverkleidungen. Dieses Einbeziehen von gefundenen Objekten ist mir wichtig als Erweiterung der reinen Malerei. Ich begebe mich in diesen begrenzten Raum von abstrakter Malerei, den ich dann wieder aufzubrechen und zu erweitern versuche. Oft durch Dinge, die von außen kommen, die mir zufällig begegnen. Materialien, aber eben auch Stile und Geschmacksfragen.

Beim Thema Fundstück würde ich gern noch einmal auf deine neuen Otto-Freundlich-Adaptionen zurückkommen. Ich glaube, gerade dort wird eine bestimmte Art der Aneignung, der Übersetzung, deutlich, wie sie in deiner Arbeit insgesamt eine Rolle spielt. Du bleibst in der Annäherung hier ja ausdrücklich formal, während die Gegenstandlosigkeit, der ganze Impuls zur Abstraktion bei Freundlich ja starke inhaltliche Bezüge hat und sich mit einer bestimmten Geisteshaltung, einer letztlich vielleicht esoterisch zu nennenden, Weltsicht verbindet. Solche Aspekte fallen bei dir total weg oder sie liegen, anders gesagt, eben gerade in der radikalen Auflösung einer Formsprache ins Muster, ihrer Loslösung von solchen Implikationen und der Hinwendung zur Strukturierung von Oberfläche. Du bezeichnest die Bilder im Titel ja ausdrücklich als »Hommage«. Wie ist das angesichts der formalen Reduktion zu verstehen? Ich habe tatsächlich nur das formale Prinzip übernommen, setze das Bild zusammen aus Viereck, Fünfeck, Achteck, mal einem Halbkreis. Zum einen haben mir Freundlichs Bilder schon immer sehr gefallen. Und dann hat es sich zu einem bestimmten Zeitpunkt für mich in meiner Arbeit als Entwicklung einfach angeboten, um vom Nebeneinander der Streifenbilder zu einer anderen Gleichzeitigkeit von Farbe zu kommen. Natürlich ist es schwierig, etwas nicht bloß platt zu kopieren oder gar auszuschlachten. Gerade dafür schien es mir richtig zu sein, es ganz offensiv aus der Verbindung mit dieser Vision herauszulösen. Ich merke übrigens, dass mich diese esoterischen Dinge in Bezug auf Bildsprachen immer besonders interessieren. Aber das kann ich heute natürlich nicht eins zu eins weiterführen. Ich habe die formale Ebene übernommen, aber dabei hat mich dann auch eine gewisse Zufälligkeit der Farbsetzung interessiert. Um eben zur reinen Wirkung der Farbe zu gelangen. Es geht mir um eine Gesamtfarbigkeit. Für manche

Bilder habe ich auch dieses Wachstum, also die Entwicklung vom Dunklen ins Helle, übernommen, mit der man diese visionäre Wirkung quasi automatisch erreichen kann. Es ist eben relativ einfach, ohne dass man damit einen bestimmten Glauben oder eine Weltsicht transportieren müsste. Als Hommage an Freundlich ist das bewusst ein bisschen grenzwertig, aber es ist auch ernst gemeint.

Wie lassen sich deine Neoninstallationen als Fundstücke einordnen? Im Sinne von Resten. Ich arbeite öfter mit Glasbläsern zusammen, die diese farbigen Neonröhren herstellen. Solche Reststücke lagen dort überall in der Werkstatt herum. Ich habe sie genommen, wie sie waren, und die Stücke im Raum aufgehängt, sozusagen als abstrakte, frei schwebende Lichtzeichnung. Mir ging es dabei vor allem um die Faszination fürs Neonlicht. In Zürich waren es über hundert Einzelteile in einem Raum. Darin konnten die Lichtfarben zusammenwirken, es ergaben sich feinere Abstufungen, viele verschiedene Rot- oder Grüntöne, die miteinander harmonierten oder disharmonierten. Es war nicht mehr wichtig, wo was genau sitzt, es ging um die Gesamtwirkung. Es erschien leicht und gleichzeitig sehr massiv. Eigentlich ähnlich wie bei den Streifengemälden oder den neuen Otto-Freundlich-Bildern.

Der Zusammenhang von Licht und Farbe durchzieht dein Werk ja insgesamt – das Ausstrahlende, Offensive von Neonfarbe und Neonlicht, auch dessen Künstlichkeit. Und sogar eine deiner Ausstellungen, 2004 in Aachen, nanntest du ja *Licht und Farbe*. War das ein Zitat? So heißt doch eines dieser Turner-Gemälde, die 1994 in der Frankfurter Schirn gestohlen wurden. Mich interessierte der Titel vor allem, weil im Grunde jede zweite Ausstellung so heißen kann. Insofern war der Titel auch nur ein Fundstück, so wie jetzt in Zürich. *Ars Nova* habe ich auf einer Verpackung für Acrylfarben gelesen. Meine Titel sind fast immer Fundstücke.

In Zürich hast du auch Skulpturen gezeigt ... Ja, eine große in Orange. Es gibt davon neun Exemplare der kleinen Version und vier große, alle chromglänzend in verschiedenen Farben. Ich arbeite bereits an einer neuen. So was findet man auf Floh- oder Weihnachtsmärkten *(lacht)*. Ich denke, es ist interessant, dass solche kunstgewerblichen Dinge oft einen Inbegriff moderner Skulptur in sich tragen. Das wird vor allem in der Vergrößerung sichtbar. Bei der in Zürich ausgestellten Arbeit war die Vorlage ja ein kleines, aus Speckstein geschnitztes Afrika-Souvenir, das ich bei meiner Mutter im Regal gefunden habe. Ich denke, dass derjenige, der das gemacht hat, mal Henry Moore gesehen hat. Mich interessiert es, dieses klischeehaft Moderne in fremden Zusammenhängen zu erkennen.

Geht es dir darum, einen Inbegriff moderner Kunst zu rekonstruieren? Einen Stil zu entwenden, um ihn anders zu besetzen? Ich würde sagen: ein Klischee zu nehmen, um es neu zu beseelen.

Wobei das Klischee immer sichtbar bleibt? Auf jeden Fall. Jemand hat mal gesagt, meine Kunst sähe immer ein bisschen nach Filmset aus, so als ob man sagt, wir brauchen jetzt mal etwas moderne Kunst im Hintergrund. Das hat mir gefallen, und es stimmt, dass mich eben meist das Klischee von etwas interessiert.

Wie versuchst du das Klischee zu kontern? Ich sehe Begriffe wie Klischee, Effekt usw., die negativ besetzt sind, gar nicht als etwas Schlechtes an. Schließlich ist etwas nicht umsonst ein Klischee, das heißt ja auch, es ist etwas, auf das sich viele Leute geeinigt haben. Mich interessiert etwas, das überhaupt die Qualität hat, ein Klischee zu sein. Dann versuche ich, seinen Kern zu erfassen.

Es zuzuspitzen? Ja. Und zum Beispiel durchs Material so stark zu überzeichnen, dass es einen schon wieder wirklich bewegt, nicht mehr bloß abgegriffenes Klischee ist. Es zu verwandeln in etwas, das auf neue Weise Sinn macht.

1 *Ars Nova,* Kunsthalle Zürich, 21. 1.–26. 3. 2006 http://www.kunsthallezurich.ch

Das Interview mit Anselm Reyle fand am 11. Februar 2006 in dessen Berliner Atelier statt.

Norbert Bisky, *Perfect Match*, 2004, Germany, © 2005 FIFA

BLOND AM FUSSBALL
Zum Fifa-Plakat Norbert Biskys

Deutschland, mittendrin im Jahre 2006. Die Freunde und ihre Welt – halt, oder war es andersherum? – in den letzten Zügen des Fußfestes, beworben durch einen schlacksig tumben Plüschlöwen, der einen sprechenden Ball auf der Hand trägt. Goleo und Pille! Braun und Schwarzweiß! Vielleicht Zufall, möglicherweise Programm. Doch soll es hier nun um andere Werbeträger gehen.

Weniger plump, vor allem zweidimensional kam ein Plakat mit dem Titel »Perfect Match« daher, jetzt nur noch als Decollage an Wänden oder als begehrtes Sammlerstück anzuschauen. Es zeigt ein Motiv des 1970 in Leipzig geborenen und in Berlin lebenden Künstlers Norbert Bisky, zwei Jahre vor der diesjährigen Völkerballmeisterschaft entstanden. Es zeigt sieben Figuren – die Anzahl der zählbaren Schuhe und Beine legen diese Personenzahl nahe – in »Dynamik und Ästhetik einer Spielsituation, die dem Ballett entstammen könnte. Assoziationen zwischen Fußball, Tanz und Ballett sind in dieser Bewegungsstudie künstlerisch erstklassig umgesetzt.«

Aha, soso! Sieben tänzelnde Spieler in hellem (Tennis-)Sportdress, einige wenige erkennbare Schuhe mit Stollen (Hurra, wir identifizieren Fußballspieler!), kein einziger Ball. Kein einziger Ball? Die Bild-Erklärer klären auf: »Der Betrachter wird in Biskys Gemälden nicht mit der Realität, sondern mit optischen Zukunftsvisionen konfrontiert.« Nach Multikulti und Medienkonvergenz nun auch endlich ein buntes Sportgemisch in gemeinsamem Wettkampf auf den Feldern? Tennisfußballballett oder auch Hürdenlaufhammerwurfhockey. Super! Schnell weiterlesen: »Ein konfliktfreies Paradies wird ihm [dem Betrachter] hier illustriert, aus dem alle Störfaktoren ausgegrenzt sind. Doch letztlich ist es die technische Brillanz, sind es die poppigen Farbakkorde und das Spiel mit Licht und Schatten, die den an moderne Werbestrategien gewöhnten Blick aufmerksam werden lassen.«

Es ist doch schön, welch positive Botschaften uns die Werbeträger der Fußball-Weltmeisterschaft 2006 in Deutschland vermitteln wollten. Liegt es an den Fußball-Funktionären, dass sich eine Bildbeschau derartig einfältig ausnimmt? Der Kontext, in dem Norbert Biskys blonde Bubis stehen und in dem sie zu deuten sind, konfrontiert den Betrachter mit ganz anderen Assoziationen.

Die Palette Biskys kommt nahezu ohne Schwarz aus. Leuchtend, solarisiert wirken die Biskys Bilderlandschaften bevölkernden blonden Jungen. Einem Werbeprospekt für Pfadfinder oder einem Elitecollage im schwedischen Ørebro entschlüpft, tummeln sie sich im Gelände. Man blickt in helle, strahlend blaue Augen, hell wie der Himmel, der sich hinter ihnen öffnet. Sie künden von Gesundheit, Frische und Naturverbundenheit.

Weite und räumliche Tiefe deuten sich in diesen meist nachträglich um die Knaben herum gemalten Landschaften an. Diese Welt scheint nicht vor der Kreatur. sondern zeitlich nach ihr geschaffen. Eine Horizontlinie existiert selten, manchmal zackt ein Waldrand oder ein Wiesensaum durchs Bild. Die Landschaften scheinen ohnehin losgelöst von den jungen makellosen Körpern, die in ihr Tun völlig versunken sind. Einzig das Weiß in Haaren, Mundhöhlen und Kleidern eint sie gorgonenhaft mit dem Strahlen der Landschaft, Mehrfachbelichtungen über und nebeneinander. Die Leiber wirken wie hünenhafte Gulliver auf der Zwergeninsel Lilliput. Übermenschlich vergrößert spielen sie mit ihresgleichen. Möglicherweise ist dies vor allem der Aspekt, die den Fifa-Altvorderen die Entscheidung leicht werden ließ.

Fotos bzw. Abbildungen aus Alltagssituationen sind deutlich als Ausgangspunkt für den Freizeitspaß Bisky'scher Figuren auszumachen. Apfelschälen, Pinkeln, Posieren. Wasserspiele und zahllose Wettkämpfe an Stränden mögen Ausgangspunkte gewesen sein. Es sind allesamt zeitlose Tätigkeitsfelder, die collagiert und farblich in

Barbiepuppenpastellfarben verbunden einen ganz eigenen Charakter entwickeln, auf den ersten Blick Urlaubsschnappschüssen vergleichbar oder Aufnahmen von Athleten Leni Riefenstahls ähnelnd. In diesen Bildern prangt der Riese nicht wie Goyas Saturn in dunkelbraunem Raum, einen seiner Söhne zerfleischend; hier wischt sich der Knabe nach der Mahlzeit die Lippen, als würde er sich selbstvergessen mit Sonnencreme einreiben. Ein anderer tunkt ein abgerissenes Bein dippend in den zwillingshaften kopflosen Leib eines etwas älteren Egos. Die gezeigten Tätigkeiten werden für den Betrachter allesamt zum cremefarbenen Albdruck, die Unbedarftheit von Gestik und Mimik der Klone zum Déjà-vu-Erlebnis, verurteilen zum Gefangensein in einer endlosen Zeitschleife. Derlei Unappetitlichkeiten verbirgt das Fifa-Bild mithilfe eines vordergründigen gelbhaarigen Springers, dessen rechte Hand ein durch den Zusammenprall zweier Spieler notwendigerweise verzerrtes Gesicht verdeckt. Auch kaschiert diese Figur weitere Einblicke in den Aktionsraum der restlichen Gruppe, deren Zusammenprall eher an eine Szene aus dem American Football als an Fußball denken lässt. Spitzfindigkeiten! So bleibt in jedem Fall verhüllt, ob diese nach dem Märchenmotto »Sieben auf einen Streich« vereinten Figuren sich nebenbei nicht auch noch bespucken, beißen oder gar würgen. »Übertriebene Deutung, alles Quatsch« aus dem Off, hier wird ein sportlich dynamisches Miteinander dokumentiert. Sieht man die Bilder Biskys als Darstellung eines eigenen Kosmos, einer Antiwelt, in der das Böse nicht schwarz, sondern arisch ungemendelt auftritt, ist an ein friedliches Miteinander jedoch kaum mehr zu denken.

Biskys Wesen agieren vornehmlich ohne moralische Schranken. Eine Ethik hätte überhaupt keine Gelegenheit, in dieser Makellosigkeit zu gedeihen. Auch stehen seine Wesen jenseits aller sexuellen Interessen, die Fleischeslust kommt einem nur in ihrer kämpferischen und kannibalistischen Ausprägung vor Augen. Solcherart selbstvergessen, versonnen und egoistisch Agierende muss der Geschlechtstrieb abhanden gekommen bzw. zumindest als lächerliches Kinderspiel uninteressant geworden sein.

Diese schöne neue Welt ist ästhetisch einwandfrei. Das alt eingesessene Vertrauen auf die hakennasige und pockennarbige Physiognomie des Schwerverbrechers gerät ins Wanken. Die Zeit der zugewachsenen, langhaarigen Bombenleger unter den Fußballhelden, erklären sie, ist ja nun Gott sei Dank vorbei. Biskys Gewalttäter wurden nicht chirurgisch geglättet, das blonde Haar – ein weiteres Fanal der Unschuld – nicht mit Wasserstoff gebleicht. Malerisch löst Bisky die Figuren in Farbfelder auf, indem er eigentlich dunkle Bereiche in auratisch strahlende Flecken verwandelt, Mund- und Augenhöhlen mit dem weißen Hintergrund vereint. Auch hierdurch wird die Figur zur Schablone, zu einem inhaltsleeren Geschöpf. Gezeigt werden seelen- und gedankenlose Kreaturen, die in ihrem Auf-der-Leinwand-Vereintsein stets mit- und gleichzeitig gegeneinander agieren. Gegenseitiges Umarmen wird zum selbstverständlichen Erwürgen, jeder Sprung zum tödlichen Fall. Zum Teil fangen diese Burschen Feuer, brennen sie als Fackeln, schleudern sie durch den Raum, wie von einem Tornado erfasst. Im Bild »Künstler bei der Arbeit« pisst ein Bursche einen komplementär- bzw. lilafarbenen Urinschwall – an Löschszenarien aus Feuerwehrschläuchen erinnernd – auf eine Stafette von in die Luft gereckten Fäusten. Bisky zeigt somit Posen, die man sich bei Darstellungen im Stil des sozialistischen Realismus als ironische Brechung herbeiwünscht. Doch mit seinen Bildern geht Bisky noch weiter.

Die anfangs farbenfrohe Lust und Freude an diesen hell strahlenden Sonnenkindern in einer nur selten von abstürzenden Hubschraubern durchpflügten Naturlandschaft, wandelt sich sehr bald in Abscheu und Ekel vor dem Unauslotbaren, Unveränderlichen, Unangreifbaren, ja Unsterblichen der menschlichen Psyche. In Biskys kulissenartigen Landschaften leuchtet der Himmel durch das Gefleck der Baumkronen zum Teil wiederum in komplementär apokalyptischem Orange, diffundieren diese jenseitigen Sonnenkinder in Höllenräumen, in denen sie ihresgleichen ohne Genuss ausweiden. In einer solchen Komplementärwelt gerinnt jede mögliche Freude zur Maske, dessen leerer Blick tötet.

Die Entscheidung der Fifa für diese »Glorreichen Sieben« kann nur blauäugig gedeutet werden.

Gewiss könnte man glauben, Biskys Malerei zeige vordergründig die verkitscht schwülschwulen Rollenmodelle homosexuellen Lifestyles. Analysiert man die Zusammenhänge, muss man konstatieren, dass er sich einen eigenen gestalterischen Weg zum Kopfüber seines Lehrers Georg Baselitz in Bezug auf Figur und Raumlösungen erarbeitet hat. Die Sportler- und Jugendkluft in seinen Bildern wird zum Tarnanzug einer den modischen Diktaten unterworfenen Gesellschaft. Biskys *Perfect Match* wurde einem ästhetisch ungelenken Gremium als schlank und jugendlich machender Zerrspiegel vorgehalten. Selbst der Zynismus des Titels wurde übergangen. Schaut man auf das Bild mit dem Titel *Lichterkette* (2005) – es zeigt ein brennendes Haus, aus dem die Feuersäulen schlagen, die blonden Brandstifter ganz in der Nähe – mag man nicht wirklich an einen tragischen Haushaltsunfall denken.

Vielleicht ist es als großer Coup zu werten, ein Bild in solchem Bedeutungszusammenhang unter die Leute gebracht zu haben, zeigt es einen kritischen Blick auf das bunte Geschehen oberhalb des grünen Rasens.

Bisky, ein postmoderner Aufklärer? Wahrscheinlicher ist, dass ein Skandal á la Baselitz Pseudo-Onanie-Bild *Die große Nacht im Eimer* ausbleibt, auch einen ideologisch motivierten Ikonoklasmus wird das Bild nicht auslösen. Biskys Bildbotschaften schießen hinterrücks, verpuppen sich vom in der Luft tänzelnden Schmetterling zur alles verzehrenden Raupe. Die Fifa wird von all dem nichts ahnen. Sie wird auch in Zukunft nackt und geblendet im Reiche der Aufschneider und des Kommerzes ihre Treffsicherheit unter Beweis stellen. Immerhin, nach den Ausschreitungen hier und da, kann sie nach Lektüre dieses Textes Bisky als großen Visionär feiern.

Doch halt, lachen die drei Smiley-Kreise im Logo links unten auf dem offiziellen Fifa-Plakat nicht etwas zu großmäulig? Schade, schon wischt ein Quast Kleister drüber, ein neues Plakat erstrahlt: Schnäppchen: Goleo, der allseits sprungbereite Fußballlöwe ohne Hose und ohne Pille! *Mario Fuhse*

Harry Lehmann
Die flüchtige Wahrheit der Kunst. Ästhetik nach Luhmann
Wilhelm Fink 2006
393 Seiten, 49,90 €

Jetzt ist es raus! Der Zug Postmoderne steckt in der Werkstatt. Zumindest das theoretische Werkzeug zum Abwracken und Umbau der ICE-Dekonstruktionsgewissheit legt Harry Lehmann in seiner Doktorarbeit schon mal bereit. Und zwar soll die Umbaumaßnahme der Lok mit nicht weniger als dem Zusammenführen der beiden Mega-Reflexionstheorien gelingen: Philosophie und Systemtheorie, die bisher doch so streitbar sich gegenseitig ausschlossen. Adorno und Habermas bisher auf der einen, Luhmann und Epigonen auf der anderen Seite reichen sich nun die Hand auf der Jungfernfahrt ins Glück. Wie, man hat von einer solchen Revolution noch nichts mitbekommen? Gut, man kennt das schon. Erst einmal übernimmt die Kunst die Vorreiterrolle, später schwappt die Neuigkeit dann in die anderen Bereiche der Gesellschaft über. Wer darauf nicht Jahrzehnte warten will, lese schon jetzt *Die flüchtige Wahrheit der Kunst.*

Die Postmoderne sei die Leitkultur unserer Gesellschaft, heißt es da. Sie stelle jedes Urteil unter Dekonstruktionsvorbehalt. Die für unsere Zeit symptomatische »universelle Unterscheidungs- und Bewertungsunfähigkeit« würde uns exemplarisch durch die aktuelle Kunst vor Augen geführt. Die Postmoderne setzte sich als die unbestimmt bleibende andere Seite der Moderne.

Damit ist es nun vorbei, denn Lehmann hat den Streckenplan für die Nachfolgetheorie: »Was diese Epoche (...) ihrem Begriff nach ist, lässt sich erst von einer Nachfolgekonzeption her beurteilen, die dieses derzeit dominierende Selbstbeschreibungskonzept als die bestimmte andere Seite ihrer selbst behandeln kann, von der sie sich absetzt. Solche Nachfolgetheorien müssen universalistisch konzipiert sein, also in unserem Fall nicht nur die Schwierigkeiten, sondern auch die Wahrheitsansprüche der postmodernen Theorien mit reflektieren können.« Dazu bemüht Lehmann die gute alte Philosophie.

Sein Vorhaben besteht darin, mit Luhmann gegen Luhmann und mit aufgeklärt verzinkten Adorno-Schrauben in die Systemtheorie eine Lücke für die Möglichkeit von Gesellschaftskritik zu treiben. Das galt einmal als systematisch ausgeschlossen. Eine herausgehobene Beobachterposition gibt es nach Luhmann nicht, und der Wahrheitsbegriff ist dem profanen Wissenschaftssystem vorbehalten. Auch die Kunst wird nicht begeistert sein, ihre Eigenständigkeit wieder aufzugeben, widerspricht der Wahrheitsbezug doch grundlegend der Autonomie von Kunst.

Einen Haarriss in Luhmanns System findet der Autor in dessen Kunstidee. »Über den Aspekt der Selbstprogrammierung von Formenkombinationen wird der Kunst der Gesellschaft ein normativer Werkbegriff eingeschrieben.« Ein nicht ganz abwegiges Argument, betrachtet man Luhmanns Kunstwerk-Beispiele zur Unterstützung seiner Thesen. Doch Lehmann geht noch weiter. Die Humanmedien allgemein sind für ihn der Schlüssel zur Überwindung der beschränkten Systemtheorie.

Unter Humanmedien hatte Luhmann neben der Kunst auch Liebe, Glaube und Philosophie verstanden. Im Gegensatz zu den Kommunikationsmedien in Wissenschaft, Wirtschaft und Recht verfügen die Humanmedien über einen partikularen Bezugspol. »Die von den Medien der Funktionssysteme geführte Kommunikation schließt sich gegen die Welt ab, sie beschränkt sich auf einen Sektor der Welt, in dem sie sich entfalten und ausdifferenzieren kann, und transformiert auf diese Weise die Welt in eine spezifische Umwelt. Die Kommunikation der Humanmedien bleibt hingegen zu jeder Zeit weltoffen; sie transformiert die Welt in eine je partikulare Welt.«

An diese Konzeption der Humanmedien schließt Lehmann an und lässt den Menschen wieder rein ins System. Diesmal nicht heimlich durch die Hintertür, sondern vorne durch den Empfang, mit allen schmeichelnden Höflichkeiten. In den Humanmedien nämlich ist endlich wieder ein Verstehen im emphatischen Sinn gefragt.

Anhand der Unwahrscheinlichkeit des Kunstsystems versucht Lehmann, das Gewicht, das er den Humanmedien zugesteht, verständlich zu machen. »Das Kunstwerk benutzt auf der einen Seite die Erwartungen des Kunstsystems, um sie gezielt zu enttäuschen, und das Kunstsystem muss auf der anderen Seite gerade das Überraschungsmoment solcher Werke in seinen eigenen Erwartungshorizont einbauen. Ein solcher Prozess ist höchst unwahrscheinlich und lässt sich weder programmieren noch technisieren, geschweige denn von außen steuern.« Dass das Kunstsystem trotz seiner Unwahrscheinlichkeit dennoch existiert und funktioniert, liegt Lehmann zufolge daran, dass die Kunst ihren Sinn reflektiert und einen besonderen Weltbezug herstellt.

Um dies zu untermauern und auch um den Beweis anzutreten, dass seine Theorie im Gegensatz zu zeitgenössischen Theorien der ästhetischen Erfahrung (die als Nachfolgetheorien der Wahrheitsästhetiken angetreten sind) wieder das Zeug dazu hat, eine Werkästhetik zu sein, scheut Lehmann auch nicht vor Kunstinterpretationen zurück. Er zeigt den »Weltbezug« bei so unterschiedlichen Kunstwerken und wie Frederik D. Bunsens *Kabelkalb*, Monica Bonvicinis *Hausfrau, Swinging*, Thomas Vinterbergs *Das Fest* und Durs Grünbeins *Sonette 1*.

Der Witz der Kunst liegt Lehmann zufolge darin, vom Betrachter zu fordern, *dennoch* zu verstehen. »Das vermeintliche Misslingen der entsprechenden Kommunikation wird gerade nicht zum Anlass genommen, zum nächsten Bild weiterzugehen … Kunstwerke gewinnen über die künstlich erzeugten Unbestimmtheitsstellen ihren Wirklichkeitsbezug zurück, den sie als autonome Werke vorsätzlich verspielen.«

Dazu muss das Kunstwerk dem Autor zufolge allerdings auf Erfahrungsmuster von außerhalb zurückgreifen. »Kunst findet ihren sozialen Sinn in der Provokation neuer gesellschaftlicher Selbstbeschreibungen … der Ort dieser Kritik liegt aber nicht unmittelbar in der Lebenswelt der Menschen, sondern in der von den Humanmedien konstruierten Sphäre der Hochkultur – in der sich, wenn sie funktioniert, moderne Demokratie restabilisiert.«

Ja, da ist nun schön alles miteinander verschraubt. Elitäre Kunstauffassung, emanzipatorische Aufklärung und systemtheoretische Analyse. Harry Lehmann ist schlau genug, für seine offensive Einführung der Normativität in die Kunst und Systemtheorie keine wirkliche Begründung zu liefern. Er spricht von einem »hypothetischen Imperativ«. Und weiß Gott, er hat nicht Unrecht, wenn er glaubt, die Kunstchose darüber erklären zu wollen, dass so ein Imperativ tatsächlich in den Köpfen vieler Beteiligter rumschwirrt. Denn womit sonst ist beispielsweise das immer wiederkehrende Beklagen des Ausverkaufs im Kunstbetrieb zu verstehen?

Doch natürlich kommt auch die systemtheoretisch aufgepeppte Philosophie wieder mal zu spät. Mag es den Künstlern und Kunstbetrachtern bzw. -käufern in ihrem Selbstverständnis auch nicht um Lehmanns emphatischen Begriff von Wahrheit gehen, parasitär nutzt das System Kunst ihn längst. Sei es als Stilisierung einer romantischen Künstlerfigur, als besserwisserische Avantgarde oder als symbolisches bzw. ökonomisches Alleinstellungsmerkmal. Im Gegensatz zur Wahrheit hat die Postmoderne allerdings, anders als Lehmann dies behauptet, keinen Zeitkern. Wir werden sie so schnell nicht wieder los.

Gustav Mechlenburg

Donald Barthelme
Der König
Urs Engeler Editor 2006
160 Seiten, 17 €

In seiner Multimediainstallation »Rats and Bats« von 1988 bietet Bruce Nauman eine seltsame, weil schwer nachvollziehbare Handlung zur Beurteilung an. Ein langhaariger Typ schlägt wie besessen auf einen Sack ein, und er macht nichts anderes. Im Untertitel der Arbeit Naumans ist von »Learned Helplessness« die Rede. Auch der Betrachter weiß im Grunde nicht, wie es weitergehen könnte. Auch er macht auf seine Art weiter. Dabei gab es einmal eine Zeit, wo Draufhauen durchaus sinnvoll war und sogar zu Anerkennung führte. Aber weit weg sind die heroischen Tage des Kampfes zwischen Mann und Mann. Und selbst in der ritterlichen Ära des Mittelalters scheinen sich Zweifel an der Prädominanz dieser körperlichen Aktion gemeldet zu haben, wie uns einer der Recken in *Der König* bereitwillig mitteilt: »Ich verbringe mein ganzes Leben damit, auf etwas draufzuhauen«, sagte Lanzelot. »Ist das die beste Lebensweise?« Der Leser hat es hier jedoch nicht nur mit einer einfach gebrochenen, sondern mit einer mindestens doppelt gebrochenen Figur zu tun, denn dieser Lanzelot spricht nicht in einer modernen Übersetzung eines mittelalterlichen Epos, sondern scheint gerade selber auf einer Bruce-Nauman-Show gewesen zu sein, die ihm diesen larmoyanten Satz eingab. *Der König* ist Donald Barthelmes letztes Buch, postum herausgebracht, 1990, ein Jahr nach seinem Tod. *Der König* ist weder Epos noch Roman, er ist eine zu 99 Prozent aus Dialogen bestehende Nummernrevue, die es an Unterhaltsamkeit, Witz, Eleganz und Kurzweiligkeit mit so ziemlich allem aufnehmen kann, was in der letzten Zeit publiziert worden ist. Und was gibt es Interessanteres, als weit voneinander entfernte Zeiten direkt aufeinander prallen zu lassen. Nicht wir als Leser steigen ein in die Zeitmaschine, sondern der Autor lässt die alten Recken einfach ein bisschen länger leben, sodass König Artus mit seiner Runde sich den Kopf darüber zerbrechen darf, wie in Zeiten der Moderne noch ehrenhaft gekämpft werden kann. Der Gral mutiert hier zur Atombombe, die der König aus moralischen Gründen strikt ablehnt, noblesse oblige. Hin und wieder stoßen die Ritter auf ihresgleichen, und dann hauen sie wieder, bis die Fetzen fliegen, und am Ende steht meist Freundschaft. Natürlich sind das Marginalien im Vergleich zu dem auf der Höhe der Zeit stehenden Verbreiterungsmedium des Rundfunks, dessen aktive Nutzer ohne die Mühe körperlichen Einsatzes den letzten Schrott in die Hirne aufnahmewilliger Zeitgenossen hämmern wie etwa der Deutschland-freundliche Pamphletist Haw-Haw oder der aus dem Leben gegriffene Ezra (=Pound), einer dieser zahlreichen Intellektuellen, die sich nicht zu schade waren, den antisemitischen Blödsinn nachzuplappern. Natürlich sind auch Ritter nicht vollkommen. Aber immerhin hatte man damals noch nicht ein so beschränktes Verständnis von Liebe, das sich auch um 1940 noch nicht dem bürgerlichen Tugendkatalog zu unterwerfen gedenkt. Diese Ritter machen das, was ihnen Spaß macht. Öffentliche Meinung? Kennt man nicht. »Schließlich und zusammengefasst, Abstrahieren und auf das Wesentliche Reduzieren ist, was ein König tut ...« Knapper und besser kann man es nicht formulieren, was Donald Barthelme auf diesen 170 Seiten tut, er ist ein Minimalist im postmodernen Gewand, aber es ist nicht die textuelle Postmoderne, die Barthelme selbst zum Beispiel im *Toten Vater* zum Besten gab (mit dem Ergebnis, unlesbar zu sein), sondern eher die situative Variante der narrativen Postmoderne eines John Barth, zusammengezurrt auf das leserfreundliche Format eines mittellangen Comic. Man muss diesem König nicht huldigen, aber er verdient alle Leser.

Dieter Wenk

FRANCIS PONGE
Im Namen der Dinge

»Mich persönlich stören Zerstreuungen; im Gefängnis, in der Zelle, allein auf dem Lande langweile ich mich am wenigsten. Überall sonst, was ich auch tue, habe ich den Eindruck, meine Zeit zu verlieren. Doch der Reichtum der Aussagen, die im geringsten Gegenstand verborgen sind, ist so groß, daß ich noch keine Möglichkeit sehe, von etwas anderem zu sprechen als von den einfachsten Dingen: einem Stein, einem Grashalm, dem Feuer, einem Stück Holz, einem Stück Fleisch.«

Einführungen in den Kieselstein, Francis Ponge, S. Fischer 1986

Ich entdeckte den unverstelltesten aller Dichter, Francis Ponge, Anfang der 80er Jahre, als Pop einmal mehr seine Blütezeit hatte, wir tagsüber in den Cafés saßen, nachts auf Konzerte gingen, auf der Suche nach dem Dreh für den Schlüssel, die Schlüsselreize, die den Bewegungen der Gesellschaft ein paar hyperventilierende Umdrehungen und Momente zufügen sollten.

Nichts schien damals so fern, als sich mit einem Mann zu beschäftigen, der sich den kostenlosen Dingen verschrieben hatte: dem Regen, den Steinen, dem, was auf den Weg fällt und liegt.

Mit diesem Vorhaben vermittelt Ponge ein neues Begegnen mit den Dingen, ein neues, direktes Erleben, hervorgerufen durch S.p.r.a.c.h.e.

Entstanden durch Zu-Wendungen und Hingabe an das genaue Sehen statt durch Schnelligkeit, Overflow und das, was heutzutage »Kommunikation« genannt wird.

***

Regen

»Mit sehr unterschiedlichem Gang kommt der Regen herab, in den Hof, wo ich ihn fallen sehe. Mittendrin ist er ein feiner, diskontinuierlicher Vorhang (oder Netz), ein unversöhnlicher, doch relativ langsamer Fall vermutlich ziemlich leichter Tropfen, ein immer währendes Herabstürzen ohne Nachdruck, ein sehr feines Zerbröckeln des reinen Meteors. In geringer Entfernung von den Mauern rechts und links fallen geräuschvoller die schwereren, vereinzelten Tropfen. Hier sind sie an Größe einem Weizenkorn gleich, dort einer Erbse, anderswo fast einer Murmel. Über Steinleisten, über Fensterbleche läuft der Regen waagerecht, während er sich an der Unterfläche dieser Hindernisse in konvexen Karamelbonbons hängt. Über die ganze Oberfläche eines kleinen Zinkdaches in Blickhöhe rinnt er als sehr dünne Schicht, schillernd infolge der höchst mannigfaltigen Strömungen, welche die unmerklichen Wellen und Buckel der Bedachung verursachen. Von der angrenzenden Traufe, die er mühsam wie ein tiefer Bach ohne großes Gefälle durchfließt, stürzt er jäh als ganz senkrechter, ziemlich grob geflochtener Wasserfaden zu Boden, wo er zerplatzt, doch wieder aufspringt in kleinen, glitzernden Nadeln.

Jede seiner Formen hat einen besonderen Gang; ihm entspricht ein besonderes Geräusch. Das Ganze lebt mit der Intensität eines komplizierten Mechanismus, präzis und verwegen, wie ein Uhrwerk, das vom Gewicht einer bestimmten, sich niederschlagenden Dampfmasse getrieben wird.

Das Schlagwerk der senkrechten Wasserfäden am Boden, das Gluckern der Traufen, die winzigen Gongschläge vervielfachen sich und tönen gleichzeitig wider in einem Konzert ohne Monotonie, nicht ohne Zartheit.

Hat sich die Uhrfeder entspannt, drehen bestimmte Rädchen sich eine Zeitlang weiter, mählich verlangsamt, bis die ganze Maschinerie stockt. Kommt nun die Sonne hervor, verschwindet das alles alsbald, der glitzernde Apparat verdunstet: es hat geregnet.«

***

Jean-Paul Sartre schrieb: »Begegnet man ohne Vorurteil dem Werk von Francis Ponge, so ist man versucht zu glauben, aus einer besonderen Zuneigung zu den »Dingen« habe er es unternommen, sie um jeden Preis zu beschreiben, das heißt mit Wörtern, mit allen gebräuchlichen, abgegriffenen, ausgelaugten Wörtern, so wie sie sich dem naiven Schriftsteller anbieten, eine x-beliebige Farbskala auf einer Palette ... Seine Leidenschaft, sein Laster galten dem unbelebten, materiellen Ding. Dem festen Körper. Alles bei ihm ist fester Körper: angefangen bei seinem Satz bis hin zu den tiefsten Gesteinslagen seines Universums. Wenn er den Mineralien menschliche Verhaltensweisen verleiht, so, um die Menschen zu mineralisieren. Vielleicht ist es erlaubt, hinter seinem revolutionären Unterfangen einen großen nekrologischen Traum zu ahnen, nämlich den, alles, was lebt, in das Leichentuch der Materie einzuhüllen, zumal den Menschen. Alles wird unter seiner Hand zum *Ding,* inbegriffen und vor allem seine Gedichte. Und sein letzter Wille ist, daß diese ganze Zivilisation mit ihren Büchern eines Tages wie eine gewaltige Leichenstätte aus Schalentieren den Augen eines Überaffen erscheint, Ding auch er, der die Residuen unseres Ruhms zerstreut durchblättern wird.« (1944)

***

Eine romantische Vorstellung, diese Nachwelt-Fantasie

Ponge schrieb in den 20er Jahren auch kurze »Satiren« wie »Der Monolog des Angestellten«, »Liebenswürdige Ansprache an den Industriellen« und »Der geduldige Arbeiter«. Das in einer verblüffend simplen Prosa. Zu Hochform aber lief er in zärtlichen Betrachtungen von Dingen auf. Ich meine Sätze wie: »Die Molluske ist als *Wesen – fast eine – Eigenschaft.* Sie braucht kein Gebälk, nur ein Bollwerk, etwas wie Farbe in der Tube.«

Die Kurzprosa-Miniatur mit dem unglaublichen Titel »Die Bäume verlieren ihr Laub im

Innern einer Nebelglocke« wartet mit einem besonderen Gedanken auf: »Von Kindesbeinen an ist der Verzicht auf ihre lebendigen Werte und auf Teile ihres Körpers für Bäume ein geübter Brauch.«

In Ponges Texten existiert eine Fülle an genialen Wendungen und durchdringenden Entdeckungen.

***

Die Kerze

»Manchmal entzündet die Nacht eine seltsame Pflanze, deren Schein die möblierten Zimmer in Schattenmassive zerteilt.

Ihr Goldblatt steht in der Höhlung eines Alabastersäulchens reglos an tiefschwarzem Stiel.

Die zerlumpten Falter bestürmen sie gern bei allzu hohem Mond, der die Wälder verdunsten läßt. Doch versengt sogleich oder erschöpft vom Tumult, schaudern sie alle am Rand einer Raserei, die der Betäubung gleicht.

Die Kerze indes, durch schwankenden Schein auf dem Buch, macht dem leser unter jähem Entweichen des ihr eigentümlichen Rauches Mut, – dann neigt sie sich über ihren Teller und ertrinkt in dem, was sie speist.«

***

Als Musikjournalist beim Schreiben-über gewohnt, eine Band zum Gegenstand einer überhöhten und überhöhenden Betrachtung zu machen, sie auf ein Podest zu stellen, gefiel mir die Genauigkeit und Distinktion, die Zurückhaltung, die respektvolle Annäherung und das disziplinierte Einführen, in der Ponge Gegenstände beschrieb und zum Erklingen brachte, obwohl Ponge über Deskriptionen weit hinaus ging. Sein Text stellt sich an die Stelle des Objekts, weil dieser selbst zu einem Gegenstand wird. Ponges Interesse galt nicht den Beurteilungen und psychischen Zuständen.

Ponges verfasste auch kunstbezogene Texte, die 1967 unter dem deutschen Titel *Texte zur Kunst* bei Suhrkamp veröffentlicht wurden. Er widmete sich darin Künstlern, die Objektbezüge in den Mittelpunkt ihrer Arbeit stellten.

Clemens Krümmel entdeckte in seiner Ponge gewidmeten Betrachtung »Verdichtung und Gegenstand« (erschienen in *Texte zur Kunst* Nr. 48) ein »mögliches Gegenmittel gegen eine kunstkritische Schreibweise, die sich ganz selbstverständlich immer wieder über ihren Gegenstand hinwegzusetzen und in freischwebenden Debattierton zu verfallen scheint.«

***

Peter Handke legte mehrmals Hand an die Texte des Dichters. Zum Beispiel, als er die *Kleine Suite des Vivarais* und das *Notizbuch vom Kiefernwald* ins Deutsche übersetzte.

***

»Befreien wir die Blume, um
uns zu befreien.
Ändern wir die Ansicht über
sie.
Heraus aus dieser
(Blüten)Hülle:
Heraus aus dem *Konzept,* das
sie geworden ist,
Durch devolutive Revolution,
Überlassen wir sie wieder,
unbestimmt, dem,
was sie ist.
– Was ist sie denn?
– Nun, offenbar: ein *Konzeptakel*
(Balgkapsel, Fruchtbehälter)

Es geht um den Versuch
einer Re-Initiation.

Damit ein junges empfindsames Gemüt, weil mein Text (der eben hier sich schreibt) es von vornherein gegen einen derart gewaltsamen Anschlag auf seine Sensibilität immunisiert hat, nicht von der erstbesten Blume, die es bewußt wahrnimmt, *erschlagen* wird.«

Änderung der Ansicht über Blumen

***

Das 2005 bei Urs Engeler Editor erschienene Buchprojekt *Änderung der Ansicht über Blumen*, ein Dossier im Faksimile, ist ein Zauberkessel Buntes an Unvollendetheit und Unvollendbarkeit. 1954 begann Ponge in Paris ein kariertes Spiralnotizheft mit Notizen und (Auf-)Zeichnungen im Hinblick auf ein kommendes Buch zu füllen, die kein Ende fanden und das Scheitern des Vorhabens beschrieben. »Als löste die Änderung der Ansicht über Blumen auch eine Änderung der Ansicht über *Worte,* über *beeindruckende* Worte wie über *Worte im Druck* aus, denen die Aufgabe anheimgestellt war, die Änderung der Ansicht über

Blumen zum Ausdruck zu bringen«. So der Herausgeber Thomas Schestag im Kommentar und Essay zum Projekt Francis Ponges. »Das vorliegende Buch (ein Buch am Rand all dessen, was jemals *als Buch* gegolten hat)« wurde von einem der bedeutendsten französischen Dichter des 20. Jahrhunderts hinterlassen.

Wer jemals dachte, er beschäftige sich mit den Möglichkeiten von Wort(spiel)en, ihren Abstammungen in verschiedenen Sprachen und dem Durchschimmern-Lassen von Verzweigungen ihrer Bedeutungen und Konnotationen, wird hier erfahren, welche unglaubliche Bandbreite ein solches Unternehmen annehmen kann.

Carsten Klook

Francis Ponge wurde am 27. März 1899 in Montpellier geboren. Studium der Literatur und Rechtswissenschaft ohne Abschluss. Erste Zeitschriftenveröffentlichung 1921, erste Buchveröffentlichung 1926: *Douze petits Ecrits.* Zwischen 1928 bis 1930 näherte er sich der Gruppe der Surrealisten und unterzeichnete das zweite surrealistische Manifest, »Der Surrealismus im Dienste der Revolution«, an der Seite von Breton und Aragon. Er arbeitete als Buchhändler, wurde 1937 wegen der Organisierung eines Streiks entlassen und trat der Kommunistischen Partei bei. Ponge wurde zu Kriegsausbruch eingezogen und kam als Flüchtling nach La Suchère, wo er *Le Bois de Pins* schrieb. 1942 erschien bei Gallimard *Le Parti Pris de Choses.* Ponge wurde Lokalredakteur. Nach Kriegsende nahm er die Einladung Aragons an, das Feuilleton der Wochenzeitschrift *Action* zu leiten, zog sich 1947 aber aus diesem Amt und aus der Partei zurück und lebte einige Jahre in äußerster Armut. 1958 weigerte er sich, sich an den Kundgebungen gegen de Gaulle zu beteiligen. 1962 erschien eine (vorläufige) Gesamtausgabe bei Gallimard, 1965, und 1968 die ins Deutsche übersetzte und bei S. Fischer veröffentlichten Bände *Lyren* und *Stücke, Methoden.*

Ponge trat als Professor der Alliance Française bei, der er bis 1964 angehörte. Er stand u. a. in Kontakt zu Albert Camus und Jacques Derrida. Am 6. August 1988 starb Francis Ponge in Bar-sur-Loup, Haute-Provence. Er veröffentlichte über 27 Bücher.

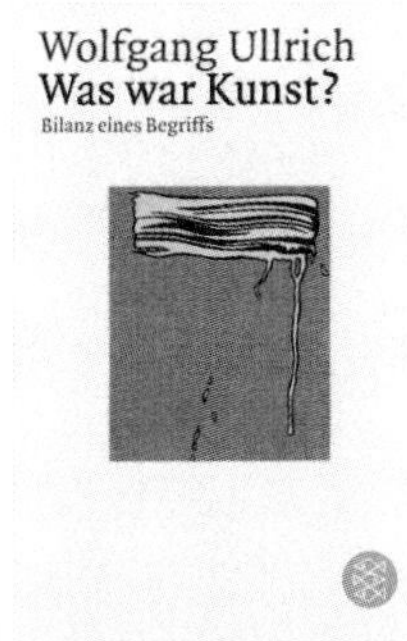

Wolfgang Ullrich
Was war Kunst?
Fischer Taschenbuch 2005
281 Seiten, 13,90 €

Bilder auf Weltreise.
Eine Globalisierungskritik
Klaus Wagenbach 2006
140 Seiten, 19,50 €

Wohltönender Unsinn, regalmeterlang. Kunstgeschichte als eine Historie anthropologischer Entwürfe ist voll gestopft mit Schlachtrufen: Ewigkeit! Unschuld! Authentizität! Mimesis! Ende der Kunst, Anfang des Weltgeistes. Ewig plätschern die Diskurse.

Wolfgang Ullrich ist der Bademeister dieser geistesgeschichtlichen Wellness-Oase aka Bildende Kunst. Mit nüchternem Blick verfolgt er die dicke L'art pour l'art mit dem zu knappen Oberteil, die nun schon zum hundertsten Mal die kleinen, mageren Schreihälse aus der zerrütteten Familie »erweiterter Kunstbegriff« und »Kunstwollen« vom Beckenrand verdrängt. Ullrich ist unparteiisch, er kennt seine Pappenheimer. Visionen der Reinheit sind im Becken gestattet, saubere Fingernägel haben hinterher sogar die, welche ex negativo verfahren und alles Überflüssige weglassen wollen, um zu sehen, ob noch etwas übrig bleibt. Das Becken ist davon kein bisschen leerer geworden.

Das Becken ist wasserdicht und hat keine Durchlässigkeit in andere Systeme. Kein anderes System konstituiert seine Relevanz so heftig über die Idee übergreifender Strukturen. Und kein anderes System ist derartig verblendet, was die Wirksamkeit der Bemühungen betrifft. Es interessiert nämlich niemanden.

Ein sehr schönes Bild des amerikanischen Malers Mark Tansey (1981) zeigt eine Milchkuh im Museum beim Betrachten des Bildes »Der junge Bulle« von Paulus Potter. Es ist ein Test. Reagiert die Kuh auf den Bullen? Sechs Männer in Straßenanzügen erwarten gespannt das Ergebnis des »Innocent Eye Test«. Reagiert die Kuh weder auf Monets Heuhaufen noch auf Potters Jungbullen, dann verlangt die Kuh wohl nach synästhetischeren Ereignissen, reagiert sie doch, dann gibt es also das unschuldige Auge bei Kühen – tja. Bringt das die Forschung voran?

Wolfgang Ullrich berichtet derlei Kuriositäten mit freundlich ironischer Anteilnahme. Mit seiner Hilfestellung gelangt man sicher durch die schäumenden Wogen der Kunsthistorie. Sogar dem Kopf-an-Kopf-Rennen des Apollinischen und des Dionysischen attestiert Ullrich lediglich das Prädikat »gemischtes Doppel«.

Leidenschaftliche Kunstverehrung bildet man nach dieser Lektüre nicht heraus, wohl aber lässige Übersichtlichkeit mit Sand in der Badehose. Das ist viel wert in der Flut der Affirmationsschwelgereien, juckt aber unangenehm. Kunst ist nur so weit für die Gesellschaft interessant, als man an diesem System ein ausgeklügeltes Machwerk von gegenseitigen dithyrambischen Hagelschadenversicherungen ausmachen kann. Funktioniert die Hingabe nicht mehr, wird eben Tabula rasa gemacht, um danach der Wiederkunft der Hermeneutik zu frönen. Pack die Badehose ein!

Gustav Mechlenburg und Nora Sdun

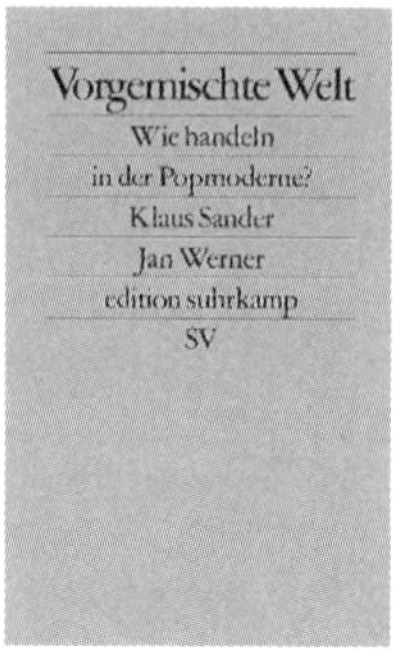

Klaus Sander, Jan St. Werner
Vorgemischte Welt
Suhrkamp 2005
232 Seiten (mit CD), 12 €

VORSICHT, SPURRILLEN!
Haben sie nicht Diedrich Diederichsen gelesen? »Die Pop-Musik lebt davon, dass junge Spinner, die eigentlich doch noch gar nichts wissen können, auftreten, als wüssten sie alles – und damit durchkommen.« So viel Abstand mit Humor wäre möglich, ist aber nicht gefragt. Es geht um etwas anderes. Wie kann man drinsein, rausgucken und am Ruder drehen. Aber mal von vorne.

SPUR 1
Zwei, die es wissen müssen: Klaus Sander, Gründer des Audiolabels supposé, und Jan St. Werner, Musiker (Mouse on Mars), im Dialog über elektronische Gegenwartsmusik. Analysieren, vergleichen, unterscheiden, explizieren ihre Urteile, Ansichten, Überzeugungen, suchen verbindliche Antworten.

Als Gäste: Dietmar Dath, Matthew Herbert, F.X. Randomix, Klaus Theweleit, Oswald Wiener.

Der Plot: Die Verfügbarkeit von Musik-Hard- und -Software,

Sounds und Presets hat eine unüberschaubare Musikproduktion ausgelöst, für deren überwiegende Nichtigkeit geblendete Kritiker und Rezenenten kein Sensorium mehr mitbringen. Die Technologie ist intransparent. Die »Sachbearbeiter« am elektronischen Equipment dürfen sich ungehindert zu Künstlern erklären. Ihre Sounds sind referenziell, selbstreferenziell und hochkomplex in immer raffinierteren Verweisungssystemen – »ein Rausch an Bezugsmustern«. Die Hörer lassen sich auf die Rolle von Bescheidwissern festlegen, »und wenn du einen Namen nicht kennst, bist du draußen …«. Die technischen Rahmenbedingungen – die Presets – simulieren höchstens Kreativität. Die Programme können nur im Rahmen fester Vorgaben verändert werden. Das Medium lässt nur seine eigene Botschaft durch – vorgemischte Welt.

SPUR 2. KNOCK KNOCKIN' ON HEAVENS DOOR

Sanders und Werners Utopie ist eine voraussetzungslose Musik. Sie suchen das Musikrezept jenseits der Maschinenrezepte. Aus Sicht des Musikers seien die kognitiven Prägungen, die beispielsweise das Üben am Klavier hinterlässt, nachteilig. Wer später »seine eigene« Musik machen wolle, müsse den Ballast erst wieder loswerden, und das sei den Ergebnissen anzuhören. Auf Seiten des Hörers gehen sie der Frage nach, ob die Strukturen der Musik »objektiv vorhanden« sind oder »hineinprojiziert« werden. Und wenn, müsste dann nicht jede Kommunikation über Musik sowieso unmöglich sein? Für den Kritiker schließlich wünschen sie sich Klarheit über die alte Frage: Wie lässt sich das Richtige vom Falschen unterscheiden? Klaus Sander, dessen Kunstbegriff sich in der Idee einer »eigenen neuen Richtung, in die sonst keiner geht« manifestiert, sehnt sich nach Regeln, »über deren Berechtigung man sich verständigt und einigt«. Warum ist Kunst keine Naturwissenschaft oder Mathematik? »Ich habe das und das Problem gelöst, ob ihr das jetzt begreift oder nicht, nach den Regeln der Mathematik ist es so.« Auch ein Effizienzgedanke lässt sich dabei nicht ganz von der Hand weisen. Es soll Kunst werden, aber man hat eigentlich nicht viel Zeit. Lässt sich die langwierige, kontingente und fallible Kunstproduktion nicht ein bisschen besser unter Kontrolle bringen?

Gegen den Begriff des Geschmacks haben Sander und Werner Vorbehalte wie gegen den der Kreativität. Und wenn schon die ästhetische Urteilskraft sich beständig täuschen lässt, gibt es nicht vielleicht körperliche Schnittstellen, die Musik ungefiltert und echt durchlassen? Was lässt sich mit einem Wort wie Ergriffenheit anfangen?

Und während sie zunehmend darüber verzweifeln, dass im Reich der Kritik keine messbaren Ergebnisse zu erzielen sind, merken sie nicht, dass sie das einzig Mögliche ausdauernd und passioniert tun: kritisieren.

Manchmal resultiert Verwirrung aus begrifflicher Unschärfe. Dass Musik keine Sprache ist, während sie doch über Musik sprechen, sollte eigentlich kein allzu großer Widerspruch sein. Und der Möglichkeit, zwischen Gebrauchsmusik und Avantgarde zu unterscheiden, steht offenbar der in *Vorgemischte Welt* viel geschmähte Pop-Diskurs im Weg. »Ich kann inzwischen alles so darstellen, dass es für einen entsprechenden Zielkontext interessant zu sein scheint«, erklärt Sander und möchte damit zum Ausdruck bringen, dass ihn solche Tricks nicht beeindrucken.

Klaus Theweleits Beispiele bringen konkrete Anhaltspunkte ins Spiel, entstammen aber zumeist dem Umfeld von Musikern, die es noch mit Instrumenten zu tun hatten. Nichtsdestotrotz ergeben sich daraus interessante Blickwinkel. Was heißt es, Musik am Computer zu erzeugen? Was daran desorientiert das Urteil der Kritiker? Was ist die Macht und Faszination von Musik und wie wird sie sich schließlich in Computersound übersetzen? Mit seinem Fazit, reden über Musik schaffe keinen Erkenntnisgewinn, konterkariert Theweleit die Bemühungen überraschend. Aber seine Grundidee gibt zu denken: Musik braucht einen Gedanken.

SPUR 3. LOST IN MUSIC

Die Dialoge dümpeln nur selten so im Unbestimmten rum. Sie nehmen schnell Fahrt auf, verdichten sich, und Sander/ Werner arbeiten sich, aus Eifer oder Erschöpfung, stellenweise in bedrohliche Verspannungen hinein. Hier ruft einer empört »Das ist scheiße!« und zwei Sätze später: »ist mir auch egal«. Auf plötzliche Einsichten folgen rhetorische Kapitulationen. Ü-40-Leser seien gewarnt. Die Beklemmungen im hermetischen Gesprächsfeld bergen durchaus gesundheitliche Risiken. Der Text dokumentiert die Angst, es könnte jemand schneller sein, als Produktionsbedingung von Gegenwartsmusik. Angst, dass »die Sache mal zum Halten kommt und man sie nicht mehr ans Laufen kriegt«. Angst, weil die Jüngeren den Älteren beständig auf den Fersen sind. Welchem Betriebsdruck ist man ausgesetz.

Man könnte sich entziehen und das alles ausblenden, aber lieber fände man Kriterien für einen sozusagen geordneten Rückzug in planmäßige Ignoranz. Denn nichts ist schlimmer als Unwissenheit. Über die Tabus der Informationsgesellschaft lässt sich einiges lernen und nebenbei entwerfen die Autoren überraschende Instant-Ethiken: »Man müsste ignorant sein und gleichzeitig offen.« An solchen Stellen wird das Thema nebensächlich. Man braucht von elektronischer Musik nicht viel zu wissen, um zu verstehen, worum es geht. Möglichkeiten und Bedingungen ästhetischer Urteile überhaupt und deren Angemessenheit auf einem Terrain, das zwischen Gebrauchsmusik und Avantgarde schlichtweg alles hervorbringen kann – natürlich immer wieder Pop.

Sander/Werner nehmen ihr Projekt ernst, gehen gegen die Korrumpierung ihrer Überzeugungen vor und begeben sich in widerstrebende Regungen zwischen Wut und Abkehr. Und dann finden sie doch wieder einen Weg. Ihre Sackgassen sind so erhellend wie die Auswege. Gerade das Unfertige, Dialoghafte gibt dem Text seine Wirkung, der kein vorgefertigtes Pamphlet theoriefester Kunstretter ist – auch diese Presets bleiben draußen.

SPUR 4.
THE FRANKFURT LOOPS

Der prozessuale Charakter des Textes geht auf. Am Ende rächen sich aber einige anfangs nicht gelöste Fragen und wir fallen weit hinter frühere Einsichten zurück. In ihrer Kritik an der »nicht enden wollenden Masse an Kulturmüll, der alles zuschmiert und verstopft« klingen die Herausgeber manchmal wie Horkheimer/Adorno auf der Parkbank vorm Seniorenstift. Insbesondere Klaus Sander legt einen fundierten Pop-Ekel an den Tag. Bei der Kunst terminologisch noch nicht angekommen, kann man sich vom Pop schon mal mit Verve abstoßen. Er befindet, über Erfolg und Misserfolg der Klangerzeugnisse sei von Anfang an entschieden. »Die brutalste Form von Vorgemischtheit« ist der Betrieb. Was in den Läden steht, hat schon so viele Filter passiert. Die aktuelle Spiralwindung der Kulturindustrie ist ihre Privatisierung und Individualisierung in Form der Ich-bin-Künstler-AGs mit Notebook und Kopfhörer.

Anders als Klaus Theweleit bestärkt Oswald Wiener die Jüngeren darin. Seine Quintessenz lautet: Verweigerung ist das Einzige. Er gibt sich seine Stichworte selbst. Stil. Sinn. Mit Wiener nimmt der Dialog einerseits Platonsche Züge an, wird zum Lehrstück und führt gelingende Dialektik vor. Seine Direktheit ist äußerst hilfreich. Aber am Ende kippt dieser Effekt in eine Vogelperspektive, die alles einebnet und dann klagt, unten sei es so fad. Kulturfatalismus wird zum Schluss in den Vordergrund gemischt:

»Was mich so beleidigt an unserer Musik …«, beklagt sich Wiener. Er »muss in die Straßenbahn, und da sitzen mindestens zwei oder drei Leute mit Kopfhörern, und ich kann nicht umhin, diese Schwingungen wahrzunehmen.« Wer kein Geld fürs Taxi hat, ist »dieser Pest ständig ausgeliefert, was zum Teil große Selbstbeherrschung erfordert« – (»Diese tragbaren Telefone…«).

Gegen das Einerlei des Betriebs bringt Wiener die sensomotorischen Reflexe des Autofahrens, lateinische Zitate und Sigmund Freud ins Spiel. Grammatik und Körper. Ergriffenheit, Geschmack, Beatles und Schrödinger. Die Rache der kulturphilosophischen Mobilmachung ist aber ihre komplementäre Banalität: »Duchamp.« – »Genau.« – »Beethoven … Debussy.« – »Ja.« – »Oder Messiaen.« – »Ja, genau!« – »Mein Reden«. Ein Dialog im Fäulnisstadium, der am Ende nur ein Thema hat: Jeder redet über sich. Dieses Schlusswort hat das Projekt nicht verdient.

SPUR 5.
ZURÜCKSKIPPEN

Es ist das Verdienst von *Vorgemischte Welt*, dass Klaus Sander und Jan Werner sich nicht damit abfinden, dass in Fragen der Kunst und des Erfolgs kulturpolitisch vorgefertigte Willkür herrscht. Abgeklärt sind sie nun wirklich nicht. Und bereit, noch jeden »Spinner« erst mal für voll zu nehmen.

Aber wo am Anfang hinterfragte Gewissheiten stehen, ist am Ende alles ungewiss, und es wird auch nicht mehr danach gefragt. Sinnlosigkeit und Signifikanz treffen sich an den Polen, hier und da grüßen die Grenzen des wörtlich Vermittelbaren.

Der Leser hat dem Text schließlich etwas voraus. Für ein faires Urteil über *Vorgemischte Welt* muss man sich auf Start begeben und die Spur wieder überspielen, die er gelegt hat.

Ralf Schulte

Werner Kofler
Triptychon
Am Schreibtisch, Hotel Mordschein, Der Hirt auf dem Felsen
Deuticke 2005
464 Seiten, 24,90 €

Schubert – nein Schumann, die Geierwally beim Tête-à-tête mit einem hochrangigen NSDAP-Mitglied im Adlerhorst, der Regen prasselt an die Scheiben. Es ist ein heißer trockener Tag im August.

Drei Prosastücke Werner Koflers in einem Band erzeugen ein grausiges Durcheinander im Kopf des Lesers. Kofler rührt das nicht. Hier wird abgerechnet, runtergezählt und abserviert. Hier wird Text neben die Wirklichkeit gestellt, alldieweil die anderen brav den Kunstliteraturrasen mähen.

Gepackt von den Ideen des innovativen Fremdenverkehrs, besonders in Österreich, rüstet sich Kofler zu einer dramatisch komischen Expedition, es geht um nichts weniger als die Beschriftung der Welt. Aber ständig kommt etwas dazwischen. Kofler macht sich mit einer Gruppe von Vormärzautoren und ihren Helden auf, die Frauen Goethens zu besteigen, um endlich von diesem Ausguck Literaturgeschichte zu schreiben. Platz da! Allerdings verhindern Briefe von Kafka, Rilke und Robert Walser das zügige Durchqueren des großen kollegialen Biesterfeldes. Ein Briefmarkenroman schiebt sich vor die vorherige Aussicht, verzettelt sich in philatelistisch philologischer Zähnchenwetzerei und wird von der naturwissenschaftlichen Studie »Dichter beim Zahnarzt« abgelöst.

Werner Kofler gehört zu den Autoren, die heftig und rücksichtslos in ihren Texten wenden und rangieren. Er sitzt am Steuer eines Literaturautoskooters und rammt den Leser gegen jede mögliche Bande.

Es prasselt Hausmärchen, Kriminalstücke und Romananfänge, Verwechslungs- und Liebesgeschichten, die nach wenigen Sätzen von Reflexionen des Autors über den Autor unterbrochen werden. Denn dieser stellt mit Bestürzung fest, dass er in kleptomaner Neigung in den Lagerraum eines fremden Autors eingedrungen ist. Schon seit drei Seiten ist er dabei, im Keller eines Alpenhauses den Ton Thomas Bernhards zu persiflieren, und zwar sehr gut. Ja, »Es wird sich schon noch zeigen, wer der wahre Landarzt ist«. Es ist außerdem Folgendes anzunehmen: Immer wenn ein Rezensent den Namen Thomas Bernhard im Zusammenhang mit dem Autor Werner Kofler nennt, werden irgendwo in Wien, im Hause Kofler, Tintenfässchen, Computer und Schmelzkäse im Zorn durch die Luft geschleudert werden.

Die Prosastücke Werner Koflers sind nichts für zarte Gemüter und auf konsistente Texte abonnierte Leser. Zu barsch und spöttisch ist der Umgang mit allem, was die Kulturproduktion der letzten 500 Jahre hervorgebracht hat. Aber für Leser, die gern laut, dreckig und grundlos lachen, denen der Assoziationsamok nicht wüst genug sein kann, ist *Triptychon* eine große Freude.

Nora Sdun

Mathias Brütsch u. a. (Hg.)
Kinogefühle
Emotionalität und Film
Schüren 2005
Zürcher Filmstudien 12
240 Seiten, 24,90 €

Rein ist schon mal überhaupt nichts. Auf den Nachbarn muss man nicht lange warten. Man hat ihn sich nicht ausgesucht. Als Hilfestellung für Dritte wird dann gerne ein Sammeletikett bemüht, zum Beispiel im Museum. Da liest man knapp unter der Decke in schwarzen Balken Logos wie »Auflösung«, »Fluchten« oder »Widerstand«. Das müssen sich alle Beteiligten, also Bilder, Skulpturen etc. und Besucher gefallen lassen. Die schwarzen Lettern sprechen von Dingen, die selbst nicht erlaubt sind in den heiligen Hallen, die es ja doch nach wie vor sind. Man darf diesen Schwachsinn nicht übersprühen. In konzeptuell gehaltenem Zorn geht man nach Hause.

Im Kino hat man's immer noch einfacher. Da sind die Balken einfach Zwischen- oder Untertitel und gehören mit zum Spiel der Orientierung und Unterhaltung. Beim Sprechen und Schreiben über Filme als Kino-Kuratierung kann das schon wieder anders aussehen, in Sammelbänden betritt man wie in verschrifteten Museumsräumen Sektionen, die nicht bloß »Kapitel eins« usw. heißen, sondern Lemmata-Konvois erzeugen als Gefühlswanderstab (wie in diesem Band), der die einzelnen Beiträge der Sektion durchsteppt. So ist die erste, vier Artikel hortende Sektion mit »Entfaltung Rührung Attraktion« überschrieben. Man geht recht in der Annahme, dass hier auch ein Artikel zum Melodrama (»Rührung«) zu finden ist. Am attraktivsten in diesem Beitrag ist sicherlich die außerfilmische Einsicht, dass die Rede vom »Blitz der Erkenntnis« eine »berühmte Metapher Foucaults« sei. Hier würde ausnahmsweise die Annahme vom »Tod des Autors« sinnvoll sein, es sei denn, man geht alle möglichen lexematischen Reihen durch, wobei man hier gleich weitermachen könnte mit Canettis »Blitz und Donnerglaube«, der aber vielleicht noch nicht ganz so berühmt ist.

Raymond Bellour ist für die »Entfaltung« zuständig, verknotet sich in seinem 50-seitigen Aufsatz aber schon im ersten Satz aufs Fatalste, und der geht lustigerweise so: »Steigen wir gleich in einen geeigneten Film ein, um zu sehen, wie die Emotion in ihm von Anfang an Form annimmt, noch bevor die narrative Leidenschaft sich gleichsam in sich selbst verknotet und damit in einer scheinbaren Homogenität ein Gleichgewicht herausbildet.« Ist denn da kein Lektor, der die Interessen des Lesers vertritt und den Autor zurück zum Start begleitet? Auch für den Kinogeher ist es nicht sehr hilfreich, mit folgender Definition von »Emotion« von Bellour in den dunklen Saal geschickt zu werden: »Die Emotion ist jene Falte, die im perzeptiven Zwischenraum zwischen Unbewusstem und Bewusstem den von den Organen erhaltenen Eindruck in der Seele fixiert.«

Till Brockmanns Ausführungen zur Zeitlupe im Spielfilm aus der zweiten Sektion bringen nicht viel Neues, man hätte sich denken können, dass Slow Motion »eine neue Realitätsebene« ins Spiel bringt. Der vielleicht wichtigste Satz des Sammelbandes steht bei Jens Eder, der den Wegen der Gefühle nachgeht. Auf die Unterscheidung zwischen »Fiktionsaffekten« und »Artefaktaffekten« (die es nur beim Zuschauer gibt, nämlich als distanzierend-ästhetische Würdigung zum Beispiel der Machart des Films) rekurrierend, schreibt er: »Die immer noch verbreitete Ansicht, Gefühle im Spielfilm beschränkten sich auf handlungsbezogene, bewusste Emotionen, ist also reduktiv, um nicht zu sagen: grundfalsch.« Wer den Rahmen nicht erträgt, zieht möglicherweise »falsche Gefühlsschlüsse«.

Als ob sich Vinzent Hediger diese Lehre hinters Ohr geschrieben hätte, stellt er sich die Frage, warum zu bestimmten Zeiten und zu welchem Zweck bestimmte Filme gedreht werden. Warum zum Beispiel drehte Steven Spielberg mit »Jaws« (Der weiße Hai) keinen weiteren Flipper? Die 70er Jahre, so der Autor, waren eine Zeit, in der die Grenze zwischen Tier und Mensch bedenklich zusammenschrumpfte; allenthalben setzten sich Tierfreunde für die Rechte der Tiere ein, eine Revolution drohte, die menschlich-tierische Differenz auszuhebeln. Weil er das nicht mehr mit ansehen konnte, drehte Spielberg den »Weißen Hai« mit einem Tier als Held, der keine Gefühle zeigte und einfach so Menschen aufaß. Seit »Jaws« haben wir sie wieder, die Grenze.

Nicht hinters Ohr geschrieben hat sich Eders Lehre hingegen Christine N. Brinckmann, die über »Die Rolle der Empathie im Dokumentarfilm« schreibt. Dogmatisch behauptet sie, dass Personen des Dokumentarfilms eine »tiefere« Persönlichkeit besäßen als Figuren im Spielfilm: »Fiktionale Figuren sind ja, als Artefakte, sozusagen endlich: Sie besitzen nur diejenigen Eigenschaften, Gefühle, Erfahrungen, die der Text (sic!) enthält, auf die er sie überschaubar festlegt.« Hier saugt der Rekurs auf die (hypothetische) Implizität des Lesers mal wieder jedes Blut aus der konkreten Lektüre, die sich ja auch einfach mal verhaspeln und sich ziemlich gehen lassen kann. Bei Brinckmann geht es so weiter: »Dokumentarische Personen dagegen sind so unauslotbar wie wirkliche, jede ein eigenes Universum, zeigen im Film aber nur einen Bruchteil ihres Wesens.« Dann mal schön weiterpuzzeln in der Wirklichkeit.

Eigentlich versteht sich *Kinogefühle* als Schrittmacher in den in der Filmwissenschaft zu erwartenden »emotional turn«. Kaum auszudenken, was da auf den Leser noch zukommen mag. Gefühlen geht es ähnlich wie Witzen, wenn man versucht, sie zu erklären, sind sie weg.

Dieter Wenk

Karl Katschthaler
Xenolektographie
Lektüren an der Grenze ethnologischen Lesens und Schreibens. Hubert Fichte und die Ethnologen
Lang 2005, Debrecener Studien zur Literatur 11
225 Seiten, 42,50 €

Bei der Lektüre des Buches von Karl Katschthaler musste ich an eine Passage aus dem kürzlich erschienen Band *Die zweite Schuld* denken, der die postume Edition von Hubert Fichtes *Geschichte der Empfindlichkeit* nach knapp 19 Jahren zum Abschluss gebracht hat. Fichte beschreibt dort seine Besuche bei Johannes Bobrowski in Friedrichshagen während seines Aufenthaltes am Literarischen Colloquium Berlin von November 1963 bis Februar 1964. In der *Zweiten Schuld* heißt es über die Eindrücke, die der Wechsel von West- nach Ostberlin bei ihm damals hinterließ: »Mich haben die S-Bahn, der Übergang Friedrichstraße, der Alexanderplatz nicht beeindruckt, die Ödfelder, der Stacheldraht, die kleine Mauer. Ich erwartete nichts anderes von der Staatsmacht. [...] Was mich beeindruckte in Ost-Berlin waren die Straßen ohne Verkehr. Als sei ich aus dem Technischen Zeitalter Walter Höllerers mit der S-Bahn über eine Mauer ins siebzehnte Jahrhundert von Andreas Gryphius gefahren.«

Ein ähnlicher Taumel der Zeit hat mich beim Lesen von Katschthalers an der Universität Debrecen in Ungarn eingereichter Dissertation überfallen. Namen aus den Anfängen der Fichte-Forschung tauchen darin wieder auf, Namen, die man in diesem Zusammenhang lange nicht gelesen hat: Hermann Schlösser beispielsweise oder Torsten Teichert oder David Simo. Ihre Arbeiten sind allesamt in den 1980er Jahren entstanden und erschienen. Nun will ich nicht behaupten, dass diese Arbeiten nicht mehr lesenswert sind und Schnee von gestern wären; aber die wissenschaftliche Auseinandersetzung mit Hubert Fichtes ethnografischen Texten allein mit diesen Autoren zu führen und sie als den »Stand der Dinge« zu präsentieren, mutet doch reichlich anachronistisch an. Die großen Studien von Anfang der 1990er Jahre (z. B. von Hartmut Böhme und Manfred Weinberg) werden zwar im Literaturverzeichnis aufgeführt, spielen aber im Gang der Argumentation keine Rolle. Danach bricht es vollständig ab. So fällt Katschthalers Arbeit auf merkwürdig berührende Weise aus der Zeit.

Viele kennen die langwierigen Entstehungsgeschichten von Dissertationen und anderen akademischen Arbeiten und die manchmal noch langwierigere Veröffentlichungsgeschichte. Und die Scheu ist mehr als nachvollziehbar, alte Texte nochmals zu überarbeiten, nachdem die CD mit dem Manuskript jahrelang in der Schublade gelegen hat. Aber dann darf man als Leser wenigstens erwarten, in einem Vorwort über die verschlungenen Wege der Entstehungsgeschichte informiert zu werden. Das ist zugleich das Mindeste, das man von Hubert Fichte lernen kann – zumal, wenn man wie Katschthaler die kritische Haltung Fichtes gegenüber dem Universitätsbetrieb teilt.

Xenolektographie – unter dieser Wortschöpfung verschreibt sich die Studie dem genauen, analytischen Lesen der »ethnografischen Texte« Hubert Fichtes, angefangen von seinen Essays über Lévi-Strauss, Rimbaud, Spieth und Herodot, über die rhetorisch mitreißende Programmschrift *Ketzerische Bemerkungen für eine neue Wissenschaft vom Menschen,* weiter über *Xango* und *Petersilie, Versuch über die Pubertät* und *Das Haus der Mina* bis schließlich zum *Roman der Ethnologie,* bis zu *Explosion.* Lesen und Schreiben rücken dabei aufs Engste zusammen. Das eigene Schreiben setzt das Lesen anderer Texte voraus, so wie der eigene Text das Lesen anderer nach sich zieht – ein Prozess fortlaufender Differenzbildung. Dieser sollte, so das Credo Katschthalers, niemals zu einer Form des Abschlusses führen, zu einer Lektüre, die sich auf einen allzu eindeutigen und vordergründigen Sinn fixiert. Dann wird die Lektüre zur Lektion, wie Katschthaler sagt, die der Interpret erteilen will, dann handelt es sich um eine Siegerlektüre, um einen Sieg der Interpretation über den Text. Allerdings räumt der Autor am Ende seines Buches ein, dass es eine reine Lektüre nicht geben kann. Jede Lektüre neigt zu einer Verfestigung des Sinns, mithin zur Lektion. Es bleibt, dieser Neigung nicht vollkommen nachzugeben, um den Prozess offen zu halten. Man mag das dekonstruktivistische Setting mögen oder nicht, in dieser Arbeit ist es so dezent eingesetzt, dass es allemal sympathisch ist – als eine Mahnung zum behutsamen Lesen.

Man muss sich darüber hinaus bewusst halten, dass diese Doktorarbeit an der Universität Debrecen eingereicht worden ist. In Debrecen und anderen ungarischen Universitäten, vor allem in Szeged, gab es nach der politischen Wende 1989 eine starke Rezeption der Dekonstruktion, allen voran der Schriften Paul de Mans. In einer intellektuellen Landschaft, die jahrzehntelang von der Doktrin des sozialistischen Realismus beherrscht war, deren Literatur und Literaturwissenschaft ideologisch auf einen letztlich propagandistischen Realismus verpflichtet war, bot die Dekonstruktion eine Möglichkeit, die ungarische Literatur und die Möglichkeiten der ungarischen Sprache neu zu entdecken. In diesem »geistigen Klima« ist die Arbeit von Katschthaler entstanden – seine Lektüren der Texte Fichtes sind also selbst in einer für den Autor fremden Umgebung entstanden und durch eine Schule der Befremdung gegangen. Freilich tragen sie dadurch auch den Stempel einer bestimmten kulturellen Situation.

Entsprechend diesen Voraussetzungen hat sich Katschthaler eine strikte Textimmanenz auferlegt. Ihn interessieren allein die Texte, wie sie vorliegen. Das schärft den Blick vor allem für die Verfasstheit der Texte, für die inhärenten Textstrategien. Im Aufdecken einiger Textstrategen liegen auch klar die Stärken der Arbeit. Wenn Katschthaler beispielsweise die Art analysiert, in der Fichte die bedrängende Erfahrung von Fremdheit verarbeitet. Nicht indem er sie verdrängt, auch nicht durch eine bewusste Theoretisierung, die er verweigert, sondern durch subjektive Assoziationen und Vergleiche – zu anderen, bereits von ihm erkundeten afroamerikanischen Religionen und mehr noch zu erinnerten Erlebnissen in der eigenen Kultur. Fichte wählt also nicht den Weg der Theorie, die Erfahrungen eines Ethnologen intersubjektiv vermittelbar zu machen, sondern die Akzentuierung des Subjektiven und der eigenen Biografie und bietet so dem Leser Brücken des Verständnisses an.

Zu einem weiteren eindrücklichen Ergebnis seiner Lektüre kommt Katschthaler, wenn er den »Modelleser« konstruiert, der in den Texten von *Xango* und *Petersilie* angelegt ist. Katschthaler beschreibt ihn in einer schönen Wendung als einen »Spurensucher, der nicht weiß, welche Spuren er eigentlich sucht und der mehrere Fährten gleichzeitig verfolgt«.

Am Ende des Buches finden sich zudem erhellende Ausführungen zur Weise, wie im Roman *Explosion* im Gegensatz zu *Das Haus der Mina* sexuelle Erfahrungen Jäckis beschrieben und dargestellt werden, u. a. zur Frage, wie es Fichte dabei gelingt, pornografische Topoi zu unterlaufen. Auch gelingen Katschthaler sehr differenzierte Analysen zur Erzählerposition, also zum Verhältnis von Jäcki, Ich und einer nochmals darüber gelagerten narrativen Instanz in *Explosion*. Schließlich wird auch Fichtes raffiniertes Spiel mit den Ebenen Realität und Fiktion in dem Roman beschrieben – wie es Fichte immer wieder schafft, dem Leser den »Boden unter den Füßen wegzuziehen« und damit die konstitutiven Grenzen von Literatur und Ethnologie, von Wissenschaft und Kunst einzureißen und durcheinander zu wirbeln.

Der Preis, den Katschthaler und der Leser seines Buches dafür entrichten müssen, ist allerdings sehr hoch. Die ausgewählten Texte bilden nur einen kleinen Ausschnitt aus dem Werk Fichtes. Zudem hält sich Katschthaler ziemlich starr am Einzeltext fest; hier neigt er zur Verfestigung. Die vielfachen Bezüge und Beziehungen, die die Texte Fichtes untereinander eingehen, werden kaum untersucht. Diese Beziehungen bekommt man auch nur in den Blick, wenn man die Texte von Fichte biografisch situiert. Das heißt nicht, die Texte auf Grundlage der Biografie gemäß einer naiven Hermeneutik zu interpretieren. Aber Texte besitzen eine konkrete Entstehungssituation und sie beziehen sich aufgrund dieser Entstehungssituation auf andere Texte.

So kann man weder die *Ketzerischen Bemerkungen* noch die Heftigkeit der polemischen Kritik Fichtes an Lévi-Strauss und seinem Buch *Traurige Tropen* richtig ermessen, wenn man nicht die Interviews in der psychiatrischen Klinik in Fann aus dem Band *Psyche* – oder besser noch aus dem Foto-Text-Band *Psyche,* der im letzten Jahr erschienen ist, – mit hinzuzieht. Oder um noch ein weiteres Beispiel zu nennen: Weder der Herodot-Aufsatz noch die experimentelle Anordnung in *Das Haus der Mina* sind angemessen zu verstehen, wenn man nicht die Erfahrungen in New York und die im *Forschungsbericht* beschriebene »Sprachkrise« berücksichtigt. Fichte hat sehr viele seiner Texte sehr bewusst mit einem Orts- und einem Zeitindex versehen, er hat seine Texte oftmals gerahmt, um bestimmte und sich immer wieder wandelnde Selbstinterpretationen der Texte zu gestalten.

Bei einer Anlage, wie sie Katschthaler gewählt hat, ist es fast schon müßig, darauf hinzuweisen, dass man über den »ethnografischen Gegenstand« von Hubert Fichte – sehr allgemein gesagt: die afroamerikanischen Religionen – praktisch nichts erfährt. Auch führt der Unteruntertitel der Arbeit »Hubert Fichte und die Ethnologen« in die Irre. Zwar kann Katschthaler in einer wiederum eindrucksvollen Lektüre der *Traurigen Tropen* – einschließlich der Rezensionen von Michel Leiris und Susan Sontag – nicht nur Fichtes Polemik ins Leere laufen lassen, sondern darüber hinaus auch die große Nähe aufzeigen, die Fichte mit Lévi-Strauss gerade in seinem bitteren Pessimismus der letzten Jahre verband. Aber mit welchen Ethnologen Hubert Fichte konkret zu tun hatte, von wem er beispielsweise seine Ethnologie gelernt hat, welchen Einfluss Joachim Sterly hatte und welche Beziehungen es zu seinem Buch *Kumo. Hexer und Hexen auf Neu-Guinea* gibt, wer ihn auf Jakob Spieth aufmerksam gemacht hat – all diese Fragen werden gar nicht erst gestellt. Sie wären freilich wiederum nur ein Ausgangspunkt, von dem aus man andere Fragen an die ethnografischen Texte von Hubert Fichte stellen kann. Aber um an diesen Ausgangspunkt zu gelangen, muss man bereit sein, eine reine Textimmanenz aufzugeben und diese auf textexterne Elemente hin zu öffnen.

Peter Braun

Hubert Fichte
Die zweite Schuld
Glossen. Die Geschichte der Empfindlichkeit III
Fischer 2006
340 Seiten, 22,90 €

1.
Hubert Fichtes Roman *Die zweite Schuld* hat schon von sich reden gemacht, als nur sein Titel bekannt war. Grund des Interesses war und ist zunächst die Tatsache, dass mit diesem Band III nach 19 Jahren Hubert Fichtes nachgelassenes Großprojekt *Die Geschichte der Empfindlichkeit* endlich komplett vorliegt. Was das heißen mag, ist freilich die Frage. Angelegt war das Projekt, dessen glücklichen Abschluss der Autor völlig zu Recht für ein Ding der Unmöglichkeit hielt, ursprünglich auf 19 Bände, die sich in einem komplexen Verweissystem ineinander verschränken sollten, ganz zu schweigen von allerlei Zahlenzauber, der dabei am Werk war. Als Hubert Fichte 1986 starb, war freilich nur ein Bruchteil dieser umfassenden Entwürfe realisiert.

Dass jetzt insgesamt 17 Bände im Druck vorliegen, mag zunächst den Eindruck erwecken, es fehlte so viel nicht. Doch die Kalkulation gestaltet sich komplexer. Vieles, das in den Jahren seit Fichtes Tod gesetzt, einheitlich in vornehm rotes Leinen gebunden, schwarz umschlagen und unter dem Titel *Die Geschichte der Empfindlichkeit* auf den Markt gebracht wurde, war nur Vorarbeit, Materialsammlung, Rohfassung. Anderes, wie der Band *Schulfunk,* eine Sammlung ausgewählter Radioarbeiten Fichtes, findet sich in keinem der Werkpläne oder Verfügungen zur *Geschichte,* es ist eine Beigabe der Herausgeber. Und die Essaysammlung *Homosexualität und Literatur,* deren ursprüngliche Anlage in der Edition so reich erweitert wurde, dass man aus einem zwei dicke Bücher gewonnen hat, sollte in der Systematik allenfalls als Einzelband gezählt werden. Damit kommt man immerhin noch auf 15 veröffentlichte Bände.

Von diesen liegt eine ganze Reihe außerhalb der ursprünglichen Zählung: Weder *Homosexualität und Literatur* noch das ethnografische Buch *Das Haus der Mina,* die Materialsammlung *Psyche* oder der Interviewband *Lil's Book* fallen in den Kernbereich des projektierten 19-bändigen *roman fleuve.* Sie sind Paralipomena, Erweiterungen des Gesamtkomplexes, oder wurden – wie *Psyche* – diesem erst im letzten Moment behelfsweise eingegliedert. Bleiben elf Bände, von denen wiederum einige in mehr oder minder fragmentarischem Zustand vorliegen.

Den umfangreichen »Roman der Ethnologie« *Explosion* konnte der Autor noch im Krankenhaus in einer ersten, kenntlich rohen Fassung fertig stellen. Beim Schlussstein der *Geschichte,* dem

Roman *Hamburg Hauptbahnhof. Register* bleibt unklar, inwieweit die hybride Konstruktion aus Erzählpassagen und Interviews tatsächlich einen abgeschlossenen Band abgibt. Und die als »Glossen« verbuchten Bände *Alte Welt* und *Die schwarze Stadt* sind streckenweise bearbeitete, streckenweise erst vorbereitete Zusammenstellungen vorliegenden Materials, die allenfalls als Stellvertreter dieser nicht mehr realisierten ästhetisch hochambitionierten Projekte gelten können. Somit liegen neben der *Zweiten Schuld,* die in mehrerer Hinsicht einen Sonderfall darstellt, insgesamt sechs abgeschlossene, veröffentlichte Romane aus dem Projekt vor: *Hotel Garni, Der kleine Hauptbahnhof, Eine Glückliche Liebe, Der Platz der Gehenkten, Forschungsbericht* und *Die Geschichte der Nanã*.

Wer sich mit dieser *Geschichte* befasst, kommt also nicht aus ohne eine Ästhetik des Fragments, die, wie man aus der Literaturgeschichte weiß, immer auch eine Ästhetik der Totalität ist. Die Totalität des Gesamtwerks bestimmte die Arbeit am allseits wuchernden Text, am allseits wuchernden Material – als *Fiktion* einer Totalität. Vollenden ließ sich so etwas nicht. Fichte selbst hat das sehr bald begriffen. Die *Geschichte der Empfindlichkeit* konnte nichts anderes sein als ein *work in progress,* nicht minder Lebens- als Werkentwurf. Jede Seite, jeder Satz, jeder Nachmittag am Schreibtisch, jede Nacht in der Feldforschung waren potentiell Teil dieses Prozesses und Sinngefüges.

Die fragmentarische, unzulängliche Überlieferung ist eine logische Konsequenz dieser Poetik, und wenn die Herausgeber der Edition es ablehnen, dem offen Rechnung zu tragen (z. B. durch einen ausgewiesen dokumentarischen Charakter der Ausgabe, durch textgenetische Kommentare und Dokumentationen usw., usf.), sollte zumindest die Forschung alles tun, den dynamischen Charakter dieser Texte, den unfertigen Zustand, die komplexe Genese dieser Bände zu reflektieren. Denn in ihm liegt nicht nur eine zufällig durch den frühen Tod des Autors aufgeworfene ästhetische Charakteristik dieses Werks, sondern auch sein wesentliches ästhetisches Potential. Danach zu fragen, hieße nicht nur, die *Geschichte der Empfindlichkeit* stärker als Gesamtkonstrukt und Werkprozess in den Blick zu kriegen, statt sich auf Einzelbände oder bloß thematische Fragestellungen festzulegen, sondern vor allem die poetologischen Ausgangsmomente, die Dynamik und die hybride Materialität dieser Texte zu begreifen zu suchen.

Die Veröffentlichung der *Zweiten Schuld* mag in dieser Hinsicht eine Chance für die (langsam aus ihrem zwischenzeitlichen Dämmer erwachende) Fichte-Forschung bedeuten. Nicht nur liegt nun das, was man als Edition von Fichtes Hauptwerk allenfalls zu erwarten hatte, abgeschlossen vor, sondern vor allem ist dieser Band ganz entschieden einer Poetik des Fragments verpflichtet – so entschieden, dass er den Verweis darauf bereits in der Gattungsbezeichnung trägt: »Fragmente« kann man im Manuskript dort lesen, wo der Verlag jetzt »Glossen« gesetzt hat.

Zweifellos ist er unfertig: Nur wenige Passagen des Buchs liegen in einem sauberen Typoskript vor, den Rest bildet eine erste Handschrift. Der größte Teil des Bandes besteht aus Interviewtranskripten, die offensichtlich, teilweise recht eilig, beim Abhören der Bänder zu Papier gebracht wurden. Ein langes Interview ist nur in einer von unzähligen Einfügungen und Korrekturen durchzogenen Rohabschrift vorhanden, ganze Passagen werden durch Stichwortlisten wiedergegeben, und die Tape- und Counternummern des Recorders am Rand der Seiten verweisen auf die Notwendigkeit eines zweiten Durchgangs – vom Korrigieren, Redigieren und Genehmigen der Gesprächsabschriften ganz zu schweigen. Zwei weitere Interviews konnte Fichte nicht mehr realisieren. Der Ordner des Manuskripts – und so auch das gedruckte Buch – enthält hier bloß nummerierte Deckblätter mit den jeweiligen Namen. Auch die kurzen Erzählpassagen, eingelassen zwischen den Interviews, liegen nur in einer flüchtigen Handschrift vor.

All dies ist, wie gesagt, nicht ungewöhnlich: Viele Bände des Projekts sind in meist etwas verlässlicherer, im Prinzip aber vergleichbar vorläufiger Fassung überliefert. Bemerkenswert ist nur die von Fichte hier angewandte Strategie, auf die auch die unsinnigerweise getilgte Gattungsbezeichnung weist: Er setzt einen fiktiven Herausgeber ein, der die Fragmente des Bandes als »zufällig« gefundenen »durcheinandergewirbelten, unpaginierten Text« präsentiert, Mutmaßungen anstellt und über verschollene Tonbänder, Entwürfe und Entstellungen klagt. Solche Herausgeberfiktionen haben bereits die Romantiker ausgiebig genutzt – durchaus in Hinblick auf ein verwandtes Programm: eben eine Ästhetik des Fragments.

2.

Noch ein zweites Moment eint Hubert Fichtes Verfahren und das der Romantiker: die Ironie. In den erhaltenen Werkplänen zur *Geschichte der Empfindlichkeit* spricht er von einer »Verhohnepiepelung des Ganzen« durch die Anlage des Bandes – und bricht damit, wie Mario Fuhse betont hat, die Brisanz der Erzählung ins Komische. Das betrifft auch den geschickten Coup des Autors, der die vorzeitige Bekanntheit des Bandes sicherlich höchstgradig gefördert hat: Fichte hat testamentarisch verfügt, den Band erst dreißig Jahre nach seinem Tod zur Publikation freizugeben. Damit haben sich nicht nur allerhand Erwartungen angesammelt, sondern auch Rationalisierungen jeder erdenklichen Art. Von persönlichkeitsrechtlichen Gründen ist z. B. des öfteren die Rede, ohne dass sich eigentlich benennen oder gar juristisch begründen ließe, welche Sicherheit die willkürliche Sperrung gerade dieses Bandes, gerade für diese Dauer darstellen könnte. Vor allem aber sind all die kleinen intimen Einblicke ins Leben und Tratschen der hier zu Wort kommenden und beschriebenen Gestalten – gerade auch im Vergleich zu dem, was Fichte andernorts, etwa in *Alte Welt* praktiziert – von solch unglaublicher Harmlosigkeit, dass man schon gehörig Spannung erzeugen muss, bis jemand überhaupt auf den Gedanken kommt, sich in seinen Persönlichkeitsrechten verletzt zu fühlen.

In einem Fall immerhin hat das geklappt: Der Schriftsteller – sagen wir einmal: N. N. hat in letzter Minute erwirkt, dass nicht nur Fichtes Gespräch mit ihm, in dem es (wie man dem Manuskript im Nachlass Fichtes entnehmen kann) um allerhand hinreichend Unspektakuläres, gänzlich Unintimes geht, aus dem Band genommen wurde, sondern dass auch jeder kleinste Hinweis auf seine Identität getilgt wurde. Es zirkuliert zudem das Gerücht, jeder der seinen Namen in diesem Zusammenhang nenne, habe mit einer einstweiligen Verfügung zu rechnen. Bemerkenswert, wenn man sich vor Augen hält, wie vielen, leicht zuhandenen Publikationen er zu entnehmen wäre – zuletzt etwa dem Katalogbuch *Hubert Fichte und Leonore Mau* von Wilfried F. Schoeller oder der Einführung *Eine Reise durch das Werk von Hubert Fichte* von Peter Braun, die beide im letzten Jahr im S. Fischer Verlag erschienen sind – wie jetzt *Die zweite Schuld*. Geheimwissen ist dafür so wenig nötig wie die Fahrt ins Archiv.

Natürlich ist es erst in den letzten Jahren eine derart populäre Freizeitbeschäftigung geworden, gegen die eigene Darstellung in fiktionalem wie nichtfiktionalem Kontext rechtliche Schritte einzuleiten. Man denke nur an die (mit ganz unterschiedlichen Urteilen endenden) Prozesse um Birgit Kempkers Langgedicht *Als ich das erste Mal mit einem Jungen im Bett lag, war es* – sagen wir mal: N. N., Maxim Billers *Esra,* Alban Nikolai Herbsts *Meere* und Jührer Kehrers *Wilsberg und der tote Professor.* Die klagegeilen Klatschgeschichten Dieter Bohlen'scher Güteklasse stehen noch einmal auf einem andren Blatt. Trotzdem ist bemerkenswert, dass Fichtes sehr offensiv mit Klatsch und Indiskretion operierende Prosa neben einigen kleinen Eingriffen in *Alte Welt,* die etwa die Honorarsummen Hans Werner Henzes betreffen, nur einmal, nämlich jetzt Gegenstand eines grundlegenden Einspruchs geworden ist – und wie banal der Anlass ist. Damit dokumentiert Fichtes Mediencoup genau das, was Gegenstand seines Buches ist: die Dynamik, Gewalttätigkeit, Unschärfe, Eigengesetzlichkeit und zugleich Manipulierbarkeit all dessen, was wir gemeinhin »Klatsch« nennen.

3.

Ein Drittes mag die Aufmerksamkeit der professionellen Kommentatoren gefördert haben. Der harmlose Gegenstand dieses Klatsch-Buches ist nämlich ausgerechnet – und wieder einmal – der deutsche Literaturbetrieb. Schon im *Kleinen Hauptbahnhof* und in der *Alten Welt* hat Fichte ihn zum hauptsächlichen Erzählgegenstand gemacht. *Die zweite Schuld* liegt, chronologisch gesehen, zwischen diesen beiden Bänden: Erzählt Fichte im *Kleinen Hauptbahnhof* von den ersten Versuchen und Erfolgen seines poetischen Doubles Jäcki im Betrieb 1962/63 (gebrochen stets durch die Beschreibung des schwulen Strichs, wo er die ersten, erstaunlich leicht gemachten Einnahmen sofort verbraucht), dokumentiert der Band *Alte Welt* die Jahre 1966 bis 1969, also die Zeit der beginnenden Politisierung, des Überraschungserfolgs des *Palette*-Romans 1968, des Hineingleitens in die anpolitisierte bundesdeutsche Kulturschickeria und den zunehmenden Unwillen Fichtes, Jäckis, der schließlich wieder ausbricht und sein Glück in der Subkultur und im Tourismus sucht: auf St. Pauli und in Ägypten. Dazwischen liegt die Periode, die in der *Zweiten Schuld* erzählt wird: ein Aufenthalt im Literarischen Colloquium Berlin 1963/64, wo etablierte Schriftsteller wie Hans Werner Richter, Peter Weiss oder Günter Grass in einer Reihe von Workshops den Nachwuchs das Prosaschreiben lehren sollen, drei Tagungen der Gruppe 47, die Veröffentlichung des ersten Romans und der Ruf ins Wahlkontor deutscher Schriftsteller, denen es obliegt, den Kandidaten Willy Brandt zu bedichten – ein bescheidener Vorgriff aufs Drängen der Schriftsteller in den politischen Diskurs um »1968«.

Erzählt werden die Ereignisse vor allem rund um das Literarische Colloquium in kurzen Erzählpassagen und langen, oft in Klatsch und Tratsch mündenden, in andere Zeiten und Grundsätzliches abschweifenden Gesprächen. Allein das Gespräch mit dem früheren Leiter des Literarischen Colloquiums Walter Höllerer füllt über 150 Seiten. Je rund 40 Seiten nehmen die Gespräche mit Joachim Neugröschel und Elfriede Gerstl, zwei Mitkolloquianten Fichtes ein, grad mal 15 Seiten das Interview mit einem weiteren, Hermann Peter Piwitt, das Fichte nach der Manier des Cut up mit dem Interview mit N. N. verschnitten hat. Wie das aussieht, welche ästhetischen Effekte das hervorbringt, kann man im Buch freilich nur ahnen, schließlich fehlt der zweite Text.

Diese Form darf zunächst getrost als Referenz auf die Umgangs- und Dokumentationsformen im Literarischen Colloquium selbst verstanden werden. Immer wieder kommt Fichte auf den Aufzeichnungswahn der Colloquiums-Betreiber zu sprechen: Jede Lesung, jede – ästhetisch oft hinreißend unbedarfte – Diskussion, jedes Statement, jedes Räuspern wurden mitgeschnitten (der zeitgenössische Band *Prosaschreiben* versammelt zumindest Auszüge daraus). Was ist aus den Bändern geworden? Sind sie wirklich, wie Höllerer behauptet, vernichtet worden? Und wie unendlich wichtig hat man diese mittelprächtigen Creative-Writing-Kurse genommen, dass man fürchtete, irgend eine Äußerung von Richter, Grass oder Rühmkorf, Buch, Born oder Fichte könnte der Nachwelt verloren gehen? Es fällt wohl nicht schwer, einen Zusammenhang zwischen diesem mehrmals kopfschüttelnd wiederholten Befund und den dokumentarischen Exzessen dieses Buches, aber auch dem ironisch überzeichneten Kommentar des fiktiven Herausgebers zu sehen, der sich bei seinen Vermutungen zum Verbleib der »sogenannten Piwitt-Cassette« auf die Aussagen eines zur eigenen Sicherheit ungenannten Angestellten der Biblioteca Nacional in Buenos Aires beruft. »Verhohnepiepelung des Ganzen«? Wie wahr.

Dennoch, den Kern des Buches bildet ein durchaus ernstes Thema. Der alternativ zur Gattungsbezeichnung »Fragmente« gesetzte Untertitel »Abbitte an Joachim Neugröschel« macht dies deutlich. Der Literaturwissenschaftler Klaus Briegleb hat vor einigen Jahren in seiner Streitschrift *Mißachtung und Tabu* auf die »notorische Haltung der Mißachtung gegen Juden und Judentum und die kaltschnäuzigen Ausdrucksformen dieser Haltung« hingewiesen, mit der – so Brieglebs These – die Erfahrungen, die Kritik und die Perspektive der Emigranten aus dem literarisch-politischen Diskurs des bundesdeutschen Nachkriegs ausgeschlossen werden sollten. Man wollte unter sich bleiben. Man wollte sich selbst ernstnehmen, nicht in Frage stellen – das pathetische Setting, das Fichte beschreibt, aber auch der rüde (Männer-)Spaß, der in diesem Rahmen stattfindet, können durchaus noch aus diesen Setzungen des frühen Nachkriegs verstanden werden.

Weniger offen als die Attacke der Gruppen-Mitglieder gegen Paul Celan 1952, aber deutlich in seiner Einsicht, findet dieses Klima von Missachtung und Desinteresse seinen Ausdruck in der zentralen Szene von Fichtes Roman: Grass spielt mit seinen Schülern die Situation auf dem »elektrischen Stuhl« durch, wie es die Bullen und Bosse der Gruppe 47 so launig nannten. Der, der in diesem Falle auf diesem Stuhl Platz nehmen muss, heißt Joachim Neugröschel, Sohn jüdischer Emigranten, aufgewachsen und sprachsozialisiert in den USA, literarisch daheim in Traditionen, die seinerzeit nicht viel gelten in Deutschland, z. B. im französischen Surrealismus. Und dann auch noch schwul. Schlechte Voraussetzungen. Das, was sich abspielt, nennen die Teilnehmer anschließend, aber natürlich erst, als Grass nicht mehr in der Nähe ist, wahlweise »Judenmord« oder »Schwulenmord«. Doch das ist leichtfertig dahingesagt – mit einem Rest Unbehagen an der eigenen Rolle in diesem Abwehrspiel.

Aus dem Anwachsen dieses Unbehagens heraus hat Fichte dieses Buch geschrieben. Aus diesem Eindruck hat er auch seine langen Interviews mit den beiden jüdischen Autoren und Außenseitern des Colloquiums, Joachim Neugröschel und Elfriede Gerstl geführt. Neugröschel allerdings winkt bloß ab, es fällt ihm sichtlich schwer, die Veranstaltung, ihre Protagonisten und deren Affekte im Rückblick gar zu ernst zu nehmen. Dennoch: Hier zeigt sich, dass Fichte das Aufzeichnungsverfahren und seine Aura der Ernsthaftigkeit keineswegs einfach zum Zwecke der »Verhohnepiepelung des Ganzen« übernimmt. Er lässt es umschlagen. Sein Band läuft und läuft und läuft. Aber es registriert Geschichten, die zu hören sich wirklich lohnt.

4.

Gäbe es ein Viertes, das diesem Buch durchaus auch kritische Beachtung verschafft, so müsste es die wunderliche Überbietungsstrategie sein, mit der die Herausgeber bei der Publikation des Bandes das Programm der »Verhohnepiepelung des Ganzen« vorantreiben. Ohne dies auch nur zu ahnen, wohlgemerkt. Mit der Streichung der Gattungsbezeichnung fängt es an, denn selbst wenn sich diese mithilfe aberwitziger Argumentationen und einer Kurznotiz Fichtes tatsächlich begründen ließe, bleibt doch das Problem, dass gleich der erste Text des Bandes – die Vorbemerkung des fiktiven Herausgebers – Bezug auf die Titelbezeichnung »Fragmente« nimmt. Ohnehin kommt man in dieser »Notiz des Herausgebers« schnell ins Schwimmen, hat doch der tatsächliche Herausgeber dieses Bandes, Ronald Kay, eine eigene Herausgebernotiz in Fichtes fiktive Herausgebernotiz eingefügt. Ähnlich eigenwillig wie die Titeländerung ist die Begründung der vorzeitigen Publikation des Buches: »Leonore Mau, in ihrer Eigenschaft als Erbin, hat sich entschlossen, den Band nun zu veröffentlichen«, heißt es in der Nachbemerkung Kays. Selbst in der langen Geschichte der verratenen Vermächtnisse mag dies ein Novum sein: Anstatt die offensiv willkürliche Setzung Fichtes entweder zu achten oder zu missachten, hat man sich für einen Kompromiss entschieden, wo eben keiner möglich ist, und eine wiederum willkürliche neue Setzung vorgenommen – mit der Evidenz des Pragmatischen: Jetzt kann man das Buch eben kaufen. Und lesen.

Doch damit sind die Überbietungen noch nicht am Ende: So enthält das Manuskript des Nachlasses neben den erwähnten Elementen einen langen Text Fichtes, der während der Kurse im Literarischen Colloquium entstanden ist. Dieser Text liegt als zwölfseitiges Typoskript im Manuskript-Ordner vor. Über den gestrichenen Titel »WALTER AHRENDT. Ein Kapitel aus einem Gemeinschaftsroman« hat Fichte handschriftlich gesetzt: »Der Tiefstall«. Sieht man im Buch nach, steht dort aber: »Im Tiefstall«. Tatsächlich finden sich zahlreiche weitere Abweichungen: Einzelne Worte werden geändert, Leerzeilen und Absätze eingefügt, Namensschreibungen verändert, ein Satz gestrichen. Die Lösung findet sich – zumindest in Ansätzen – im Nachwort: Dort erklärt der Herausgeber, er habe die Druckfassung der illustrierten Ausgabe der Göttinger Galerie im Centre zugrunde gelegt. Warum er es nicht nach dem vorliegenden Typoskript publiziert hat, sondern (und auch dies ungenau) nach einem Druck, ist die eine Frage. Die andere aber, wieso er die dritte Veröffentlichung des Textes verwendet, nicht den Erstdruck in *konkret* oder den Zweitdruck im Gruppenroman der Kolloquianten *Das Gästehaus,* lässt sich wohl nur noch unter Verweis auf Fichtes fiktiven Herausgeber beantworten. Der nämlich behauptet, als einzige Vorlage eine Übersetzung entdeckt zu haben, die 1968 in einer argentinischen Literaturzeitschrift erschienen sei (woran immerhin stimmt, dass der Text dort erschienen ist – sein vierter Abdruck). Man hat also alle Freiheit.

Und damit ist noch nichts über das verquaste, an Kuriosität kaum zu überbietende Nachwort gesagt, das der Herausgeber zu dem Band beigesteuert hat. Darin heißt es z. B. zur Begründung der editorischen Entscheidung, die Counternummern im Höllerer-Interview getreulich in die gesetzte Fassung zu übernehmen: »Die Lizenz Fichtes, eine unorthodoxe Grammatik und Syntax ungefiltert zu belassen, und dafür eine entsprechende informelle Interpunktion einzusetzen, macht diese zum Instrument, das präzise das Ausgesagte vermittelt.« Unabhängig davon, ob der Beschluss dadurch wirklich zu rechtfertigen wäre, ist dies keineswegs das Verfahren der Edition: An etlichen Stellen werden Interpunktionszeichen eingefügt, Ziffern und Zeichen durch Worte ersetzt, Grammatikfehler im Deutschen wie in anderen Sprachen berichtigt. An etlichen anderen Stellen ist dies freilich nicht der Fall, und es bleibt völlig unklar, unter welchen Bedingungen die Fehler und Flüchtigkeiten Fichtes mal als »unorthodoxe« Schreibweisen passieren, mal als Fehler Korrektur finden. Ähnliches gilt für orthografische Fehler und Inkonsequenzen, die mal belassen, mal angeglichen werden. Manchmal – glücklicherweise eher selten – kommt es bei solchen Eingriffen auch zu groben Sinnentstellungen. So heißt es im Manuskript: »F: Wo treffen sich heute die Schriftsteller im Kaffeehaus / Gütersloh früher saß immer im Café Wien, glaube ich?« Daraus macht der Herausgeber, der offenbar nicht nur A. P. Gütersloh nicht kennt, sondern noch ein paar kostenlose Worte und Satzzeichen parat hat: »Wo treffen sich heute die Schriftsteller, im Kaffeehaus Gütersloh, früher saß man immer im Café Wien, glaube ich?« Usw., usf.

Vollends ärgerlich ist, dass in den Gesprächen die im Manuskript gesetzten Namenskürzel, die eine schnelle Orientierung ermöglichen, durch Spiegelstriche ersetzt werden. Das Resultat all dieser Eingriffe ist ein eklatanter Mangel an Transparenz, der leider für die gesamte Edition der *Geschichte der Empfindlichkeit* charakteristisch ist. Da man sich nicht entscheiden konnte, ob man eine kritische Edition entwickeln, eine dokumentarische Ausgabe erstellen oder erst einmal eine Leseausgabe anbieten will, hat man sich für eine Mischform entschieden, die weder philologisch verlässlich noch eigentlich leserfreundlich ist. Ob es jemals eine verlässlichere Ausgabe geben wird, ist natürlich völlig unklar. Diese jedenfalls ist abgeschlossen, und es sollte ihr ein immenses Verdienst nicht abgesprochen werden: die *Geschichte der Empfindlichkeit* überhaupt erst verfügbar gemacht zu haben – wenn sich auch manches nur erahnen, vermuten, erschließen lässt. Wie damit umzugehen ist, wie diese *Geschichte* nutzbar gemacht werden kann, ist eine Frage, die jetzt an die Forschung geht.

Jan-Frederik Bandel

Hubert Fichte
Hörwerke 1966–86. Features, Lesungen, Reiseberichte, Hörspiele
Zweitausendeins 2006
2 MP3-CDs, 29,95 €

Viel war in den letzten Jahren über orale, akustische und radiophone Aspekte des Werks von Hubert Fichte zu lesen. Hatten Gerd Schäfer und Hartmut Böhme bereits Anfang der 90er Jahre die ungezählten Radioarbeiten des Autors – Features, Reiseberichte, Hörspiele, Interviews usw. – in Erinnerung gerufen und das Radio als »stärkste Determinante der literarischen Formsprache Fichtes« (Böhme) angeführt, konzentrierte sich die Debatte in den letzten Jahren vor allem auf die ästhetischen Fragen des O-Tons und des Interviews. Entscheidend waren hier die CD-Veröffentlichungen des Kölner supposé-Verlags. Mit dem Rundfunkvortrag *Gott ist ein Mathematiker* und der Neuauflage von Fichtes berühmter Star-Club-Lesung aus dem Jahr 1966 *(Beat und Prosa)* wurde ein jüngeres Publikum erstmals mit der Stimme und Intonation dieses Autors bekannt gemacht. Vor allem aber wurde durch die Publikation von Interviews aus dem Hamburger Bordellwesen

(St. Pauli Interviews) und der New Yorker Kunstszene *(Lil Picard)* das Interview thesenhaft als literarische Form präsentiert. Auf diese Veröffentlichungen bezog sich auch die Schriftstellerin Kathrin Röggla, die in einem Essay vom »akustischen Fichte« sprach und auf dessen Experimente an den »Schnittstellen zwischen Mündlichkeit und Schriftlichkeit« hinwies. Die Literaturwissenschaftlerin Hanna Köllhofer beschäftigte sich in ihrer – 2002 unter dem Titel *Akustische Imitationen* auch als Buch erschienenen – Essener Dissertation mit der Hörspielpoetik Fichtes, vor allem mit seinem der Tradition des »Neuen Hörspiels« der späten 60er, frühen 70er Jahre entstammenden sprachexperimentellen Stück *Ich würde ein...* das ebenfalls demnächst als CD-Edition bei supposé erscheinen wird.

Natürlich wirft ein solcher Überblick recht heterogene ästhetische Momente und Fragen durcheinander: Meint die – von Fichte selbst immer wieder herausgestellte – Affinität seiner Romane und Studien zur »zwanghaften Ungebundenheit« des Features zunächst vor allem textstrukturelle und dramaturgische Fragen der Collage und Montage, des Kontrastierens diskrepanter Beobachtungen, Zitate, Interviewfitzel, weisen Kathrin Röggla und der supposé-Verleger Klaus Sander nachdrücklich auf den geringen Eigenwert des Akustischen und Radiophonen zumindest einer Großzahl der Features Fichtes hin. Die Umsetzung von Reiseberichten, Essay, Monologen usw., die häufig fast wortgleich im Druck vorliegen, mithilfe professioneller Rundfunksprecher und gelegentlicher, mehr oder minder passender Musik- und Geräuscheinspielungen sei kaum geeignet, einen ästhetischen Mehrwert zu produzieren. Solche Produktionen seien einzig den Rundfunkgepflogenheiten der Zeit und der finanziellen Notwendigkeit der Zweit- und Drittverwertung von Texten geschuldet und scharf abzugrenzen von Arbeiten, deren ästhetische Reflexion von Fragen des Akustischen ausgeht, also den wenigen Hörspielen Fichtes, den O-Ton-Interviews, den spielerischen Rundfunkinszenierungen mit Texten von Daniel Casper von Lohenstein *(Ibrahim Bassa)* und August von Platen *(Die Geschichte der Empfindungen Augusts von Platen)* usw. Nochmals auf einem anderen Blatt stehen Autorenlesungen, bei denen *per definitionem* das gesprochene Wort dem geschriebenen untergeordnet ist. Natürlich ist die interpretative Kraft von Schreiberstimmen ganz verschieden: Fichte war immerhin – durch seine jugendlichen Theater- und Rundfunkerfahrungen – ein geschulter Sprecher. Eine solche Schule muss, auch in ihrer Zeitgebundenheit, nicht jedem gefallen. So wischt Röggla in ihrem Text die Lesungen Fichtes fort, knochentrocken sei es hier, dramatisch-forciert dort, faszinierend allerdings da, wo Momente einer Interaktion mit dem Publikum, zumal mit einem so diffusen Publikum wie jenem der Star-Club-Lesung hörbar werden. Und schließlich stellt sich die Frage nach den akustischen Effekten, der simulierten Mündlichkeit der Texte, also nach Techniken der Verschleifung, der Aufzählung, der Transkription usw. Um diese geht es in Rögglas Überlegungen zum »akustischen Fichte« primär, die Radio-Aufnahmen selbst sind dabei nachrangig.

Ungeachtet all solcher Einwände bleibt eine Edition des Radiowerks Hubert Fichtes ein Desiderat. Weit über 100 Sendungen hat er seit den 60er Jahren realisiert, und die Forschung kann bisher nicht einmal auf eine halbwegs verlässliche Bibliografie dieser Arbeiten zurückgreifen, geschweige denn auf Textvergleiche, eine Dokumentation redaktioneller Eingriffe usw. Vieles liegt unbekannt in den Archiven, manches muss als gelöscht und verschollen gelten. Begrüßenswert also, dass bei Zweitausendeins nun eine – seit langem angekündigte – Edition unter dem Titel *Hörwerke 1966–86. Features, Lesungen, Reiseberichte, Hörspiele* erschienen ist. Auf zwei CDs mit komprimierten MP3-Daten enthält die Sammlung 18 Stunden Material, das man außerhalb der Senderarchive sonst kaum zu hören bekommt: Lesungen aus Erzählungen, Romanen und ethnografischen Arbeiten, einige ausgewählte Reiseberichte, eine ganze Reihe von Hörspielen und – als Bonus – einen Mitschnitt der berühmten Rede Hans Mayers anlässlich der Verleihung des Hamburger Alexander-Zinn-Preises an den toten Autor.

So viel Stoff das ist, so klein ist der Bruchteil des Fichte'schen

Radiowerks, der damit vorliegt. Umso wichtiger also die Auswahl, die leider nicht durchgängig zu überzeugen weiß. Unbedingt Hörenswertes wie das monumentale, reich mit O-Tönen ausgestattete Marrakesch-Feature *Djemma el Fna,* das allein den Kauf der CDs rechtfertigen würde, und originär Hörspielartiges wie das kleine komische Stück *Romy und Julius,* die Fantasien über den Jesuitenpater Pedro Claver *(San Pedro Claver)* und den Dichterwettstreit zwischen François Villon und Charles d'Orléans *(Ich sterb vor Durst an der Quelle)* stehen hier neben gleich drei akustisch eher belanglosen – allenfalls einmal mit einer Keith-Jarrett-Aufnahme unterlegten – monologischen Vertonungen wohlbekannter Texte *(Eddi, Dell's Tod, Silbergarten)*: Es spricht jeweils eine Sprecherin oder ein Sprecher den langen Monolog einer Figur, souverän und reibungslos. Irritierend auch, warum man hier aus umfassenderen Zyklen einzelne Teile herausgreift: Die Stücke *Eddi* und *Dell's Tod* sind zwei Teile eines insgesamt viergliedrigen Versuchs über *Ehen in New York,* und der Monolog *Silbergarten* bildet das erste Kapitel einer Trilogie von *Materialien zum Studium des religiösen Verhaltens.* So entbehrlich solche filetierten Rundfunklesungen sein mögen, so bedauerlich ist das Fehlen einer ganzen Reihe genuin radiophoner Arbeiten, die einer Ausgabe der »Hörwerke« des – wie's im Klappentext heißt – »besessenen Radiofonikers« Fichtes gut angestanden hätten: *Cartacalo/la und seine Zeit, Kommen Sie doch in meinen Garten zum Hammelbraten, Der Blutige Mann, Ibrahim Bassa, Die Geschichte der Empfindungen Augusts von Platen* und *Ich bin ein Löwe,* um nur die wichtigsten Titel aufzuzählen. Ganz zu schweigen vom Interviewwerk Fichtes und seinen – größtenteils nicht einmal im Transkript vorliegenden – Selbstauskünften im Gespräch. Hier wäre für Experten wie Laien noch viel zu entdecken gewesen. Je pragmatischer man die Edition betrachtet, desto dankenswerter ist sie allerdings: Schließlich freut man sich aufrichtig über jede Minute, die der Unzugänglichkeit und Vergesslichkeit der Archive entrissen wird. Das gilt zumal für die eigenen Lesungen Fichtes, wobei hier der Schwerpunkt der Sammlung auf den frühen Publikationen liegt *(Der Aufbruch nach Turku, Die Palette, Detlevs Imitationen ›Grünspan‹, Versuch über die Pubertät).* Bei der Auswahl aus dem reichen Materialschatz der Archive aber hätte man Robert Galitz und Kurt Kreiler, den Herausgebern der Edition, nicht nur mehr Lust an der These gewünscht, sondern vor allem mehr Konzentration auf jene Momente, die eine Audio-Edition erst eigentlich sinnvoll machen: eben die akustischen.

Jan-Frederik Bandel

Bella triste Nr. 13 und 14
78 bzw. 74 Seiten, jeweils 4 €

Am Erker Zeitschrift für Literatur Nr. 50
156 Seiten, 7,50 €

das heft das seinen langen namen ändern wollte Zeitschrift für sympathische Literatur
Nr. 9, 44 Seiten, 4,50 €

Exot Zeitschrift für komische Literatur Nr. 1, 84 Seiten, 5 €

schreib Nr. 8, 52 Seiten, 1 €

Kritische Ausgabe Zeitschrift für Germanistik und Literatur
88 Seiten, 3,50 €

Die Vielfalt an kulturellen Zeitschriften aus dem alternativen Literaturraum ist in Deutschland derzeit so groß wie lange nicht mehr. Anfang bis Mitte der 90er sorgten wilde Punkfanzines (*Ich und mein Staubsauger, Die kleine Mechthild* u. v. a.), ansprechend gestaltete Zeitschriften im Spannungsfeld von Pop und Politik (*Heaven Sent, Auseinander)* und untergründige Literaturmagazine (*Der Störer, molli* etc.) für viel frischen Wind im Blätterwald. In der zweiten Hälfte des Jahrzehnts verschwanden diese Organe dann von der Bildfläche – und mit ihnen alteingesessene Projekte wie *Der Alltag* oder *Die Gegenwart*. Als wichtiger Grund für den Verlust der unzähligen literarischen Lyrik- und Prosa-Hefte ist sicherlich der Tod von Josef »Biby« Wintjes (1947–1995) zu nennen, dessen Literarisches Informationszentrum in Bottrop und insbesondere das von ihm herausgegebene Nachrichten- und Anzeigenmagazin *Impressum. Der literarische Markt* für die alternative Literatur eine zentrale Netzwerkfunktion erfüllte. Die Hauptursache aber war die Etablierung des Internets als preiswerte Veröffentlichungsalternative zu Druck und Kopierheften. Bis das Potenzial des Internets allerdings erkannt und genutzt wurde, vergingen mehrere Jahre – heute lässt sich kurioserweise feststellen, dass das Internet für die neue Zeitschriftenblüte durchaus mitverantwortlich ist: Ein Beleg unter vielen mag der Umstand sein, dass die vorliegende Zeitschrift aus einem Online-Kulturmagazin hervorgegangen ist. Die Lücke, die Josef Wintjes' Tod 1995 hinterlassen hat, wird heutzutage von Internetforen, allen voran von www.uschtrin.de, geschlossen – wohltuenderweise ohne die früher gängigen Feindbilder (Suhrkamp Culture vs. Privatautor). Wo der schreibende Schüler die gleichen Informationsquellen benutzt wie der preisgekrönte Romancier oder der dichtende Beamte, rückt das literarische Feld sogar enger zusammen. Zumindest ein wenig.

BELLA triste aus Heidelberg ist eines der schönsten neuen Literaturmagazine, mit geschmackvoll ausgewählten Gedichten und Erzählungen junger Autoren, einem edlen, leicht wiedererkennbaren Layout und ungewöhnlichen Aufsätzen und Gesprächen. In der aktuellen 14. Ausgabe wird der Schriftsteller Dietmar Dath zu seinem in vielerlei Hinsicht einzigartigen, inzwischen auf 13 Einzelveröffentlichungen angewachsenen Werk befragt, und in der vorletzten Ausgabe von *BELLA triste* klagt Ingo Niermann, dessen Buch *Minusvisionen* für Kulturschaffende Pflichtlektüre sein sollte, zu Recht über die Verschanzung des etablierten Literaturbetriebs hinter dem Renommee ausgewählter Verlage. Tatsächlich sollte nicht entscheidend sein, wo ein Buch veröffentlicht wird, sondern was darin zu lesen ist. »In Film, Musik, Kunst und sogar Theater gibt es die Möglichkeit, daß Künstler selbst Produktionsfirmen gründen und mit eigenständigen Vertrieben kooperieren«, so Niermann. »In der Literatur dagegen trägt der Selbstverlag weiterhin einen unabwendbaren Makel.« Niermanns These, dass in naher Zukunft die urteilsbildende Macht der Verlage durch neue Technologien deutlich eingeschränkt werden wird, kann man zustimmen – auch wenn man Niermanns Einschätzung, dass der Leser sich bald gänzlich vom gedruckten Buch (und also auch vom Buchmarkt) lösen wird, nicht teilt. Schließlich erlauben der Digitaldruck und das »print on demand«-Prinzip Buch- und Heftproduktionen mit geringem Risiko und günstigem Verkaufspreis, bieten elektronische Rundbriefe nahezu kostenlose Informations- und Werbeflächen, stellt das Internet dezentrale Vertriebswege zur Verfügung und sorgt die Verbreitung von Textverarbeitungsprogrammen für eine Demokratisierung im literarischen Feld. Die Zeiten sind vorbei, in denen man ein Erzeugnis aus dem alternativen Literaturraum auf dem ersten Blick am Schreibmaschinensatz und den Letraset-Überschriften identifizieren und klassifizieren konnte.

Heutzutage entstehen mit verhältnismäßig geringem Aufwand und zum Preis von nur einem Euro literarische Kleinode wie die in Potsdam erscheinende, studentische Literaturzeitschrift *schreib*. Die achte Ausgabe des 52 Seiten umfassenden Heftes im DIN-A5-Querformat kommt in einem einfachen, aber liebevollen Layout daher, die Qualität der veröffentlichten Gedichte und Kurzprosatexte ist schwankend, was der Natur eines solchen Kollektivprojektes innewohnt, trotzdem weist die Ausgabe keine textlichen Ausfälle, dafür aber zwei starke Erzählungen auf, und weiß insbesondere durch die im Heft abgedruckten Fotografien und das tolle Panoramatitelbild von Carmen Winter zu überzeugen. Finanziert wird *schreib* vom Fachschaftsrat Germanistik der Universität Potsdam – und es bleibt zu hoffen, dass auch in Zukunft die Kosten für dieses äußerst charmante Heftprojekt gesichert sind.

Gestrichen wurde dagegen vom Rat der Stadt Münster am 5. April 2006 die jährliche Förderung in Höhe von 2000 Euro für die zweimal im Jahr erscheinende Literaturzeitschrift *Am Erker*, was den Fortbestand der Zeitschrift, die nächstes Jahr ihr 30-jähriges Bestehen feiern will, gefährdet. Erst vor kurzem erschien die 50. Ausgabe von *Am Erker* zum Thema »Literarisches Scheitern« und bot wie gewohnt eine Mischung von Gedichten und Erzählungen neuer Stimmen und namhafter, oft junger und bereits seit längerem zum Autorenstamm zählender Schriftsteller (Tanja Dückers, Marcus Jensen, Markus Orths, David Wagner). Auch wenn *Am Erker* äußerlich an das in Essen beheimatete exzellente Literaturmagazin *Schreibheft* erinnert, fehlt *Am Erker* jede Form von Elitismus, wofür schon die regelmäßig im Heft abgedruckten, schülerzeitungshaften Cartoons von VerstAnd (Andreas Verstappen) sorgen. Die respektlose Haltung setzt sich im umfangreichen Rezensionsteil fort, der in der Regel ein Drittel jeder Ausgabe füllt. Die Bücherschau von *Am Erker* kümmert sich wenig um Verlags- und Autorennamen, deckt ein enormes Spektrum der deutschen Literaturproduktion ab, und macht *Am Erker* für viele Leser und Literaturschaffende unverzichtbar.

Ein eigenes Forum für die neue deutsche Literaturkritik und -wissenschaft bietet die *Kritische Ausgabe*. Die neunte abwechslungsreiche Ausgabe widmet sich dem Thema »Rausch« und bietet u. a. eine schöne biografische Annäherung an Jörg Fauser, ein aufschlussreiches Gespräch mit dem Schriftsteller Norbert Gstrein und eine außergewöhnliche Charakteristik des Werkes des Büchnerpreisträgers Wilhelm Genazino von Benedikt Viertelhaus.

Gefördert wurden die vorliegenden Ausgaben von *Am Erker, Bella Triste* und *Kritische Ausgabe* allesamt vom Deutschen Literaturfonds, der im April 2006 wegen der gewaltigen Bezuschussung (300 000 von insgesamt 726 795 zu vergebenden Euro) einer Sondernummer der österreichischen Literaturzeitschrift *Volltext* in die Schlagzeilen geriet. In der Diskussion stand allerdings weniger die Frage, ob man Gelder eher nach dem Gießkannenprinzip verteilt oder gezielt größere Projekte unterstützt, als vielmehr die Person Gunther Nickels, der Gutachter und Projektbetreuer des Deutschen Literaturfonds ist, gleichfalls als Autor und Dozent an mehreren bezuschussten Projekten und eben auch an der Zeitschrift *Volltext* persönlich beteiligt ist. Dieser Fall ist ein Musterbeispiel für die Funktionsweisen, Verflechtungen und Kämpfe innerhalb des literarischen Feldes – und es überrascht nicht, dass sich die Herausgeber Joachim Feldmann *(Am Erker)*, Florian Kessler *(BELLA triste)* und Chefredakteur Marcus Diel *(Kritische Ausgabe)* in einem offenen Brief für Gunther Nickel eingesetzt haben.

Vom FUKA-Fonds der Stadt Luzern gefördert wurde die neunte Ausgabe des schweizerischen Literaturmagazins *das heft das seinen langen namen ändern wollte*, das durch das DIN-A5-Format und mit seiner Klammerheftung am stärksten an die Literaturfanzines früherer Zeiten erinnert. Zu Recht trägt das Heft den Untertitel »Zeitschrift für sympathische Literatur« und bietet auf 44 Seiten kurze, kunstvolle und durchweg originelle Lyrik und Prosa. Einer der vielen Höhepunkte des Heftes ist Christoph Simons Beitrag »Lollypoplutschen« zum »Lexikon der ausgestorbenen Sportarten«. Für Liebhaber des absurden und subtilen Humors sollte diese Ausgabe ein Pflichtkauf sein.

Weniger ausgewogen und mehr als Fundgrube präsentiert sich dagegen noch die erste Ausgabe von *Exot*. Die »Zeitschrift für komische Literatur« versammelt einige schöne und gelungene Texte, doch in den 84 Seiten des Debüts stecken zu viele, nicht konsequent ausgeführte Ideen. Die Besprechung einer *Zimmer frei*-Folge oder Gespräche mit Poetry Slam-Legenden und -Akteuren lenken zu sehr ab vom Eigentlichen, von der Komik und dem Komischen. Das Ergebnis ist trotzdem beachtlich – und es wird spannend zu sehen sein, wie es den Machern gelingen wird, die Kräfte in Zukunft mehr zu bündeln: Der *Salbader* aus Berlin könnte in dieser Hinsicht ein Vorbild sein. Entdeckungen machen, Entwicklungen beobachten … Das macht die Freude der Lektüre literarischer Magazine aus. Ich freue mich jedenfalls bereits sehr auf die zweite *Exot*-Ausgabe.

Marc Degens

DAS GEWISSEN, DIE SCHÖNE SEELE, DAS BÖSE UND SEINE VERZEIHUNG

Sascha Hommer *Helden der Neuzeit*

SEHR VIEL GRÖSSER, MIT MÄCHTIGEN WAFFEN!

EINE FIRMA HAT DIESEN TRAUM IN PLASTIK GEGOSSEN.

DER ERFOLG DER ACTIONFIGUREN...
...WAR SO UMWERFEND,...
DER HIER IST NOCH STÄRKER!
VON WEGEN.
...DASS SOGAR EINE SERIE FÜR MÄDCHEN PRODUZIERT WURDE (DAS WEIBLICHE PENDANT WAR NICHT NUR "STARK", SONDERN VOR ALLEM AUCH "SCHÖN").

BALD ABER FUNKTIONIERTE DAS SPIEL NICHT MEHR, ...

DIE PLUMPEN MUSKELMÄNNER WURDEN ABGELÖST VON DYNAMISCHEREN HELDEN.

ICH VERGASS DIE HOFFNUNG AUF ÜBERMENSCHLICHE KRÄFTE,...
... EBENSO GRÜNDLICH, WIE ICH MIR DAMALS DIE ZÄHNE PUTZTE.

BIOTOP HH
Gespräch mit Sascha Hommer über die Hamburger Comicszene

Von Jan-Frederik Bandel

Arne Bellstorf *Heartache (every inch)*
aus: *Orang* Nr. 5

»Comics aus Hamburg« heißt die neue Ausgabe des Comicmagazins *Strapazin,* die du – gemeinsam mit David Basler – zusammengestellt hast. Wie ist das zustande gekommen? Das *Strapazin* ist ja ein Synonym für inhaltlich wie grafisch anspruchsvolle Comics, Avantgardecomics – eigentlich das einzige deutschsprachige Periodikum, das mit einer solchen Verlässlichkeit seit so langer Zeit erscheint. Es gibt fast ausschließlich Themenausgaben, häufig gebunden an die Szene bestimmter Länder oder Städte. Die letzte Hamburg-Ausgabe liegt 13 Jahre zurück, jetzt haben sie gemerkt, es passiert wieder etwas, und haben ziemlich schnell reagiert. Das heißt, wenn man die Vorlaufzeit bedenkt: Sie haben sich schon vor über einem Jahr überlegt, etwas zu machen – und haben sich auch überlegt, dass ich das machen soll. Was mich damals sehr überrascht hat, mich heute nicht mehr so überraschen würde. Aber so ist es ja immer: Etwas wird an einen herangetragen und man fragt: Ich? Dann macht man es und denkt sich: Ja klar, ich. Jedenfalls haben die Schweizer damals das Hamburger Comicmagazin *Orang* in die Hand bekommen und gesehen, dass da jemand – nämlich ich – einen Haufen interessanter Zeichnerinnen und Zeichner versammelt.

Es war dann gar nicht so leicht, die Leute auszusuchen, die beim Hamburg-*Strapazin* mitmachen sollten, weil es viel mehr gute Zeichner hier gibt, als in so einem Heft Platz haben. Wer bleibt außen vor? Fabian Stolz z. B. ist nicht drin, Teer, Wittek, um nur einige bekannte Namen zu nennen. Aber man muss etwas auswählen, also haben wir versucht, eine spannende Mischung herzustellen. Im Heft sind einige Vertreter der Avantgarde der 90er zu finden: Martin tom Dieck, Anke Feuchtenberger. Auch Stefano Ricci, der 2003 nach Hamburg gezogen ist, kann man dazuzählen – auf jeden Fall ist bei ihm der Gestus sehr stark, Comics nachdrücklich als Kunst zu präsentieren, was man ja mit der 90er-Avantgarde verbindet. Calle Claus, diceindustries und Jule K. stehen durch ihre Anbindung an den Underground für mich zwischen den Generationen, wenn man das so nennen will, wobei diceindustries hier nicht eindeutig zuzuordnen ist. Die dritte Gruppe oder Generation bilden dann die jungen Leute, die auch im Wesentlichen das *Orang*-Magazin machen: Arne Bellstorf als im Moment sicher prominentester Vertreter, Line Hoven, Verena Braun, Till Thomas und ich, schließlich Klaas Neumann und Gregor Wiggert, die im *Strapazin* Illustrationen gemacht haben. In meiner – zugegeben: sehr speziellen – Wahrnehmung sind das tatsächlich drei Generationen oder zumindest Gruppierungen. Calle und Jule haben schon bei Anke Feuchtenberger studiert. Aber für uns – die *Orang*-Leute – waren sie selbst bereits fester Bestandteil der Hamburger Szene, als wir hierher kamen, um zu studieren.

Ist das Heft denn eine Art Straßenatlas der momentanen Hamburger Comicszene? Oder gibt es eine gemeinsame Stoßrichtung? Na ja, wenn man das Heft durchblättert, sieht man: Es gibt offensichtlich eine sehr ruhige, etwas melancholische Grundstimmung. Die einzigen Geschichten, die laut sind, stammen von Stefano Ricci und Jule K., bei der es ja immer etwas punkig, girliemäßig zugeht. Auch bei Calle Claus sieht man natürlich deutlich, dass seine Bildsprache in einer Undergroundtradition steht. Trotzdem: Bei Line Hoven sind es sehr stille Bilder. Und Arne Bellstorf ist sowieso das Vorzeigebeispiel für diese Hamburger Atmosphäre: Es geht in seiner Geschichte um einen kleinen Jungen, der bei einer Frau Rabe einzieht. Er ist bedröppelt, bedrückt, man weiß nicht so recht, was mit ihm los ist. Er schaut aus dem Fenster. Eigentlich sollte er seinen Koffer auspacken, geht aber wieder zum Fenster. Okay, da steht dann ein Schneemonster, aber die Grundstimmung ist sentimental, still, etwas leidensschwer. Auf der anderen Seite hat man durchaus expressive Zeichnungen, vor allem natürlich bei Anke Feuchtenberger. Aber ein Expressionismus, wie er andernorts Mode ist, hingerotzte Zeichnungen, Seiten kurz vorm Explodieren: So etwas scheint es in Hamburg zurzeit nicht zu geben.

Das finde ich auch bemerkenswert, dass eine solche Bandbreite im *Orang* und jetzt im *Strapazin* zu entdecken ist: Denn obwohl fast alle bei Feuchtenberger an der HAW (Hochschule für Angewandte Wissenschaften) studieren, gibt es eigentlich niemanden, der ihren doch sehr einprägsamen (und durchaus dankbar zu plagiierenden) Stil über-

nimmt. Klar, es ist selbstverständlich, dass die Leute ganz Unterschiedliches mitbringen, wenn sie anfangen. Es ist aber wohl nicht selbstverständlich, dass sie auch etwas Unterschiedliches mitnehmen, wenn sie fertig sind. Es ist tatsächlich überhaupt nicht selbstverständlich, dass ein Lehrer in der Lage ist, etwas zu fördern, das anders aussieht als das, was er selbst macht. Das hört man ja aus jeder Schule und von fast jedem Lehrer: Die Leute können nur das unterstützen, was ihrer eigenen Entwicklung, ihrer eigenen Einsicht, ihrem eigenen Geschmack entspricht. Als ich hier an der Schule anfing, hatte ich durchaus den Verdacht, dass es auch bei Anke darauf hinauslaufen müsste, denn es gibt in der Armgartstraße natürlich sehr viele sehr schlechte Feuchtenberger-Kopisten. Aber ich habe dann schnell gemerkt, dass sie dort fördert, wo sie eine Kraft sieht.

Du bist ja selbst erst nach Hamburg gezogen, weil du bei Anke Feuchtenberger studieren wolltest. Genau: Ich hatte beim »Fumetto«-Comicfestival eine Ausstellung von ihr gesehen. Wobei ich nie vorhatte, wie Anke zu zeichnen. Nun gut, ich habe die Avantgarde der 90er immer als eine Schiene, eine Gruppe wahrgenommen: Martin tom Dieck, Anke Feuchtenberger, Atak, solche Leute. Und diese Richtung wollte ich durchaus bedienen. Aber die Ergebnisse waren eher unbefriedigend.

Wie sieht denn überhaupt deine Comicbiografie aus? Ich habe irgendwann, ich glaube, ich war erst drei Jahre alt, einen *Asterix*-Band geschenkt bekommen, was relativ komplex ist für einen Dreijährigen. Ich konnte das erstens nicht lesen, zweitens sind die Zeichnungen sehr klein, es sind viele Bilder auf einer Seite. Ich habe das immer vorgelesen bekommen. Und so ist Asterix für mich das geworden, was in der Transaktionsanalyse als »mythischer Held« bezeichnet wird, eine Figur, mit der man sich so stark identifiziert, dass man Eigenschaften von ihr annimmt. Ich war sehr klein für mein Alter, Asterix ist auch total klein. Asterix kämpft gegen die Unterdrücker. Er löst viel mit Intelligenz, hat aber gleichzeitig Kräfte. Ich dachte als Kind lange, dass ich Superkräfte hätte. Auf jeden Fall habe ich angefangen, das nachzuzeichnen. Ich hab ganze Skizzenblöcke und Loseblattsammlungen gefüllt mit nachgezeichneten Asterix-Comics, sehr primitiv, aber damals dachte ich schon, das sieht so ähnlich aus. Das Medium hat mich so gepackt, dass ich z. B. versucht habe, Filme als Comics umzusetzen. Was eine spannende Aufgabe ist: Welche Szene fasse ich wie zu einem Bild zusammen?

Als ich zwölf war, hab ich Comics verkauft in der Klasse, einmal im Monat kam ein Band raus mit *Kommissar-Albert-Humbert*-Comics. Kommissar Albert Humbert hatte ein Superauto, ähnlich wie Michael Knight in *Knight Rider*. Es hatte allerdings durchaus cartooneske Züge – mit einigen Anleihen bei *Clever und Smart*. Das waren Comics, die ich damals so gelesen hab. Das Heft konnte man auch abonnieren. Ich habe alles mit Bleistift gezeichnet, dann kopiert. Die Auflage lag bei 15 Stück. Die Klassenlehrerin hatte auch ein Abo. Mit 13 hab ich für eine Weile aufgehört, Comics zu zeichnen. Irgendwie haben mich andere Sachen interessiert. Aber als ich 16 war, hat mein Vater mir einige *Schwermetall*-Hefte gegeben, und ich habe zum ersten Mal Moebius gesehen, Enki Bilal, Philippe Druillet, Richard Corben. Das fand ich toll, diese Art zu zeichnen. Also habe ich versucht, so etwas zu machen. Ich habe relativ lange Zeit in einer komischen Mischtechnik mit halb leeren Eddings und Tusche versucht, Richard Corben zu imitieren. Das habe ich im Prinzip auch noch zu dem Zeitpunkt gemacht, als ich plötzlich von Ankes Arbeiten beeindruckt war, obwohl das ja eine ganz andre Richtung ist. Ihre Comics sind zwar teilweise nicht weniger pathetisch, aber es ist intellektuell doch ansprechender.

Hmm, bei Richard Corben geht es ja doch eher um lange Schwänze, Ballerbusen und ziemlich haarige Monster. Ja, das ist eigentlich eine völlig andere Ecke. Auch von der Zeichenkunst, denn Ankes Sachen sind ja formal ganz klar.

Gut, du kamst dann nach Hamburg und hast die Leute getroffen, mit denen du jetzt das *Orang* machst. Als ich an die Schule kam, war ich ein bisschen enttäuscht. Okay, es gab ein Comicmagazin, gegründet von Judith Drews, so ein Din-A5-Kopierheft-Magazin namens *Strichnin*. Ich fand das zu wenig. Also habe ich das *Orang* gegründet, das am Anfang auch einfach ein billiges Fanzine war und überhaupt nicht gut aussah. Es war tatsächlich so, dass viele Leute, die mitmachten, erst mit der Zeit entschieden haben: Okay, wir wollen bei den Comics bleiben. Das war sehr wichtig: Ein paar Leute finden sich, es entwickelt sich ein Zusammengehörigkeitsgefühl, sie fangen an, etwas Eigenes zu entwickeln. Es hätte alles ganz anders laufen können. Ich war sehr froh, dass es plötzlich drei, vier Leute gab, bei denen ich das Gefühl hatte: Okay, die wollen auch wirklich in eine Richtung arbeiten. Das war so bei der dritten Ausgabe von *Orang*. Vorher war ich eine Art Alleinherrscher, der alles bestimmt hat. Aber ab der dritten Ausgabe hatte ich zum ersten Mal das Gefühl, wir haben was zu bieten.

Wir haben eine Releaseparty in der Schilleroper gemacht, und es war so überfüllt, dass ab elf Uhr Einlassstopp war. An solchen Punkten merkt man einfach, es wird auch von anderen wahrgenommen, irgendwie entsteht etwas. Und ab der vierten Ausgabe haben wir dann auch mit Offset-Druck gearbeitet. Man kann also sagen, dass viele Leute durch das, was an der Hochschule im Bereich Comic passiert ist, sich irgendwann entschieden haben, in diese Richtung weiterzumachen. Es hätte genauso gut sein können, dass die Leute anfangen, Kinderbücher zu gestalten. Man hat ja nur eine begrenzte Lebenszeit. Auf irgendetwas muss man sich spezialisieren.

Wie funktioniert Comic an der Akademie? Ist das eine Vorgabe, z. B. in den Kursen von Anke Feuchtenberger? Nein. Viel mehr als thematische Vorgaben – z. B. »Märchen« – gibt es in der Regel nicht. Du kannst in den Kurs kommen und zum Thema »Märchen« Plakate herstellen oder Comics oder was auch immer. Das bedeutet einfach in der Unterrichtssituation, dass man zu Hause arbeitet, fertige, halbfertige Sachen in den Unterricht mitbringt und dann in der Gruppe mit ihr und den anderen Studenten darüber diskutiert, in welche Richtung es weitergehen könnte.

Das heißt aber auch: Eine Auseinandersetzung mit bestimmten Traditionen oder mit Techniken und Theorien der Narration findet nicht statt. Das muss man sich schon selbst erarbeiten. An Einzelarbeiten wird vielleicht einiges deutlich: Wie kommt man von einem Bild zum anderen? Ist dieser Übergang gelungen oder nicht? Es gibt keine Vorlesung über Narration, nach deren Vorgaben dann gearbeitet würde. Es muss aus einem selbst kommen, was man machen will. Es muss mit einem selbst zu tun haben. So funktionieren ja auch Ankes eigene Arbeiten: als Auseinandersetzung mit der eigenen Person, mit der eigenen Psyche usw.

Ich meinte jetzt auch keine normative Ästhetik, sondern zum Beispiel: Analysen vorhandener Narration, ob das jetzt Moebius ist oder Carl Barks oder *Wendy* oder was auch immer. Das entspricht nicht Ankes Arbeitsweise, weil sie selbst sehr wenig verhaftet ist in den comictypischen Konventionen. Sie ist eben nicht mit Comics aufgewachsen, sondern ist eine Quereinsteigerin, wodurch sie andererseits eben viele Arbeiten mit großer Unvoreingenommenheit beurteilen kann. Als Georg Barber da war – also Atak, und anderthalb Jahre unterrichtet hat, hat er versucht, das systematischer aufzubauen. Er hat zu jeder Unterrichtsstunde eine Auswahl an Beispielen mitgebracht, an die Wand gehängt: Beispiele von Narration, wie kann man das machen? Er hat versucht, einen kleinen Regelkatalog aufzustellen. Das war schon sehr anregend, eine sehr gute Ergänzung zu Ankes eher intuitivem Ansatz. Leider ist er nicht mehr an der Schule. Mit Stefano Ricci und Martin tom Dieck sind nun aber glücklicherweise zwei weitere Comiczeichner als Lehrer an der HAW tätig.

Also, im Grunde gibt es in Anke Feuchtenbergers Kursen eigentlich nur die Möglichkeit, seine Sachen zu zeigen und darüber zu sprechen? Ich glaube, dieses Forum zu haben, sich zu treffen, über die Arbeiten zu sprechen, über Qualitätskriterien innerhalb der Arbeiten, ist sehr viel. Auch beim *Orang* hab ich immer sehr großen Wert darauf gelegt, dass man wirklich über die Arbeiten spricht, auch im Hinblick auf ihre Qualität. Das ist insofern nicht selbstverständlich, als die Künstler immer sehr zartbesaitet und sofort beleidigt sind, wenn überhaupt qualitative Kriterien an ihre Arbeit angelegt werden. Das ist ja der persönliche Ausdruck, das kommt aus der »Seele« oder was weiß ich. Dass so ein Ort da ist,

Verena Braun *Interlude*
aus: *Orang* Nr.5

Till Thomas *Generalschlüssel*
aus: *Orang* Nr. 5

Anke Feuchtenberger *Vermessenheit & Raumerziehung*
aus: *Orang* Nr.4

Martin tom Dieck *Der Frisör und der Teufel*

aus: *Strapazin* Nr. 82

Baby, it's cold outside

Line Hoven *Baby, it's cold outside*

aus: *Orang* Nr. 5

Line Hoven *Utopia – Flucht in die Zukunft*

aus: *Strapazin* Nr. 82

dass es eine Autoritätsperson gibt, die schon durch die Institution das Recht hat, Kritik anzumelden, ist sehr viel wert.

Ich frage auch deshalb nach narrativen Techniken, weil ich den Eindruck habe, dass gerade die *Orang*-Gruppe vermehrt auf erzählerische Formen setzt, in Kurzform, aber auch in längerer Form wie in Arnes graphic novel *acht, neun, zehn* oder jetzt in deinem Album *Insekt*. Das würde ich auch sagen. Ich sehe das bei Arne, bei Line und bei mir selbst. Bei Klaas und Till bin ich mir nicht sicher, ob sie wirklich in die Richtung *graphic novel* wollen. Verena Braun ist, denke ich, eine begnadete Erzählerin, die sich einfach mal dran trauen müsste, etwas Längeres zu machen. Diese Bewegung steckt allerdings noch in den Kinderschuhen. Das liegt auch daran, dass die Leute alle noch sehr jung sind, dass man schließlich die Grafik erst einmal in den Griff bekommen muss.

Es betrifft ja auch die Präsentation: Sind Comics an der Wand einer Galerie am richtigen Ort? Oder ist das nur der Anlass, der Rahmen, seine Arbeit zu präsentieren und eine Party zu machen? Und was für eine Einstellung zum Medium drückt sich darin aus? Für mich war es immer so, dass das Buch im Vordergrund steht, dass die Arbeit für das Gedruckte stattfindet und dass es in den meisten Fällen wenig Sinn hat, die Originale an die Wand zu hängen. Für jemanden, der selbst keine Comics zeichnet, kann es unter Umständen allerdings sehr interessant sein, das an der Wand zu sehen: Okay, das sieht ja fast so aus wie gedruckt. Es hat auch fast dasselbe Format. Ein Erkenntnismoment. Für mich selbst war es sehr spannend, in Berlin beim Comicfestival die Arbeiten von Julie Doucet zu sehen. Ich war davon ausgegangen, dass die Zeichnungen viel größer sein müssten, so feinteilig wie sie sind. Sie muss einen ziemlich krummen Rücken haben.

Aber die Wand einer Galerie ist ja nicht einfach eine Wand, an der etwas mehr oder minder Informatives hängt. Sie bedeutet etwas. Man stellt das Narrative hintan. Man stellt auch das Moment der Reproduktion hintan und behauptet die Arbeit als Kunstwerk – mit allem, was an Aura dazugehört. Es gab wohl eine Entwicklung in der gesamten abendländischen Kunst, die dahin geführt hat, dass Werke Einzelwerke sind, dass es nicht narrativ sein darf. Ich selbst fände es seltsam, wenn ich die Sachen für mein neues Buch z. B. einfach an die Wand hängen würde, und das wäre die Ausstellung zum Buch. Aber ich weiß nicht, wie sich das für Außenstehende darstellt.

Es ist ja so, dass die Comic-Avantgarde der 90er sehr stark auf diese Präsentationsform gesetzt und entsprechende Formen entwickelt hat, bei denen das Gestalterische, Grafische die Erzählung dominiert oder ganz ersetzt. Deine eigenen Arbeiten in *Orang,* die ins Vorfeld des Albums *Insekt* gehören, bewegen sich genau in einem Zwischenfeld, indem sie die Erzählung in Diagramme auflösen, die der Leser dann wieder zu einem Ablauf zusammensetzt. Im Album hast du diese Form allerdings wieder aufgegeben. Man muss das gar nicht gleich als Vergangenheit abtun. Mein Interesse bei *Insekt* war, mir selbst zu beweisen, dass ich auch konventionell erzählen kann. Für mein nächstes Projekt habe ich schon vor, beide Sachen zu mischen. Für mich sind die grafischen Experimente eine zweischneidige Sache. Wenn ich mir z. B. Sachen von M. S. Bastian anschaue, bin ich doch eher skeptisch. Da gibt es eine so extreme Formsprache, die signalisiert: Kunst, Kunst, Kunst! Aber das ist auch ein Generationsding. Ich glaube wirklich, dass wir damit nicht viel zu tun haben.

Weil dieser Kampf schon gekämpft ist. Genau, die Kämpfe sind schon gekämpft von unseren Vorgängern. Gleichzeitig ist es so, dass diese Vorgänger wichtig waren, weil sie die Ersten waren, die dem deutschen Comic international ein Forum gegeben haben. Früher gab es immer nur Einzelpersonen, Matthias Schultheiss oder Chris Scheuer wurden international wahrgenommen, aber als Einzelpersonen. Plötzlich gab es eine deutsche Schule. Auf dieser Grundlage wollen wir weitermachen und zeigen: Es gibt eine neue Generation, die geht in eine andere Richtung. Aber etwas wirklich Spezifisches hat sich bei uns bisher noch nicht entwickelt, dass man sagen könnte: Okay, das sind die Deutschen, die arbeiten so und so …

Das muss es ja auch nicht. Das muss es auch wirklich nicht.

Arne Bellstorf
acht, neun, zehn
Reprodukt 2005
96 Seiten, 13 €

Strapazin
Nr. 82: Comics aus Hamburg
80 Seiten, 6 €

Anke Feuchtenberger
Wenn mein Hund stirbt, mach ich mir eine Jacke
Kikipost 2005
120 Seiten, 20 €

Orang
Nr. 5, 112 Seiten, 9,90 €

Sascha Hommer
Insekt
Reprodukt 2006
128 Seiten, 10 €

Es gibt ja zurzeit den Konsens, dass in Hamburg wirklich was passiert. Warum eigentlich Hamburg?
Tja, warum Hamburg, wenn man mal von den hier ansässigen großen Verlagen wie Carlsen oder Tokyo Pop absieht? Zum einen ist es eben so, dass Leute nach Hamburg ziehen, um sich mit Comics zu beschäftigen, weil es eine bekannte Comiczeichnerin an der Hochschule gibt. Zum anderen hat Hamburg eine lange Tradition von Independent- und Undergroundcomics. Das find ich auch interessant, seit ich in Hamburg bin: zu sehen, mit welchen Organisationsformen diese Szene funktioniert. Da gibt es das, was vielleicht Wittek verkörpert z. B. mit der »Heftich«, einer Messe für diese Kopierszene und diesen Grenzbereich von Liebhaberei und Selbermachen. Leute, die *Star Wars*-Motive nachzeichnen, wo man, wenn man aus dem akademischen Kontext kommt, wahrscheinlich sagen würde: Was soll das denn? Aber das ist eine Liebhaberszene, die sich eben auch hobbymäßig selber betätigt. Leute, die Modellbau betreiben, gehen wohl auch auf Modellbaumessen. Die bauen vielleicht auch interessante Dinge. Und Wittek betreibt diese Nichtprofessionalität seit vielen Jahren professionell.

Hamburg ist natürlich auch einfach eine gute Stadt für Illustratoren, weil viele Zeitungsverlage und andere Verlage hier sitzen. Und Illustratoren neigen dann doch am ehesten dazu, Comics zu machen. Aber letztlich ist immer entscheidend: Welche Personen treffen an einem Ort zusammen und entwickeln gemeinsam was? Warum will jemand an einen Ort und da etwas Bestimmtes machen? Und dann ergibt sich unter Umständen viel. Ich sehe das wie Biotope, die da entstehen. Wenn man eine einzige Person rausnimmt, könnte es sein, dass das Ganze nicht mehr existiert. ❑

Chris Ware
Rusty Brown
The Acme Novelty Library 16
Fantagraphics 2005
64 Seiten, 15,95 $

»Agglomerating the first half of the introductory preface of the glacially-accreting pictogrammatic narrative experiment arbitrarily designated, for purposes of convenience, as ›Rusty Brown‹ as well as presenting perfunctory prefatory remarks regarding our second, though no less glacial tale, tentatively titled ›Building Stories‹, to which the careful reader will note a suspicious similarity of themes, ideas, and color tints, despite its being an entirely independent and intentionally remote aesthetic organism.«

So die Einleitung zu Chris Ware's neuestem Streich: der mittlerweile sechzehnten Ausgabe seiner *Acme Novelty Library*, eben jenem Magazin, in dem er neben diversen kleineren Cartoon-Reihen und erfundenen Werbeanzeigen auch seine in Buchform als Meilenstein des Genres gefeierte graphic novel *Jimmy Corrigan* veröffentlichte. Nun also der Beginn zweier neuer Serien: *Rusty Brown* und *Buidling Stories*; erstere – von der schon kürzere Ausschnitte in früheren Ausgaben der *Acme Novelty Library* zu lesen waren – die Lebensgeschichte des klassischen Nerds Rusty Brown: fett, introvertiert, sexsüchtig, eklig, und nur von einer Leidenschaft getrieben: Comics und Action-Figuren zu sammeln.

Alles ist verschneit, als die Geschichte beginnt. Und ebenso unterkühlt werden auch die menschlichen Beziehungen dargestellt, die sich in diesem Szenario abspielen: Rustys Vater, Lehrer am College, der von den Schülern schon lange nicht mehr ernst genommen wird, ist genauso verkommen und widerlich wie sein kleiner Sohn – hier noch acht Jahre alt – es einmal sein wird. Die Lehrer gehen zwar miteinander scheinbar freundlich um, hinterrücks ziehen sie aber über ihre Kollegen her. Der Autor hat sich hier als von allen belächelte Kunstlehrer-Figur »Mr. Ware« selber eingebaut, und man kann nur hoffen, dass sein deprimierendes Privatleben im Comic nicht der Wirklichkeit entspricht. Rustys einziger Begleiter – das weiß man aus anderen Ausschnitten der Serie – ist sein Klassenkamerad, Chalky White, der hier ebenso wie seine selbstbewusste Schwester den ersten Tag in der neuen Schule erlebt: der Beginn einer befremdlichen Freundschaft.

Komplex wie die Struktur eines Eiskristalls wird nun diese an sich triviale Geschichte – ein ganz gewöhnlicher Schultag drei amerikanischer Kinder – erzählt: Auf den zweigeteilten Seiten läuft oben die Geschichte Rustys, unten, in wesentlich kleineren Bildern, die Chalkys und seiner Schwester. Wie immer gelingt Ware dabei das Kunststück, barocken Überfluss mit neu sachlichem Minimalismus zu kombinieren, der hier im Vergleich zu *Jimmy Corrigan* noch um einiges gesteigert wirkt. Den bunten und auf den ersten Blick sehr ästhetischen Panels steht die nüchterne Geschichte entgegen: In dieser passiert nicht gerade viel – aber das wird überaus kompliziert erzählt. Diese Diskrepanz machte *Jimmy Corrigan* zu einem Meisterwerk. Hier – so weit sich schon ein Urteil über die gesamte Serie abgeben lässt – wirkt sie wie ein zweiter Aufguss, weil der Charakter Rusty Browns dem Jimmy Corrigans sehr ähnelt. Somit ist das Lesevergnügen etwas eingeschränkt; denn nicht nur die ohnehin dünne Handlung, sondern auch ihre Darstellung sind vorhersehbar. Ja, mitunter nervt die wehleidige und einseitige Charakterzeichnung der Figuren, die sämtliche Amerika-Klischees bedient, die man hier zu Lande hat. Dass Ware dabei immer noch Bilder schafft, die in ihrer poetischen Sterilität schlichtweg atemberaubend sind, und dass er zugleich über eine phänomenale Erfindungsgabe verfügt, was Techniken des ungewöhnlichen Erzählens angeht, steht außer Frage.

Beide Vorzüge kommen denn auch in den vier Folgen seiner zweiten neuen Serie, *Building Stories*, voll zur Geltung. Stets ist die Außenansicht eines Wohnhauses zu sehen, von dem Panels wegführen: Hier werden kurze Episoden aus dem – wie nicht anders bei Ware zu erwarten – deprimierenden Leben der Bewohner – einer beinamputierten jungen Frau und eines Ehepaars, aber auch z. B. einer Bienenfamilie – erzählt. Das alles: ohne Worte. Die kleinen Dramen des Alltags, von denen *Buidling Stories* handelt, wirken hier ungleich konzentrierter als in *Rusty Brown*. Die ungewöhnliche Darstellungsform lässt den Leser zudem auch bei wiederholter Lektüre neue Details und Querverbindungen entdecken: *Bulding Stories* ist Deleuze' und Guattaris Comic gewordener Traum vom rhizomatischen Erzählen.

Alles in allem stellt also der 16. Band der *Acme Novelty Library* einen viel versprechenden Teaser für die Fortsetzung von *Rusty Brown* und *Buidling Stories* dar. Außerdem: Wie könnte man Ware schon für die eine oder andere Selbstwiederholung ernsthaft böse sein, heißt es doch unter der Einleitung auf dem Cover: »Apologies to anyone who purchases this volume and suffers irretrievable disappointment!«

Thomas von Steinaecker

Christophe Blain
Isaak, der Pirat
Bd. 4: Die Hauptstadt
Reprodukt 2006
48 Seiten, 12 €

Piraten, Seestürme, Meutereien, fremde Länder, schöne Frauen. Die Zutaten von Abenteuercomics sind der Stoff, aus dem die Träume heranwachsender Buben sind. Sich – während draußen der deutsche Kleinstadtregen niedergeht – von den Zeichnungen in eine fremde Welt entführen lassen, die ungleich spannender ist als die eigene; das Bett zur Hängematte machen. Dieses Rezept hat aber zwei Nachteile. A: Das weibliche Publikum oder besser: Mädels können mit solchen Themen meistens nichts anfangen. B: Ist die männliche Leserschaft erwachsen geworden, werden ihr all die Klischees und die Vorhersehbarkeit der Handlung bewusst. Der Abenteuercomic taugt nur noch zu nostalgischen Erinnerungen an die eigene Jugendzeit.

Oberflächlich betrachtet, ist Christophe Blains *Isaak, der Pirat*, von dem mittlerweile in Deutschland vier Bände erschienen sind, so ein Comic gewordener Bubentraum. Isaak ist im schmutzigen und verwinkelten Paris des 18. Jahrhunderts ein erfolgloser Maler, der zusammen mit seiner großen Liebe Alice vom Durchbruch träumt. Der scheint gekommen zu sein, als Isaak von einem undurchsichtigen kleinwüchsigen Fremden angeheuert wird, eine Schiffsreise nach Amerika für eine spätere kommerzielle Auswertung zeichnend zu begleiten. Es folgen: ein Piratenüberfall, Skorbut, Meuterei sowie Abstecher ins Eismeer und in die Karibik. All die Abenteuer machen aus Isaak nach und nach einen harten und melancholischen Kerl, der seine Frau vermisst. Die hat mittlerweile jede Hoffnung, ihren Mann wieder zu sehen, aufgegeben und sich auf einen aalglatten Kavalier eingelassen. Als Isaak im jetzt erschienenen vierten Band der Reihe, *Die Hauptstadt*, zusammen mit seinem mit allen Wassern gewaschenen Piraten-Freund Jacques nach Paris zurückkehrt und sich einer Taschendieb-Bande anschließt, muss er feststellen, dass Alice mit ihrem Kavalier auf Hochzeitsreise verschwunden ist – sein fester Vorsatz, sie zu finden, lässt ahnen, dass noch einige weitere Bände der Reihe auf den Leser warten.

Blains *Isaak*-Comics sind jedoch weit mehr als der bloße Aufguss einer bewährten Formel. Was jedem, der die Bände aufschlägt, als Erstes ins Auge sticht, sind die expressionistisch anmutenden Zeichnungen: Vor – je nach Handlung – aufgeregt grellen oder unheimlich düsteren Kulissen bewegen sich die meist karikaturhaft überzeichneten Figuren, die trotz oder gerade durch ihre langen Nasen und eckigen Köpfe nur umso eindrucksvoller und paradoxerweise: realistischer wirken. Blaines Nähe zu anderen Zeichnern des französischen »L'Association«-Kreises, mit denen er als Co-Autor schon zahlreiche andere Projekte realisiert hat, ist ebenso augenscheinlich wie sein vollkommen eigener Stil. Dazu kommt die Handlung, die zwar alle bekannten Abenteuer-Comic-Zutaten enthält, diesen aber neue Facetten abgewinnt. Das beginnt bei der intermedialen Grundidee der Bände, einen Maler auf Reisen zu schicken, der im Comic wiederum selber zu zeichnen beginnt. Den Protagonisten ist darüber hinaus eine Tiefe zu eigen, die sich sonst im Genre selten findet: Isaak ist schwermütig, Alice wild und doch verletzlich, Jacques ein liebenswürdiges Schlitzohr. Brutaler Ernst und burleske Ausgelassenheit: Die Gratwanderung zwischen diesen beiden Stimmungen schafft Blaines *Isaak* scheinbar mühelos. Zwar bleibt der Comic hinter seinen intermedialen Möglichkeiten zurück: Manchmal wird in den Bänden begonnen, die Geschichte in Isaaks Zeichen-Stil zu erzählen, nur um dann immer recht schnell wieder in den gewohnten Bild-Modus zurückzufallen; auch wird sich erst noch zeigen müssen, ob das Konzept Blaines über weitere Bände trägt: In der neuen, in Frankreich bereits erschienenen Folge, *Jacques*, tritt die Handlung auf der Stelle. Dennoch – mit seinen meisterhaften Zeichnungen und der turbulenten, aber nie platten Geschichte macht *Isaak, der Pirat* süchtig und die beiden Nachteile traditioneller Abenteuer-Comics vergessen: Mit der starken Figur der Alice dürfte auch ein weibliches Publikum Gefallen an der Reihe finden.

Und: Mit den Klischees des Genres wird hier spielerisch und dabei höchst intelligent umgegangen, sodass ein spannender Comic von großem Witz und Tiefe entstanden ist.

Thomas von Steinaecker

Lewis Trondheim
A.L.I.E.E.N.
Reprodukt-Verlag 2006
96 Seiten, 12 €

Dudidadalala. Beguff. RRRR-zoing. Es ist nicht einfach, ein sprachliches Äquivalent für Lewis Trondheims Bildersprache zu finden. Vielleicht geben dadaistische Unsinnswörter am ehesten die bizarre Welt dieses seltsamen Mannes aus Montpellier wieder, der eine Produktivität an den Tag legt, die Kollegen neidisch machen kann. Immer schon schien es dabei, dass ihn bei seinen populärsten Werken, *Herrn Hases haarsträubende Abenteuer* und der *Donjon*-Saga, grotesk-surreale Szenarien jenseits des Bekannten mehr als komplexe Handlungen interessierten, ja, dass diese manchmal lediglich zum Vehikel für seine unbändige Fantasie werden. So ist es nur konsequent, dass Trondheim nun ein auf den ersten Blick sinnfreies Seitenprojekt publiziert: *A.L.I.E.E.N.*, das steht für »Anthologie Lustig Illustrierter Eigentümlicher Extraterristischer Novellen«. Im Vorwort wird denn auch vorgegeben, dass der Herausgeber das Büchlein auf einem sommerlichen Picknick im Gras gefunden und man es wohl mit dem ersten auf der Erde gefundenen Comic für außerirdische Kinder zu tun habe.

Ein außerirdisches Kinderbuch? Das klingt nach einer ziemlichen Gaudi. Bonbonbunt sind denn auch die zumeist wortlosen Bildergeschichten des Bandes; bevölkert von typischen Trondheim-Monstern: kugelig, eckig, vogelig, schleimig – alles, was in »Donjon« so herumkroch- und flog, tummelt sich hier in einer minimalistisch-apokalyptischen Landschaft. Das könnte man als Teletubby-Spaß abtun und sich einfach nur an der grenzenlosen Bild-Fantasie der Panels freuen, die tatsächlich nicht von dieser Welt sind. Wären da nicht zwei Elemente, die schon zu den unverwechselbaren Zutaten der anderen Werke Trondheims zählten: der melancholische Humor und die blutrünstige Gewalt. In *A.L.I.E.E.N.* wird gehäutet, gefressen, geschlitzt und zerstückelt, dass es einen wundert, wie die extraterristischen Kinder überhaupt noch ein Auge zubekommen. Und dann sind da immer wieder diese großen Momente der Trondheim'schen Traurigkeit: Wenn ein kleines Monster es sich zur Aufgabe macht, jeden umgeknickten Ast wieder heil zu machen, und das ihm natürlich partout nicht gelingen will; oder wenn eines der zahlreichen Außerirdischen-Pärchen der Geschichten buchstäblich auseinander gerissen wird und der Übriggebliebene am Ende alleine dasteht. Nicht nur mit dem Motiv der Einsamkeit gewinnt der Comic eine Größe, die man ihm anfangs nicht zugetraut hätte. Nach und nach stellen sich die Geschichten als miteinander verschränkt heraus, als komplexes Gebilde, bei dem es keine Rolle spielt, ob es logisch zu entschlüsseln ist oder nicht. Am Ende hat sich die Teletubby-Welt in einen Horrortrip der Verzweiflung und des Verlassenseins verwandelt. Und wenn schließlich ein kleines Monster alleine auf einem Stein in schokoladenfarbenen Fluten steht, erweist sich Trondheim nicht nur als infantiler Fantast, sondern auch als clownesker Philosoph. *A.L.I.E.E.N.* ist ein kleines Buch, das einem alle Höhenflüge aufzeigt, zu denen Bildgeschichten – und nur sie – heute in der Lage sind.

Thomas von Steinaecker

Impressum

KULTUR & GESPENSTER
Nr. 1, Juli/August/September 2006

Verlag und Redaktion: Textem Verlag
Gefionstraße 16, 22769 Hamburg
Postfach 306341, 20329 Hamburg
Telefon: +49.170.581.05.36

Herausgeber und Redaktion:
Gustav Mechlenburg (verantwortlich),
Jan-Frederik Bandel, Nora Sdun

Internet: www.kulturgespenster.de
Redaktion/Verlag: post@textem.de

Gestaltung:
Christoph Steinegger/ Interkool

Autoren dieser Ausgabe: Jens Asthoff, Jan-Frederik Bandel, Peter Braun, Marc Degens, Andrea Dracul, Anna Echterhölter, Ole Frahm, Mario Fuhse, Robert M. Gillett, Ulrich Gutmair, Christoph Keller, Jens Kiefer, Carsten Klook, Pierangelo Maset, Gustav Mechlenburg, Dirk Meinzer, Kathrin Röggla, Gerd Schäfer, Anne Schülke, Ralf Schulte, Nora Sdun, Thomas von Steinaecker, Dieter Wenk

Korrektur: Stefan Moos,
Hendrik Roggenkamp, Textfinish

Fotografie/Illustration: Jan-Frederik Bandel, Claus Becker, Rosemarie Clausen, Christoph Keller, Wolfgang Köhler, Leo Leowald, Leonore Mau, these.null, Dirk Meinzer, Sascha Hommer

Pressearbeit: Quirin Gerstenecker
presse@kulturgespenster.de

Bankverbindung: Gustav Mechlenburg
Hamburger Sparkasse
Bankleitzahl: 200 505 50
Kontonummer: 1251 125 322

Druck: Druckhaus Harms, Groß-Oesingen

»Kultur & Gespenster« erscheint vierteljährlich. Der Einzelverkaufspreis beträgt 12 €

Abonnement: 40 € für 4 Hefte inkl. 7 % Mehrwertsteuer (Förderabo: 60 €) Auslandspreise bitte erfragen.

Abobestellung: Textem-Verlag, Kultur & Gespenster, Postfach 306341, 20329 Hamburg, abo@textem.de

Anzeigen: Walter Sauerland,
An der Stennert 65, 58644 Iserlohn,
Telefon: +49.237.450.97.49
anzeigen@kulturgespenster.de
http://www.kulturgespenster.de

ISBN: 3-938801-11-5
ISSN: 1862-8966
Printed in Germany

DIE TUGEND UND DER WELTLAUF

Sirenenheime III
Bin schon weg

Künstlerische Feldforschung in Tansania

Von Dirk Meinzer

»Wo die Seejungfer (halicore dugung, Menschenfisch)
sich tummelt,
da ist der Abgrund.
Wo das Wasser ruht,
da ist der Abgrund.
Wo das Wasser kreist,
da ist der Abgrund.
Der Abgrund hat neun Namen.
Diese waren drei davon.«
(Tschuang-Tse – Reden und Gleichnisse)

Schaumgeboren. Es ist 20 vor 8, ich bin erschöpft angekommen und versuche mir klarzumachen, dass ich es geschafft habe. Glück, Glückssirene … Gluck gluck »weg war er« und »bin schon weg«. Endlich! … Ich bin noch über ein halbes Jahr hier. Zwei Monate, bis Anke kommt. Was soll ich bis dahin bloß tun? Jeden Tag Suaheli lernen! Was tun, jeden Abend, jeden Morgen und zwischendrin? Omari besuchen! Maxon! Zwei Monate Sirenensuche, roger, unterwegs sein, Tiere, Pemba? Urlaub? Warten! Worauf? Zeit verdrehen, verstehen, liegen, rauchen. Habe mir schon mit dem ersten Geld Zigaretten gekauft (nur drei am Tag). Sitze auf dem Boden von meinem Zimmer im YMCA. Wenge, wenge … kariako, kariako … wenge … dröhnt es mit Hupkonzert ins Zimmer. 'n Bier trinken und ab ins Bett. Morgen, Allah, ist bestimmt schon besser. Hoffe ich! Keine Moskitos in Sicht! Allah, alla, alleine. Noch nicht! Alleine! All weit, weit weg. Klarer Sternenhimmel: hohes Trostgeplinker.

1. Morgen: Gefrühstückt. Chapati mayai. Es kehrt ein kleines Lächeln in mein Gesicht über die Umstände. Von angenehmer Hitze umspült, die Spatzen zwitschern auf dem Nebentisch. Duschen. Suaheli lernen, den Plan machen und Pläne für Alternativen. Viel zu viele Kleider dabei. Antimückenkleiderspray, Medis, Arsumax kaufen, dann auf den soko ya samaki. Da sein! Mr. Valenci. Bus. Kwenda kutembeya. Bank über Touriinfo. EC-Test.

Muss, muss, muss. Jetzt habe ich mich entschieden, gleich morgen Früh nach Kilwa Masoko aufzubrechen und meine Bekannten Omari, Moussa und Nouru zu besuchen und Recherche zu beginnen. Ich dreh sonst durch. Habe vor der Entscheidung Angst. Bin hin- und hergerissen. Anke angerufen. Ich halt's nicht aus! Drehe durch und durch. Verunsicherung macht sich weit. Anke nicht angerufen! Halfani hat mich abgeholt, und ich bin erst um 5.00 Uhr wieder im Hotel gewesen und habe den ganzen Tag gebraucht, mich von der Nacht zu erholen. Hure hat für mich getanzt. Wahnsinn! Sehr gute Tänzerin. Tolle Zahnlücken. Kein Wort Englisch außer »marrie me … fuck me dead«. Halfani und Aman waren angenehme Trinkpartner und haben mich vor Schlimmem bewahrt. Doch der Tag heute war mit Kopfweh in furchtbarer Erschöpfung wenig erbaulich, obwohl ich wieder auf dem Fischmarkt war. Mohamedi, den Fischpräparator, kennen gelernt. Rochen so groß wie … riesig. Morgen geht's aber wirklich Richtung Kilwa. Die Sirenen rufen doch!!! Das Alleinesein fällt mir nicht leicht, und ich frage mich ständig, was ich tun soll. Hoffentlich entspannt sich bald die Situation, und ich erschöpfe mich am Reisen statt am Trinken.

Heute, Sonntag, der 15. 8. 04. Ich bin nach 13 Stunden Geschüttel in Kilwa angekommen und sitze im Hilton, wie vor 6 Jahren. Doch Moussa arbeitet nicht mehr im Restaurant, und Omari kennt hier auch keiner. Ganz aufgewühlt, weil ich mich doch sehr auf die beiden gefreut habe. Das Essen runtergeschlungen, einen Wassereimer zum Duschen. Raus und irgendwie gehofft, ein anderes bekanntes Gesicht zu sehen. Aber es ist Nacht und dann sind alle Schwarzen noch schwärzer. Morgen werde ich die beiden suchen, mit allem Glück, das ich brauche, denn ohne die nötigen Suahelikenntnisse in einem Kaff, das viel größer geworden ist, als es in meiner Vorstellung war, und ohne die vollständigen Namen wird das schwer. Die Fahrt war sehr abenteuerlich, denn ich war von 20 jungen Mädels umringt, die andauernd kicherten. Und neben mir saß eine Wunderschöne mit Zahnlücken, von der ich meinen Blick nicht abwenden wollte. Bei der Abfahrt heute Früh war ungewiss, ob ich es bis hierher schaffe. Im Bus sprach keiner Englisch, sodass ich nur mühevoll herausbekam, wie weit der Bus fährt. Richtung Ikwiriri. Dort fuhr mir der Bus nach Kilwa vor der Nase weg. Voll! Der nächste wollte 6000, da habe ich nicht mitgemacht. Warten, ohne zu wissen, ob ich nicht im Busch übernachten muss. Fragen ohne Antwort. Und jetzt? Eigentlich alles wieder gut! Die ersten Worte in Englisch.

Kilwa Masoko. Nach zweistündigem Spaziergang vor Sonnenaufgang saß Omari vor dem Guesthouse, so als ob ich nie weggegangen wäre, nahm selbstverständlich die Kamera an sich, ohne ein Wort des Dankes. Doch ich war glücklich! Danach waren wir weitere drei Stunden unterwegs zum Strand und zu »seinem« Boot. Er ist jetzt mit Eddi aus Pemba Fischer geworden. Seine Frau ist noch einen Monat bei ihrer Mutter in Lindi, und es geht ihm gut. Englisch spricht er mittlerweile ein wenig, und so können wir uns mit Mühe und Buch auf Suaheli-Englisch unterhalten. Ich habe einen Sonnenbrand, meine Füße sind kaputt, heute Morgen auch noch angeschlagen und jetzt mit Blasen ausgepolstert.

Zurückgekommen, hat mich ein Lehrer vom Office, Mr. Utule, abgeholt, um mich zum Nguva-Fachmann Mzee Mchanjuka near Porojo Shop zu entführen. Eine Supermama bot mir an, sie als Zweitfrau zu nehmen, sie hätte sich gleich in mich verliebt. Mchanjuka ist gute 70 Jahre, in zerlotterten Kleidern, dennoch ein stolzer alter Mann, der gerade seine Toilette renoviert und die Wände flechtet. Alles scheint einen guten Weg zu nehmen, und wenn ich morgens von Omari nach Kivinje abgeholt werde und den Alten um 19 Uhr treffe, ist auch für morgen alles getan.

17. 8. 04. Heute, Dienstag, folgte Omari in seinen neuen Wohnort, Kilwa Kivinje. 30 km von Masoko entfernt. Wir laufen gemeinsam durchs Dorf, und ich verliere mich in meinem Fremdsein. Gestern habe ich mich mit Leuten auf Suaheli unterhalten, und mir war so, als ob es selbstverständlich wäre. Ich wusste, wo ich bin. Obwohl ich nicht viel weiß über Kultur und Denklaunen. Aber heute?! Wieder so, als ob mein Wunsch, sich zu Hause zu fühlen, eine Dummheit sei. Omari lächelt weniger und ist auch reservierter. Gerade geht er beten, und ich sitze auf seiner barazza. Die Kinder lachen, und die Hausbesitzerin bringt mir eine Matte zum Sitzen. Meine Gefühle sind gemischt. Vielleicht ist die Fremdheit berechtigter als jedes Gefühl von Verständnis. Jetzt spiel ich mit den Kindern. Besser so!

Omari ist schon das dritte Mal zum Beten gegangen. Vielleicht liegt seine Distanz an seiner mir bisher unbekannten, strengen Gläubigkeit. Anders als vor sechs Jahren. Kivinje scheint von touristischen Strömungen ausgenommen. Kreuz und quer durchs Dorf entdecke ich weitaus mehr

Alle Fotos: Dirk Meinzer

große arabische Häuser als in Masoko. Die meisten runtergekommen und unbewohnt. Erinnert an Zanzibar. Bangi gekauft. Es ist das erste Mal. Die Vögel beobachtet. Mit O. lange in eine Richtung geschaut. Moussa kommt morgen. Verheiratet. Ein Kind. Seine Schwester, die Schöne, noch nicht. Bin neugierig, auch sie wieder zu sehen. Sie hatte oft vor meinem Fenster gesungen – mit ihrem transparenten rosa Tüllkleid. Wir waren zweimal zusammen beim taarab gewesen und ich hatte ihr Bonbons gekauft.

Sitze gegenüber vom Hilton in Plastikstühlen, die Beine hoch und bin enttäuscht, mir kein Wort merken zu können. Schlage 10 Mal das Gleiche nach. Die Sonne geht unter, die Farben sind wunderbar. Leuchtend. Brillant. Blendend. Heiß. Mir schmerzt mein Kopf, meine Glieder. Die Haut brennt rot und heiß, und der Schweiß rinnt.

Dienstag, 16. 8. 04. Hexer bangi, Joint (der erste): starkes Zeug! Ich konnte gut schlafen, kam aber am Morgen nicht zu Bewusstsein. Ich nahm eine Einladung von einem grauhaarigen Mann an und aß mit ihm und seiner jungen Frau in meinem Alter Oktopus im Restaurant nebenan zu Abend, um mit ihm später ein Bier bei Mr. Masasi zu trinken, der uns einlud, weil er mich noch vom ersten Besuch kannte und sich an meine Suche nach den Seekühen erinnerte. Er hat mir angeboten, ihn, den Leiter des Fisherman Office neben seiner Tätigkeit als Barbesitzer, und einen Kollegen nach Songo Songo zu begleiten.

Mittwoch, den ganzen Tag mit Omari am Masoko pwani (Strand) verbracht, viele Fische gesehen. Tigermuräne … Rotfeuerfisch. Neonleuchtende. Clownfische … ein großer Oktopus wurde von Kindern gefangen, unterschiedlichsten Vögeln lange beim Fischen zugeschaut! Gegessen und am Strand auf der Matte gelegen. Immer noch unterwegs von morgens bis in die Nacht, obwohl ich jetzt schon vier Tage da bin! Palmgezwitscher. Mama Huzna und Mama Moussa besucht. Beide lachten und freuten sich sehr. Diese Joints kann ich nur alleine im Zimmer rauchen, wenn ich nicht mehr raus muss, ansonsten habe ich zusätzlich zum Taumel das Fallen. Alle sind so freundlich und lachen mich an. Habe mich nach Internet erkundigt, was es nicht gibt, und wollte vielleicht sogar telefonieren. Habe, 8.30 Uhr, Lobster gefangen. Erstes Foto gemacht! Selbstporträt. Licht weg, Sonne weg. Geist weg. Wasungus (Weiße) waren im Restaurant. Auch diese waren nicht weniger über mein Projekt belustigt als die Einheimischen, die hier im Hotel gastieren. Vielleicht täusche ich mich bei meinem Vorhaben. Vielleicht ist das alles ein Missverständnis! Allein hier sein und nach nguva fragen. Sehr viele Leute ansprechen, 100 000 Mal habari … salama. Sie lächeln und lachen. Vielleicht nicht allein über mich. Ich bin fremd. Ich bin den wasungus fremd, den Leuten im Hotel, den meisten! Und auch Omari. Sentimental wegen der absurden Situation im Hilton. Die große Freude Mama Nazras und Mama Moussas, wenn ich ein wenig mit ihnen vor der Hütte rumsitze und sie mich mit ugali (heiße Maispampe) voll stopfen können. Dann fühle ich mich nicht einsam, auch wenn mir Anke sehr fehlt.

Heute: »ein guter Tag!« War früh eingekehrt, döste unter der Palme, bis Omari die Suppe mit Muscheln brachte, die wir selbst gesucht (ausgegraben) haben. Ich sollte anstatt zu schreiben malen. Habe aber keine richtige

Lust. Mehr Zeit wäre gut! Bin unter Zeitdruck! Mit was? Mehr Zeit? Für Hüttenbau, Unsinn und Alleinsein!!! Allein. Mr. Masasi bot mir seine Hilfe bei behördlichen Problemen an. Er ist sicherlich keine verlässliche Person, aber er scheint mich zu mögen. Vielleicht kann er ja wirklich Schritte fürs Visum unternehmen. Zudem macht er die Organisation für zwei reiche Weiße, die auch Seekühe sehen wollen. Montag wäre das. Aber morgen geht's erst mal vier Tage nach Songo Songo Island ohne ihn.

Heute, Donnerstag, der 18. 8. 04. Die große Gemeinschaft des Nachbarhauses hört laut Musik und tanzt dazu. Lobster habe ich heute keinen fangen können, weil das Wasser trüb war, sogar der Fang meines Begleiters von einem Lobster und einem Sepia ging am Ende verloren. Bin sehr müde und kann kein Suaheli mehr lernen, obwohl ich es so dringend müsste.

Freitag. Nach Songo Songo aufgebrochen und ungefähr vier Stunden mit 30 Leuten im kleinen Segelboot auf See gewesen. Gebadet und auch schon Projekte, Pläne für morgen. Hier, wo dich alle anglotzen, fühlt man sich wirklich weit weg. Nguva gibt's nicht und auch keine madafu (Trinkkokosnüsse) zu kaufen, nur die zum Kochen, dafür aber endlos Strand, schlechten Palmwein und pombe, das ich noch nicht getrunken habe. Zu Abend gab es zwei der fünf Fische, die Omari gekauft hat. Vielleicht gibt's morgen kassa (Schildkröte) oder auf jeden Fall das, was ich fange, wenn's denn was wird.

20. 8. 04. Ein bisschen auf Schildkrötenpanzerhaut rumgemalt. Das Muster ist interessant. Die Kerze brennt ab. Das Bild fertig gemacht.

Samstag, 21. 8. 04. Gestern wurde ein Dieb im Dorf erwürgt, ansonsten tranken alle Palmwein und waren torkelnd unterwegs. Ich versuchte Omari das Schwimmen beizubringen. Endlos sehr weißer Strand, Palmen wippen und gleißender Himmel. Eigentlich ist es gerade mal ganz gut. Erst ärgerte ich mich über Omari, dass er einfach mitkam und ich alles zahlen musste, aber so viel ist es auch nicht, und seine Anwesenheit erspart mir viel Bekanntschaft mit Betrunkenen, und zudem fühle ich mich weniger einsam, in ein bekanntes Gesicht zu sehen. Sogar lesen konnte ich und lernen. Den Tag mit Rumhängen zu verbringen, ist mühselig. Kamba kochi habe ich heute wieder keinen gesehen. Kein Glück. Schnorcheln.

Mit riesigem Fischereiofficer, der aussah wie eine Seekuh, im Dorf Al Kaida eine Besprechung gehabt über mögliche Populationen der Tiere in den umliegenden Seegrasgebieten.

Träume wie Schäume. Jeden Tag bilde ich neue Blasen, die ich bewundernd betrachte und die bald zerplatzen. Die schaumgeborene Aphrodite setzt sich über den Makel des Haltlosen hinweg und reitet auf der Muschel.

Nächtliches Schattentheater mit unheimlichem, fremdem Gebrummel umgibt mich, lullt mich ein. Schaum als Utopie, als ob ich alle zu Hause betrogen hätte, um mein Gehen zu rechtfertigen.

Das Boot kam gestern nicht mehr. Unwetter! Stattdessen erste auditive Aufnahme bei »kleiner« Tanzstunde Songo Songo: etwa 200 Leute, jüngere wie ältere, 3 Trommler und einem »Sänger« in fliegendem Wechsel. Zuckend in den dunklen Staubnebel im Zentrum des Kreises springen, eine kleine Runde drehen. Stroboskopartig. Abgehackt. Nicht gleich wieder überall aufgenommen werden im Ring der Jubilierenden. Ganz naher Blickkontakt. Wiederholte Sätze oder nur Wörter. Kontaktmaschine mit dem Verhalten eines Schwarms.

Großes Gezeter auf dem Steg wegen der Überladung. Im immer noch überfüllten Boot zurück, abladen. Vor zwei Wochen ist eines untergegangen und viele ertrunken. Zurück zu Masasi. Einen Tag zu spät zum Treffen. Morgen geht's mit erstem Durchfall allein weiter nach Somanga! Samstag zurück. Immer mehr kleine, körperliche Gebrechen. Juma moshi, Gespräch mit altem Fischer und Treffen mit jüngerem.

Dienstag, 24. 8. 04. Das Somanga Guesthouse ist voll mit jungen Leuten, die zwei Dalladallaminibusse unterhalten. Kila siku Somanga – Kilwa. Meine Fahrt war mit vielen kleinen Unterbrechungen ausgestattet. 4 Uhr morgens raus. Der Dalladalla-Kivinje – Unfall, der nächste nach Nangurukuru blieb stehen, nach Nangurukuru laufen und warten. Endlich, 14.30, da. Wäsche waschen, Essen suchen und ab zum Meer mit Guesthausverwalter Mr. Milansi (schmächtiger, kleiner 50-jähriger Kiffer, der hinter seiner Nickelbrille und durch seine fehlenden Schneidezähne etwas von einem hässlichen Tier hat, ist aber sehr, sehr freundlich). Gespräch mit Fischern: Angebot von 7000 Schilling pro Tag gemacht, wenn ich einen Fischer begleiten darf. Immer unterwegs, ganz wenig Englisch, ein Dauertaumel. Es spielt keine Rolle, ob ich einsam bin, aber ich ärgere mich, wenn ich mich ausgeschlossen fühle, weil ich wenig verstehe. Deshalb sitze ich überall nur kurz herum. Mit dem Sirenenlied ist es so, als ob es gesungen wird und keiner da ist, es zu hören oder zu verstehen. Ich versteh mich selbst ja auch nicht. Ich habe viele junge Fischer gesprochen und keiner wusste, wo man die Tiere fängt. Ich jage einem Phantom hinterher. Keiner weiß Bescheid oder will mich an seinem Wissen teilhaben lassen. Mittwoch: Ein paar weitere Gespräche, 4 Cola ausgegeben und trotz aller Übersetzungsschwierigkeiten die Info bekommen, dass die Tiere im November/Dezember häufiger gesehen werden, sozusagen Nguvasaison ist. Mr. Kapunda will, da er kein Boot hat, dass ich mir eines leihe, damit wir mit zwei weiteren Fischern für 8000 Sh am Tag rausfahren können und suchen.

25. 8. 04. Alles entspannter. Mit Milansi wieder ausgiebig spazieren gewesen. Kutembeya. Viel gesehen, überall im Dorf vorbeigekommen. Milansi ist sehr ruhig. Immer mit seinem rauschenden, kleinen Radio unterwegs, die sonderbarste Erscheinung. Die Leute vom Dorf grüßen ihn alle höflich. Für mich ist er eine Respektsperson der besonderen Art, weil er ohne Frau und Kinder, als Einzelperson, in Kontakt mit allen und keinem steht. In den zwei Tagen kam kein Freund von ihm auf längere Zeit vorbei, um zu verweilen. Er wünscht sich ein Fahrrad! Poa, sikio, ndomo … viel von

ihm gelernt. Ich bin dankbar, dass er sich so viel Zeit nimmt, und ich fühle mich wohl. Mein Magen knurrt, habe wegen des Durchfalls wenig gegessen, damit sich meine Eingeweide beruhigen.

Donnerstag, 26. 8. 04. Erste Solo-Aktion seit langem. Allein ins Ungewisse. Das Wasser kommt zurück, und ich gehe trotzdem mit dem Schwimmzeug ausgestattet weiter. 2 h lang gemütlich auf schmalem Pfad durch die Mangroven komme ich letztendlich am äußersten Zipfel von Somanga nach Golwe. Kassaschädel, andere Knochen und Kadaver kündigen die Fischergemeinschaft an. Keine festen Hütten mehr, nur kleine Palmwedelflechtwerkverschläge. Ich lerne einen Englisch sprechenden Jungen namens Mohammedi kennen. Termin für morgen früh um 7.00 Uhr. Also um 6.00 Uhr raus und gleich los. Mit zwei Säufern, Daniel und Helmeti, und einem gemieteten Einbaum, für 5000 Schilling ins Nirgendwo. Die Zwei sehen Furcht erregend aus, aber Mohammedi hat mich beruhigt, dass alles in Ordnung geht. Vielleicht hab ich ja Glück. Eineinhalb Stunden Fahrt, vier Stunden Fischen, Ausschau halten, dann wieder zurück. Ein mganga (Heiler) hat mich zum ersten Essen auf der Straße überredet. Er hat mich auf dem Fahrrad hintendrauf zur Straße mitgenommen. Langsam wird mein Suaheli besser. Gezwungenermaßen, gut. Zwei Kassapanzerstücke gefunden! Auf einem Walwirbelknochen wartend, sitze ich den ganzen Tag in Golwe unter einem Baum, in großer Runde. Palawer.

Das Boot war nicht rechtzeitig ins Wasser gebracht worden, sodass es heute Morgen auf Land lag und wir nicht loskamen. Kamba kochi hapana, wie gehabt, Kassaschildpatt für weitere Bilder gesucht.

Donnerstag, das erste Mal seit sehr langer Zeit habe ich in einer Intensität geträumt, dass ich jetzt überlegen muss, ob es nicht doch wahr ist. Ich war auf einer Ausstellung, die ich nach langer Zeit ein zweites Mal angeschaut habe, in so etwas wie einem Hotel mit Personal in Uniform. Im oberen Stockwerk befand sich die Ausstellung. Anke war auch beteiligt, und sie hatte eines der von mir geschätzten Papierfaltobjekte gemacht. Ich hatte einen Ofen oder Ähnliches aus Pappmaché gemacht. Jetzt blitzen mir ständig Eindrücke des Traumes in den Tag hinein und mir wird die Realität noch fantastischer.

Freitag, 27. 8. 04. Was ist mit dem Freitag passiert? Warten, sitzen!!!

Samstag, zurück in Masoko. Heute Abend ist das Gespräch mit den Fischern, und ich bin gespannt. Die »Unterhaltung« war zermürbend. Der Alte kam, setzte sich neben mich, und ich fragte ihn, ob wir auf die jüngeren Fischer warten, was er bejahte, aber es kam keiner, sodass ich nach zweistündigem Warten jemanden aus dem Hotel bemühte zu übersetzen: Keiner kommt mehr. Wir treffen uns morgen früh noch einmal: Mzee Abdalla Ismael Abdalla, Mzee Yusuf Mgunya und Mr. Edes Peter Assey. Die zwei Alten versuchen, die jungen Fischer morgen hierher zu bringen. Yusuf hatte mit seinem Enkel ein paar Mal an der richtigen Stelle Ausschau gehalten, aber keine nguva gesichtet.

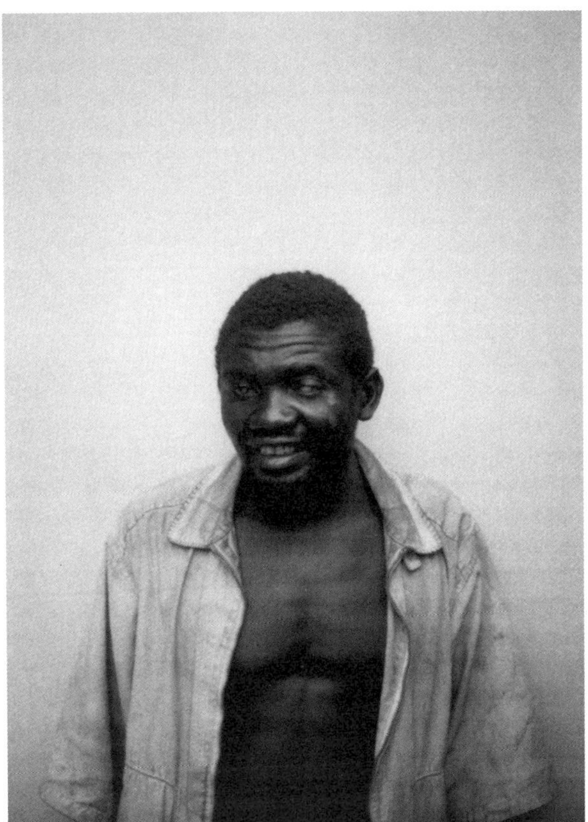

Sonntag, 28. 8. 04, 8.30. Chai na chapati mbili ya supu ya kuku. Vor mir entsteht eine Hütte. Noch vor einer Woche war es eine Planfläche, jetzt 4 Zimmer in seiner Holzkonstruktion. Der Boden unbearbeitet. Langsam drängt sich mir der Eindruck auf, dass die Nguvasuche eine scheiß Konstruktion ist, um hierher kommen zu können. Sie veranlasst mich zur Kontaktaufnahme mit Fischern, mit denen man sich schlecht unterhalten kann und deren Armut erdrückend ist. Fremdgeist-Vorstellungen scheint es hier gar keine zu geben. Die Riten und Kulte sind wohl aufgrund des islamischen Einflusses auf die Küstenregionen aufgegeben worden. Die Vorstellung der nguva als Meerjungfrau kennt man, doch in Verbindung mit dem Tier ... Meine zu schlechten Suaheli-Kenntnisse verhindern, die Differenzierungen herauszukristallisieren. Und als mich gestern eine junge, selbstbewusste Frau ansprach, kam ich mir vor wie ein kleiner Hund, der in die Enge getrieben wurde, nervös, schüchtern lief ich sogar rot an. Ich bin schrecklich verschroben! Wenn nicht einige so freundlich wären, würde ich langsam krank im Kopf werden. Gestern einen italienischen Uniprofessor für verschiedene Sprachen kennen gelernt, mit dem ich nach dem Abendessen ein Bier trank. Das war erbaulich. Er ist seit zwei Monaten unterwegs, von einem Land ins andere, Angola, Zaire, Kongo, Tansania, Mosambique. Er erzählte mir von einigen gefährlichen Situationen. Konnte ohne Verzweiflung einschlafen. Anke gestern von Jonathans Telefon aus eine lange SMS geschrieben, von der ich weiß, dass sie nie ankommt. Mit dem Doktari unterhalten. Er will seinen Sohn in Deutschland studieren lassen. Ich gebe ihm Tipps, soweit ich das kann, damit er eine bessere Vorstellung von seinem Vorhaben bekommt. Er selbst verurteilt die Leute, die mir das Geld aus der Tasche ziehen, als faul und auch dumm. Ich solle mir keine Gedanken machen. 1500 für Spaghetti und Pizza(!) anstatt Reis und Fisch wie sonst. Immer nur Gequatsche. Freundliche, aber viele unzuverlässige Leute in Kilwa Masoko. Ich ärgere mich schrecklich.

Heute Morgen habe ich zwei Termine. Ich habe keine Lust mehr zu warten. Ich sage Hassan beim Frühstück, ich würde abfahren. Es ist genug. In dem Moment kam der Alte und brachte einen Fischer mit. Jetzt sitze ich in den Mangroven am Anlegeplatz, von dem es morgen losgeht, 4 Tage zu 30 000 Schilling. Die zwei können, weil sie nur einen kleinen Einbaum haben, die Tiere nicht fangen, aber sie wissen, wo sie zu finden sind. Ich glaube, der Preis ist gerechtfertigt dafür, dass wir jedes Mal den ganzen Tag unterwegs sind. Ich habe Zigaretten, ndizi, maji yakunjwa gekauft, Fernglas, Minidisk, Rollei und Schnorchelzeug eingepackt und bin neugierig, wie sie auf meine Ausrüstung reagieren. Endlich eine Aussicht auf Erfolg.

Übersetzer Mr. Peter Edes Assey, Mzee Jusufu Mgunya, Mzee Abdalla Ismaeli Abdalla, Mr. Abdalla der x-te, Captain Shelemani und ich haben den Masterplan angefertigt. Mit dem Einbaum nach Songo Mnara, von dort aus nach Santje ya kati. Die beiden paddeln, und ich sitze eingepfercht in der Mitte. Angalia, angalia! Immer aufs Wasser schauen! Die zwei sind nett, noch etwas distanziert, aber sie lachen viel trotz der mühseligen Arbeit. Sie sagen mir, ich sei kein Urlauber. Dies veranlasst sie, noch mehr zu lachen. Ich weiß nicht, warum das so komisch ist.

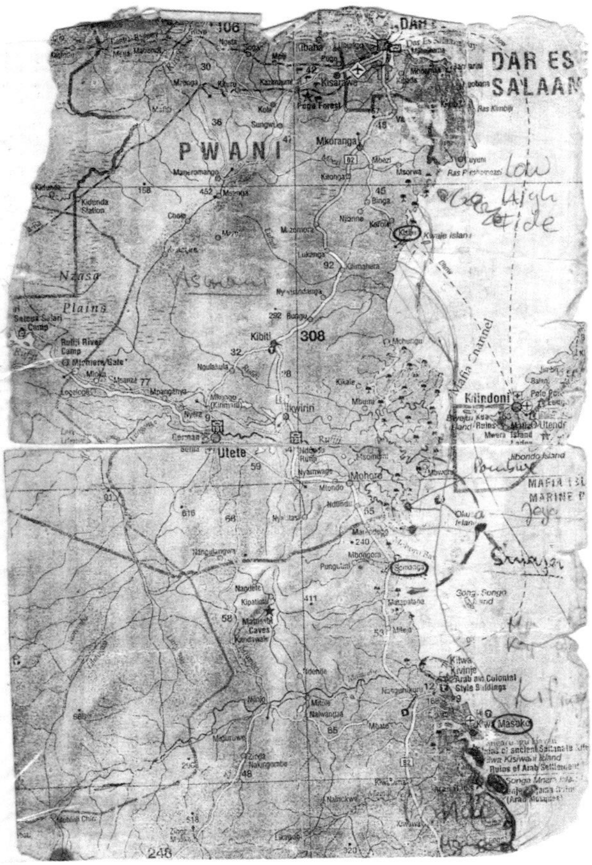
DAR ES
SALAAM
PWANI
Kibiti
308
Kilindoni
Utete
Mohoro
Mafia Channel
Kitwa
Masaki

233

Hassan IV lud mich zum Abendessen ein und stellte mir Mr. Juma vor, der weißen Hai fischt. Von seiner Mannschaft erinnerte sich noch einer an mich und kannte meinen Namen. Alle Hoffnung wieder voll da. Mir brennen die Beine vom Durchwaten des Mangrovensumpfes. Bis zur Leiste im Schlamm und die dünne Wasserschicht voll mit kleinen, nesselnden Quallen. Vor den Ruinen des Sultanpalastes auf Kisiwani, dem größten Sklavenhandelsplatz der gesamten Ostküste, sitze ich lange, fantasiere vor mich hin und stelle mir vor, wie die betrunkenen Seeleute auf die Sichtung der Seekühe reagiert haben und ob einer von ihnen die erste Gallionsfigur einer Meerjungfrau schnitzte. Gleich kommen Saidiboy und Bin Laden, die mich ansprachen und sagten, sie wollen mich kennen lernen. Keine nguva in Sicht, kein Lied, keine bekannte Stimme. Mr. Masasi sagt, er will mir was für den Immigration Officer in Dar schreiben und mich als Sirenen-Suchenden ausweisen. Eine offizielle Urkunde, mit der ich mich hilfreich bei den Dorfchefs vorstellen kann.

Angalia, angalia, angalia …
Planoberflächenbeobachtung relativer Dauer. 4 Tage à 5–9 Stunden schweift der Blick über das Wasser. Captain Stoni sang mir Nguvalieder. Die See war ruhig. Delfine und Schildkröten waren da. Auch gut.

Sonntag, 4. 9. 04. Die letzten Tage waren aufregend. Mr. Masasi hat mir in seiner Bar den Immigration Officer vorgestellt, und morgen bekomme ich meinen Resident Permit C. 50 000 Sh für 3 Monate, dann für drei weitere Monate verlängern und nach dem 6. muss ich das Land kurz über Malawi verlassen, um das Prozedere noch einmal zu wiederholen. 4 x 50 000, um ein ganzes Jahr bleiben zu können. Ich habe seit gestern starkes Kopfweh, und es hat das erste Mal länger geregnet. Gestern war ich mit dem Fischer in Kivinge, doch es war ein Missverständnis, denn er brachte mich anstatt zum Hexer ins Krankenhaus. Omari fragen, ob er einen Hexer kennt. Zurück nach Masoko, dort kennt Abdalla einen mit, wie er sagt, großer Kraft, der mir helfen kann, nguva zu finden und Sirenentränen. Wir besuchten den Hexer zu Hause und verabredeten uns später vor dem Hotel. Der Doc übersetzte. Er ist der Erste, der über die Lebensweise, das Vorkommen, die Anwendung von Teilen des Tieres zu »medizinischen« Zwecken Bescheid weiß. Ich gebe ihm 4000 für die Fahrt nach Kivinje, hin und zurück, und kleinen Bonus, damit er Fischer sucht, die mich mitnehmen sollen, aber wegen eines Übersetzungsproblems stelle ich ihm mit dem Doc zu Hause ein drittes Mal nach. Treffen morgen früh. 30 000 fürs Nguvaritual. 2 Stunden später Geldübergabe. 14.00 Uhr Treffen Masoko Pwani: Ich könnte 1 Monat für 50 000 mitfahren, entschied aber, die Fischer fürs Erste nur 2 Wochen lang für 30 000 zu begleiten. Nach Somanga, Pombwe, Jaja und Smeja geht die Tour. Mittwoch muss ich von Dar zurück sein, bis Donnerstag sind die Netze repariert, und dann steche ich mit Captain Abdalla Hassani und seiner Crew in See. Der Doc ist immer zum Übersetzen dabei; auch gerade eben wieder beim Hexer zu Hause. Der hat mir in unspektakulärer Weise ein Amulett gebastelt. Es besteht aus einem kleinen Stück Holz, ein Stück Nguvahaut, einem Pulver aus unterschiedlichen zerstoßenen Holzteilen mit Plastiktüte verschweißt und dem weißen Flaum von Blättern zu einer Schnur geflochten um-

wickelt, um es ans Handgelenk binden zu können. Morgen früh abzuholen. Heute Nacht macht er mir noch die Armbandtragevorrichtung fertig, trifft die anderen Hexer, und gemeinsam wollen sie mir in einer Seance die Kraft auf das Fetisch übertragen, das Tier zu sehen, zu fangen und die Tränen zu extrahieren. Ich soll das Amulett beim Sichten des Tieres ins Wasser halten, dann wird es gebannt und kann nicht entfliehen. Es soll auch dazu dienen, die Wasserteufel abzuhalten, die die Sirenen umgeben. »Das Tier ist nicht böse, doch es wird umringt von einer Heerschar von Teufeln. Diese Wasserteufel können aussehen wie Menschen und Fischer herabziehen, in die Tiefe, ohne dass diese ertrinken, doch wenn sie zurückkehren, sind sie verrückt geworden.« Das Öl, das aus dem Fett des Tieres gewonnen wird, stillt in kurzer Zeit Blutungen. Ansonsten ... nichts Neues. Es wird mir von der Menschenähnlichkeit der Tiere erzählt und auch der Entsprechung der äußeren Sexualorgane. Der Hexer Kibele wird mir immer sympathischer. Er kommt aus Pande, hat die Schule früh hingeschmissen und sein Wissen von seinem Großvater mütterlicherseits geerbt und sagt, dass ich, da ich kreativ bin, dieselben Kräfte besäße wie er. Auf die Frage, ob ich bei ihm in die Lehre gehen dürfe, lächelt er bejahend. Mal seh'n. Sein Ritual war auf jeden Fall nicht sonderlich beeindruckend. Seine technischen Mittel wie Räucherstäbchen, Weihrauch und Rosenkranz irritierten mich, trotz seltsamer Handhabung, nicht. Hassan stellte mir heute seine Frau, Mama mkubwa (auch Hexe), und seine Tochter vor, die 2 Wochen alt ist und mir sofort in die Arme gelegt wurde.

Heute morgen Kibelele aufgesucht, Armband bekommen und kleines, rotes Tuch, ein Ersatzarmband, kleines Holzstück, um die Stirn in ritueller Gestik nach oben hinweg zu bestreichen, und eine Papaya. Toll, mag ich! Saa kumi, 10.00 Uhr nochmals Treffen wegen der Tränen.

Kibelele war nicht zu Hause und auch das Immigration-Office-Treffen fiel aus. Mit Abilai und Selemani gab es einen kleinen Disput wegen ungeklärter Bezahlung der Miete. 5000 zu viel bezahlt. Masasi zu Hause besucht. Hektisch, aufgeregt, verunsichert, bekifft. Morgen 8.30 Uhr Treffen im Hauptquartier. Gemalt, erst Scheiße, dann, ich weiß nicht was.

Habe gestern mit Anke nur kurz gesprochen, halt's nicht mehr aus, weine, bin unglücklich. Nichts als Warten und Missverständnisse. Das Rauchen aufgehört! Habe keine Sonnencreme mehr. Den Captain Abdalla Hassani getroffen, der sagte mir, es ginge juma tatu los, morgen. Ich bin sehr verwirrt. Verstehe einfach zu wenig. Möchte hier weg. Jetzt reicht es mir. Springe auf, den Captain suchen, um ihn zu fragen, wann wir morgen ablegen oder nicht! Harpune hergestellt. Jetzt kann ich mit etwas Geschick vielleicht Fische fangen. Nichts gefangen, den Hexer nicht getroffen, dafür einen Fischer von der Crew von Hassani, wir fahren erst Samstag früh.

20 selbst gemachte Postkarten, 3 größere Bilder im Restaurant, 2 kleinere verschenkt, 12 Fotos, 3 im Buch = 40 Bilder im Monat. Ich trinke wieder etwas regelmäßiger, aber nicht viel. Abends einfach gerne ein, zwei oder drei Bier.

Kilwa. Die Busfahrt neben Eduart, dem massigen Iren, verbracht; der forscht nach versunkenen Häfen im Sumpf. Über 25 Stunden Fahrt für 5 Minuten Telefongespräch.

Plenty wengi a lot of ... Bei den Fischern gewesen: Die Abfahrt verschiebt sich wieder! Die Netze sind nicht fertig geworden oder wieder kaputt.

Samstag 11. 9. 04. Tränen hat der Hexer bisher keine ausfindig machen können, erfahre ich von einer seiner Frauen. Dafür habe ich wieder eine neue Bekanntschaft gemacht. Mr. Mtika von Songo Mnara wusste einiges über Sirenen zu erzählen, weil er »Taucher« ist (kein Fischer über Wasser). Er sagt, er hört sich um und will mich in Kontakt mit den richtigen Leuten bringen. Sonntag: Heute früh einen viel zu kleinen Sepia erlegt. Den Immigration Officer getroffen und schon mittags zu 3 Bier eingeladen worden. Der Captain kam wieder nicht. Ich male die Menükarte fürs Restaurant. Gewöhne mich daran zu warten, ohne dass etwas passiert. Saidiboy und Bin Laden kommen auch nicht. Tote Schildkröte inspiziert, Blut aus dem Mund, sehr jung.

Montag, der 13. 9. 04. Alle Bewegungen sind wie im Film, scheinen nicht mehr real, entziehen sich meiner Teilnahme, das Auf und Ab in der Straße, das Hin und Her der Frauen in ihren kangas mit den Kindern auf dem Rücken und die paar Autos, die vorbeischleichen. Das Geschrei der Kinder aus der Ferne, das Geplärr der Radios. Die langsame Bewegung der Palmwedel in den Kronen im Wind. (Starker) Wind! Bei solchen Wetterverhältnissen ist es schwer, die Tiere zu finden. Jusuf: Normalerweise kommen sie dann gar nicht zum Fressen. Was ich aber auch nicht wirklich verstehe, da sie als Vegetarier ununterbrochen fressen müssten. 4 Stunden in den Mangroven herumgelaufen und mit den Vieraugen gespielt. Allerlei anderes Getier gesehen und untersucht. 2 Muränen gesehen. Ausgerutscht und schon wieder eine neue Wunde. Kleine Fische springen von einem ins andere Mangroven-Bassin.

Dienstag, 14. 9. 04. Fußpilz. Es wird immer heißer und der Taumel durch die Tage immer stärker. Meine Haut verbrennt trotz neuer Sonnencreme. Habe das Warten satt. Jeden Tag ausgiebig schnorcheln zu gehen und dem Doc das Schwimmen beizubringen, ist nett, aber nicht mein Anliegen. 3 Bier und 3 konyagi gekauft. Mit Hassan unterhalten, der positiv auf mich einwirkt, ich solle nicht in Panik geraten. Ganz tansanian style. Ein junger Trinker mit hübschem ornamentalen Narben im Gesicht und zwei pubertierende Verrückte verabschieden sich von mir mit hysterischen, Angst einflößenden Gesten in schauspielerischem Pathos – scheinen von mir angezogen zu sein.

17. 9. 04, Kisiju. Gestern wieder beim Captain gewesen, der sagte, es dauert noch mindestens 10 Tage, bis wir los können. Die Netze sind immer noch kaputt. Frustriert bin ich an den Strand zum Schwimmen gegangen. Der junge Jusuf zeigte mir einen Brunnen voller Süßwasserschildkröten, und wir aßen die Früchte der Keshonussbäume, die gerade reif werden. Sie

sind süß und aromatisch. Köstlich. Danach der endgültige Entschluss, nach Kisiju aufzubrechen. Die ganze Nacht über sang ein Verrückter, und ich nahm einen Teil seiner Lieder auf. Kalulu hat eine 4-Zimmer-Hütte angefangen zu bauen, ich helfe ihm dabei, und er hilft mir, die Tiere zu finden. Sitze im Zimmer von Kalulu und seiner Frau und schlafe mit ihnen in einem Bett. Das neue Zimmer ist klein, aber mit Toilette vor der Hütte. Vor Kisiju liegen Inseln, die ausschließlich von Fischern bewohnt sind. Kwale und Koma. Da will ich hin, die Leute fragen. Die Alten im Dorf, so sagt Kalulu, erzählen manchmal Geschichten von nguva, daher kennt er die Tiere, aber gesehen hat er noch keines. Nachts saßen wir stundenlang mit anderen in unserem Alter und Jüngeren herum, kifften und redeten. Der kleine Mwenjenkiti hat mein Gastgeschenk (Thermometer) nicht verstanden, er sagte, er trinke keinen Alkohol. Bin in einer großen Runde aufgenommen worden, und Schwierigkeiten entstehen allein durch meine mangelnden Sprachkenntnisse. Ich kann Kalulu nicht einschätzen, er kifft sehr viel, aber er macht alles, was in seinen Kräften steht, damit ich mich hier wohl fühle. Auf dem Weg zu Kalulus Hütte singt fast jede Nacht im Hof einer Nachbarshütte ein Hexer. Er fängt nach Sonnenaufgang an und hört oft erst in den Morgenstunden auf. Erst singt er allein. Später irgendwann setzen seine 3 oder 4 Kinder im Chor ein. Shetani njoo, shetani njoo … (Satan, komm …) in endloser Schleife. Zombieske Gesellschaft!

Alles zusammen kostet die Hütte mit Einrichtung 90 000. Bei einem Übernachtungspreis von 2500 in einem Guesthouse wären das knapp 40 Nächte. Ich weiß nicht, ob ich so lange bleibe, aber die Sache selbst scheint in Erfüllung zu gehen. Bis Anke kommt, ist alles fertig gebaut und eingerichtet. Nur noch Kleinigkeiten wie doppelte Lehmschicht auf den Wänden außen (der vordere Bereich) und in unserem Zimmer die Decke, damit es vor Ratten geschützt ist. Die Toilette und das Bad macht Kalulu. Selbst zum Schlagen des pau konnte ich nicht im tumbwi mitfahren, da es sonst zu eng werden würde, um die Last transportieren zu können. Jedes Stabbündel von einem anderen Lieferanten, da sie an unterschiedlichen Orten geschlagen werden.
pau 10 000
fito 8000
kamba, nails, nondo
ukuta
barazza
choo cha kunja, choo cha kuoga …
mjensi 10 000
kipaa 10 000
madi 20 000
2 milango wambao 8000
3 Innen 6000
6 Fenster, Bett, Stuhl

Heute, Samstag, der 18. 9. 04. Ngoma wie auch schon letzte Nacht und auch der Hexer mit seinen Kindern sang wieder. Ich sitze den zweiten Abend unten am Hafen am Raucherplatz. Die Leute kiffen fast alle mehr, als dass sie trinken. Zu teuer. 1500 Einwohner, sagt Kalulu und auch für

ISSA MATONA
DOLBY SYSTEM

Anke sicher. »Die Bösen werden, wenn wir sie kennen, der Polizei übergeben oder: Wenn wir sie nicht kennen, bringen wir sie um.« Kurz schwimmen in brauner Brühe. Zurzeit wenig Fisch und keine madafu und keine ndizi. Neue Namen und viele Gesichter nur im Dunkeln. (Schlägerei!). Finde bei Nacht den Weg alleine noch nicht zurück. Einige giftige Tiere: grüne Mamba, selten Kobra, Skorpione und in der jetzt kommenden Regenzeit auch Löwen. Ansonsten springen 3 verschiedene Affenarten herum, und in direkter Nähe sind Hippos, Krokos und Leguane. Momentan wenig Moskitos und dennoch schon ein Dutzend Mal gestochen worden. Ich schlafe gerade länger und will nicht immer um 6 raus. Morgen müssen Kalulu und ich nach Dar Geld holen und Baumaterial kaufen: Metallstangen für die Fenster, Moskitogitter und Zement. Preise ausgehandelt und angefangen zu bauen. Die zweite Nacht zu dritt in einem Bett. Aufgestanden, gelernt und angefangen, fito zu schnüren. Habe viele Blasen an den Händen und einen kleinen Sonnenbrand. Der Mjensi kam heute nicht vorbei, und als wir um 13.00 Uhr unterbrachen, hatten wir vor, um 16.00 Uhr fortzufahren. Aber Kalulu lud Frachten ab, und so machte ich alleine weiter. Habe mich auch geärgert, weil ich Adidja 3000 Sh fürs Essen heute Morgen gegeben habe und Kalulu mich kurze Zeit später um 500 und gerade um weitere 500 bat. Ich gab ihm das Geld und sagte dazu, dass, wenn er mich noch einmal anhaut, ich meine Sachen packe und gehe. Morgen wieder früh aufstehen und zum Mjensi gehen, damit er beginnt, das Dach zu machen. Alles wie abgesprochen. Der Mjensi macht das Dach und auch die barazza für 10 000 und ist morgen Abend so weit, dass wir auch schon nazi fürs Dach vorbereiten können. Es kennen schon viele meinen Namen, und aus jeder Ecke höre ich sie schreien. Meinzimani, Meinzimani, Meinzimani … Überall im Dorf. Weiß schon jetzt nicht, ob ich hier glücklich werde. Kalulu raubt mir die Nerven. Er ist sehr freundlich, aber scheint wirklich nicht der Hellste zu sein, obwohl er, ohne jemals auf die Schule gegangen zu sein, Lesen und Schreiben gelernt hat, und auch sein Englisch ist ausreichend für eine Unterhaltung. Mein Traum war, eine Hütte zu bauen, und wir bauen sie gerade. Ich habe keine Angst mehr vor den Leuten. Für den ngoma war ich zu müde, und es fing auch erst um 24 Uhr an. Ich bin weg und doch irgendwie traurig, weil ich noch nicht alleine sein kann.

Mtoni/Mtongani, 19. 9. 04, Jumapili. Die Fahrt nach Dar war umsonst, denn die Läden hatten nicht auf. Geld abgeholt und mit Anke telefoniert. Sie war sehr müde und verkatert, und ich hatte ein komisches Gefühl. Enttäuscht machte ich meinem Unmut bei Kalulu Luft und sagte, dass ich das Hausbauprojekt nicht so weiter mache. Es ist mir zu teuer. Doch die außergewöhnliche Situation, das Leben mitten unter den Leuten, Adidjia I und II, Ashule, Kulwa und auch die Jungs am smoking place, Asmani, Abdullu, Omari, die Arbeitslosen, sie mögen mich. Ich genieße das Leben in ihrer Gemeinschaft, und so verzeihe ich viel Dummheiten. Adidjia fürchtet die mchawies (böse Hexer), weil Entwicklung immer verhindert wird. Ich kann sie beruhigen, und mein Lächeln macht sie wieder froh, schenkt ihr Mut. Ich sage ihr, ich sei auch so etwas wie ein Hexer und hätte die Kräfte von einem mchawie oder mganga. Insgeheim bin ich

neugierig, was die nächsten Tage in dieser Hinsicht noch passiert. Dennis ist gestorben.

Montag, 20. 9. 04. Sechs Stunden lang fito gespannt, dann die Türen, die Fenster, das Dach und den Lehm bestellt. Schaufeln und Hacken organisiert. Die Größe der Fenster weiß ich gerade nicht. 120 x 80 cm als harmonisches Maß? Adidja kocht jeden Tag was anderes, und es schmeckt sehr gut. Nach dem Essen gehen Kalulu und ich immer nochmals zum Hafen runter. Die Huren vom Gongoladen waren spät noch vorbeigekommen. So ungezwungen und selbstbewusst. Es ist eine Wohltat. Keine Scham, keine Zurückhaltung. Ich habe gesagt, ich wolle beim Herstellen des nächsten Schnapses dabei sein.

Dienstag, 21. 9. 04. Heute gehen wir Krokodil, einen großen Leguan oder ein anderes Tier mit Jesaja bei den Makonde auf dem Markt kaufen. Sie leben nur 15 Minuten Fußmarsch entfernt in einem eigenen Teil des Dorfes. Je länger ich da bin, desto weniger stört mich Kalulu mit seiner Art, und es wächst der Respekt. Er übersetzt, sooft und so gut er kann, und ist dabei immer freundlich und zuvorkommend. Die Schaufeln hat uns der mwenjenkiti geliehen. Gestern wollte der Nachbar Mbwana, den brother in law, mit einem Gitterstab erschlagen. Es konnte aber gerade noch verhindert werden. Schon das dritte Mal Streitereien miterlebt. Zuletzt am smoking place. Der Kioskjunge und einer mit einem freundlichen Blick, der versuchte, der Konfrontation zu entkommen, sich dann aber doch wehren musste. Er wurde mit einem Stein ausgeknockt.

Schon wieder habe ich meine Habseligkeiten irgendwo liegen lassen, vergessen und wieder bekommen. Diesmal meine Kamera. Es scheint so, als ob ich jetzt doch endlich meinen Verstand verliere. Habe den Hai nicht runterbekommen und großen Hunger.

6. Nacht, Kisiju. Ich schlafe wie ein Stein. Kalulu hat mir verraten, dass er gestern neben mir glücklich gemacht worden sei. Meine Launen werden immer unberechenbarer, aber außer Kalulu bekommt wohl keiner was mit. Auch er nicht! Ich drifte langsam in die Fremde hinein, stehe auf aus unserem Lager, baue, sitze, rauche und mache Fortschritte in Suaheli. Tauche unter in Kisiju und weiß, mit der neuen Hütte könnte ich hier länger bleiben und habe erreicht, was ich wollte. Sirenenglück. Keine Insel, aber eine Bucht zwischen Welten, die mir nicht Heimat genug sind. Die Erschöpfungen des Tages machen mich stumpf, doch ich grinse dabei. Noch drei Tage und ich muss wieder weg. Bis dahin bleibt mir noch der Zaun, die barazza zu bauen und die Toiletten zu graben (ich bin auf 2.50 m) und die Fenstergitter, Moskitonetz und das Dach zu kaufen.

Donnerstag, 23. 9. 04. Die Nacht wenig geschlafen. Weiterhin ohne Anke mache ich mir Sorgen um mich. Nicht mehr lange. Bald. Kalulu fragte mich gestern Nacht, ob ich ihn nach Deutschland mitnehme. Das war für mich zu viel. Er ist dann doch wie alle anderen. Ich trage hier eine Verantwortung, aber ich habe nicht das Gefühl, dass, wenn ich weg bin, ich auf Briefe antworten will. Rette mich. Msungu give me money, I want to leave my family and want to go to Germany.

Ich möchte am liebsten meine eigene Hütte. Und wenn es Probleme gibt, dann habe ich zu Hassan und Jonathan mehr Vertrauen, da diese bisher nie unverschämt wurden. Die Nähe durch die Nächte zu dritt ist nicht vergessen. Doch ich würde sehr gerne alleine schlafen und verbringe meine Nächte hier nur gezwungenermaßen zu dritt bis zum Ende des Baus der Hütte. Meine Nguvasuche war bisher erfolglos, doch hier bin ich noch nicht mal so weit gekommen, dass ich in näheren Kontakt mit den Fischern kam. Kalulu will nur die Hütte und … Ich will die Nguvasuche von meiner eigenen Hütte starten.

Bin meinen Wirrungen untertan, Unschlüssigkeiten, Unklarheit, Unoffenheit, Unmut. Schlange fraß Ratte. Bushbaby schreit.

24. 9. 04, Freitag (Ijumar). Der gestrige Tag war irgendwie wieder toll, obwohl in Maputo wieder nix zu essen war, dafür aber ulaka aus Keshonussfrüchten, was wie neuer Wein schmeckt. In der Runde mit den lächelnden angespitzten Zahnreihen auf ornamentalem Grund konnte ich gar nicht genug davon in mich hineinschütten. Ein junger Hamburger war mit seiner Freundin im Dorf, und wir waren gongo trinken. Der Papayaschnaps im Puff ist lecker. Im Hexengeschäft heute noch mal nachfragen wegen der Sirenentränen.

Der Jäger brachte mir einen großen Adler. Er wollte mir eine Freude machen und hat ihn mit einem Stein erbeutet. Das Tier hatte dabei ein Auge verloren und sein linker Flügel war komplett zertrümmert. Mit einer Spannweite von fast zwei Metern jagt der Vogel Schlangen, und selbst Affen oder kleine Schweine fallen ihm zum Opfer. Jetzt kläglicher Anblick. Ich musste das Geschenk ablehnen, denn weder kann ich das Tier zubereiten, noch hatte ich Kalulu und Adidja auf meiner Seite. Beide hatten Angst. Danach gingen wir auf ein Trommelfest, das die ganze Nacht andauerte. Doch um 2 war ich erschöpft, obwohl mich die Mädels mit ihren rotierenden Hintern schon in Trance geschaukelt hatten.

25. 9. 04, Jumamoshi. 5 Uhr raus zurück nach Kilwa. Hassani ist mit seiner Crew schon ausgelaufen, kommt morgen aber noch mal zurück. Mit Anke telefoniert. Bin glücklich, denn es geht ihr gut.

26. 9. 04, Hotel Wasahi (Rose), Sonntag, Jumapili. Der Doc und ich waren mal wieder am Masoko Pwani. Hassani, sagte ich, müsse noch fünf Tage warten. Das Boot sei kaputt und die Netze müssen repariert werden. Jetzt geht mir die Luft aus! Zum Hexer Kipelele gegangen, der sagte, er kommt und organisiert bis dahin einen anderen. Stoni getroffen, der organisiert wieder anderen. Hassan und Jonathan zeigten mir neuen plot für drei Millionen (!!!) Ich kann nicht mehr! Warten. Warten. Warten. Warten. Warten. Warten. Warten. Subiri. Subiri. Subiri. Subiri. Subiri. Subiri. Subiri … Onaniert (zweimal). Nichts hilft mehr. Menükarte weiter gemalt. Ausstellung im Restaurant abgehängt. Es waren schon neue da, einfach drübergehängt. Odyssee gelesen. Bangi kaufen lassen! Jetzt tut mir der Schwanz weh, ist stark entzündet, seit Wochen. Subiri, subiri, subiri. Wäsche und drei weitere Postkarten. Subiri.

Noch einmal Postkarten gekauft.

27. 9. 04, Montag. Captain Stoni kam. Morgen früh soll Captain Abbas kommen. Der fischt mit einem großen Boot jeden Tag in der Umgebung und kommt dann wieder zurück. Gelernt, wie man aus Kokosnussblattwerk und einer anderen Palmblattart verschiedene Körbe flechten kann. Irgendwie habe ich noch Hoffnung, Sirenen zu sehen, auch wenn alle sagen, ich müsste beten, sonst geht nix. Zu Allah, der eine, zu Gott (Jesus), sagt Doc, und der Kipelele singt jede Nacht zum Teufel hin.

Dienstag, 28. 9. 04. Wieder im Hilton. Warten! 11 Uhr, lerne Suaheli, habe schon gewaschen, Sandalen repariert, Körperpflege betrieben (ich lasse mir einen Bart stehen), Hose kürzen lassen, Wasser und pipi gekauft. Omari war die letzten Tage da und hat die Fotos abgeholt, die ich in Dar entwickeln ließ. Komme mir vor, als ob ich meine Zeit vergeude, und könnte mich auch entspannen, wenn ich nicht ständig warten müsste auf irgendeinen, der am Ende nicht auftaucht.

Ich freue mich jeden Tag, wenn er vorbei ist. Will Anke diese Warterei nicht zumuten. Vielleicht ist die Zeit wichtig, um verstehen zu lernen, dass nichts funktionieren muss. Ich wüsste aber auch nicht, wie ich das Warten verhindern soll. Ich will Fischer kennen lernen, sie begleiten und schaffe es einfach nicht. Nach zwei Monaten kein sehr positives Ergebnis. Nur die Hoffnung, dass ich hier wenigstens mein Residentpermit bekomme. Durch Warten! Bin so enttäuscht, weil ich dachte, ich könnte etwas Gutes tun und es wäre ein kleiner Zusatzerwerb für die Fischer, doch sie gehen darauf nicht ein. Vielleicht mache ich ihnen Angst, denn es ist eine große Verantwortung, auf einen Weißen aufzupassen. Sie scheinen nicht in der Lage zu sein, ihre Versprechen einzuhalten. Der Doc bekam gestern Antilope zu seinen Spaghetti, obwohl Jonathan sagte, dass es kein Wild gäbe. Obwohl ich die beiden so oft bat, mir eine außergewöhnliche Speise vorzusetzen, gibt es für mich ausschließlich Fisch und Reis.

29. 9. 04, Mittwoch. Die Menükarte ist ohne Preis geblieben und so wird sie von ihnen mit Kuli komplettiert, was sicher nicht gut aussieht und meine Mühe ad absurdum führt. Ich verstehe die Leute nicht und habe keinen Rat. Der Doc sagt, es ginge ihm genauso und das Küstenvolk sei besonders schwierig. Es gibt keine andere Erklärung, als ihnen Dummheit zu unterstellen. Habe geträumt, meinen Vater umgebracht zu haben. Ich erinnere mich sehr selten an Träume. Ich sagte ihm, ich würde ihn hassen.

Somanga: Von Mitternacht bis 4 Uhr morgens kommen die Tiere von der Hochsee zum Grasen. Die Tränen sind wie Harz. Kama mtomwu. Mzee Bakari Mohani (»Billy Ocean«). Das Kalb wird drei Tage von der Mutter gestillt, danach gibt sie keine Milch mehr. Es gibt einen Hexer in Pombwe namens Rashid Asmani Para, ein Sirenenspezialist. Diesen Hexer werde ich auch nach Tränen fragen. Morgen um 7 nach Pombwe.

30. 9. 04, Donnerstag, Alhamisi. Bin früh aufgestanden und auch früh zu Bett gewesen. Es regnete und war stürmisch und doch zog ich mich an

und machte mich auf zum Markt was frühstücken. Mein Darm spielt noch immer verrückt. Benommen stehe ich neben mir und empfange die Nachricht von Mohani, die ich erwartet habe: Heute geht's nicht. Erschöpft falle ich zurück ins Bett und schlafe bis 10.00 Uhr. Vielleicht werde ich auch gerade krank. Geschlafen, gemalt, Kaffee getrunken. Jetzt sieht die Welt wieder besser aus. Pili vertreibt mir die Laune. Sie ist immer am Scherzen und tanzt für mich, würde mich am liebsten verführen.

31. 9. 04, Freitag (Ijumar). Maji wumbi sana. 1 Meter Sicht, mehr nicht. Von 8.00 bis 12.30 mit Abdalla und Telemani auf See. Die beiden ruderten, während ich saß und Wasser schöpfte. Die 30 min im Wasser waren irre. Immer wieder Untertauchen ins grüne Trübe. Blind! Viel Wellen. Das tumbwi ist größer als das von Stoni, aber es leckt an vielen Stellen. Übermorgen nach Pombwe zum Hexer. Die zwei wissen nicht hundertprozentig, wann wir los können, es stürmt. Den Hexer fragen: Der weiß immer Bescheid! Der ist Spezialist!!! Die Bücher sind nass geworden. Habe alle Bilder wieder behandelt und mit Silber überzogen und ... Bei lautem Matona (tansanian Elvis) gezeichnet. Pili sang dazu laut mit und hat mir 'ne Cola mitgebracht.

Jumamosi: Drei Leute fragten mich nach Geld für was zu essen. Meinen Fischer Abdalla schickte ich ins Café Olympic, 300 solle er aufschreiben lassen, denn ich bekomme eh noch 500 von gestern. Die zerstörten Bilder weiterhin versucht zu retten ... doch das eine ist irreparabel zerstört. Schade, denn es war eines der Schönsten und ich habe so lang daran gearbeitet. Die Leute am Strand informiert, dass ich für jede Träne 1000 Sh gebe. Die machen jetzt die Runde, und ich muss nur noch warten können, spätestens bis ich mit Anke wiederkomme. Mit Maunga am Strand gewesen und einen großen Bärenkrebs für 300 Sh gekauft, also 30 Cent für so was wie einen Lobster; der Geschmack ist fast der gleiche.

Tansanianisches Moskitoabwehrmittel gekauft für morgen, da es in Pombwe sehr viele Moskitos gibt und ich schon mehrere Male gewarnt wurde.

Meine Uhr hat Aussetzer beim Datum. Heute Morgen ging wieder alles schief! Lange im Café gewartet. Maunga sagt, die sind noch nicht mal so gescheit wie Affen, denn Affen fressen wenigstens genug. Traue keinem, der kein Gehirn hat (Mahani, kein Gehirn, Abdalla, kein Gehirn), und sie trinken gongo, der aus Altkleidern mit Zucker gebrannt wird. Kali sana. Mzee Kitchapua hat auch kein Hirn und raucht von morgens bis abends bangi. Kiondo getroffen, der hatte gerade so ein Hirnproblem. Er wollte eine Fischerlizenz von einem Kapitän, der hatte keine und sagte, er bezahle sie später, wenn er wiederkommt und was gefangen hat. Als er zurückkam, will ihm Kiondo selbst die Fische abkaufen und bekommt aber nur die kleinen für einen überhöhten Preis von ihm angeboten. Anstatt Kiondo für seine Gutmütigkeit zu belohnen, einen Tritt: kein Gehirn.

4. 10. 04, Montag. Nichts, rumsitzen, lesen ... Odyssee beendet. Die Sirenen kommen mir irgendwie zu kurz, dafür dass es die berühmteste literarische Quelle ist und andere Ungeheuer weitaus länger beschrieben werden,

und doch war es eine Wohltat. Im fernen Land sitzend mit fremden Gerüchen, Geräuschen, die Gesänge lesend, ein bisschen Odysseus sein und Abenteuer bestehen. Nur ist mein Abenteuer die Degenerierung hin zur absoluten Untätigkeit, zum nichts mehr Tun. Hätte besser ein taoistisches Lehrbuch mitnehmen sollen.

Jackson kennen gelernt, der mich an betrunkenen Fischer vermittelte, der wiederum Captain Anzar kennt, der jeden Tag im richtigen Gebiet fischt. Auch Jackson sagt, die Leute von der Küste sind was ganz Besonderes, da sie nicht arbeiten wollen und für ihr Nichtstun Geld verlangen. Unverständlich! Mittlerweile glaube ich Maunga: Die meisten haben kein Hirn. Es ist nicht leicht, die mit Hirn ausfindig zu machen, da die Grenzen fließend sind. Der menjenkiti selbst, Bakari Nguyu, hat mir meinen Zettel gegeben, und morgen gehe ich auf das Boot von Mzee Ali Mketo nach Pombwe. Pombwe ist nicht auf Karten verzeichnet, und von vielen Leuten wurde mir abgeraten, dorthin zu gehen, denn, so sagen sie, da sind die Wilden, und es gibt kein Gesetz. Ein wenig beunruhigt mich das schon, aber die Leute vom Boot werden schon auf mich aufpassen, und Mzee Mketo ist ein Weiser.

5. 10. 04, Dienstag. Früher Morgen Aufbruch. Ich sitze mit weiteren 4 Frauen und ihren Kindern im Segelboot. Erst fahren wir Smeja an, 10 000 für Hin- und Rückfahrt. Übernachten soll ich mit den Fischern in einem Lager. Das Lager ist ein Rattennest, und das Dorf eine halbe Stunde zu Fuß von der Anlegestelle entfernt. Eine Häuser-/Hüttenreihe von 100 Metern Länge. Der mwenjenkiti ist nicht da, auch Para nicht. Habe mir bei der Fahrt die Haut schwer verbrannt. Glühe, erschöpft, stinke, klebe und weiß nicht, wo ich schlafe. Der Fisch liegt überall zum Trocknen aus. Ein Mungo hat sich gerade gezeigt. Gestern wurde ein Fischer in Somanga von einem Flusspferd angegriffen und schwer verletzt. Meine Wertsachen stehen in einem der offenen Palmwedelverschläge rum. Es gibt kein Wasser. Unzählige kleine Ameisen und die Moskitos beißen. Die Netze haben wir unterwegs ausgeworfen und schauen morgen nach dem Fang. Durchhalten. Sirenenheim im Ungewissen. Warten in absoluter Ermattung.

6. 10. 04, Mittwoch. Auf meiner kleinen Matte mehrere Male die Nacht über aufgewacht. Warme Coca Cola zum Frühstück und eine Zigarette. Der Kleine raucht meine Stummel auf. Neben mir kommen handtaschengroße Krebse aus ihren Löchern und holen sich die Fischreste. Schildkrötenkadaver liegen überall herum und süßer Hauch von Verwesung verleiht dem Platz seine Aura: ein eigenartiges Abenteuer, diese Nguvasuche. Die Leute sagen, auch hier wird das Tier selten gesehen und noch seltener gefangen. Wahrscheinlich gibt es fast keine mehr und man kann das Tier als ausgestorben betrachten. Unzählige ganz kleine Fliegen stören mich beim Lesen und wollen in meine Nase und meine Ohren krabbeln. Das Schönste war gestern Nacht die Rückkehr von Pombwe zum Lager. Leuchttierchen, die zu tausenden in den Mangroven sitzen und sie funkeln lassen wie Weihnachtsbäume, nur viel prächtiger. Ich stelle mir vor, zu Weihnachten werde ich mir ein paar fangen, um mit Anke irgendwo rumzusitzen und uns am Blinken zu berauschen.

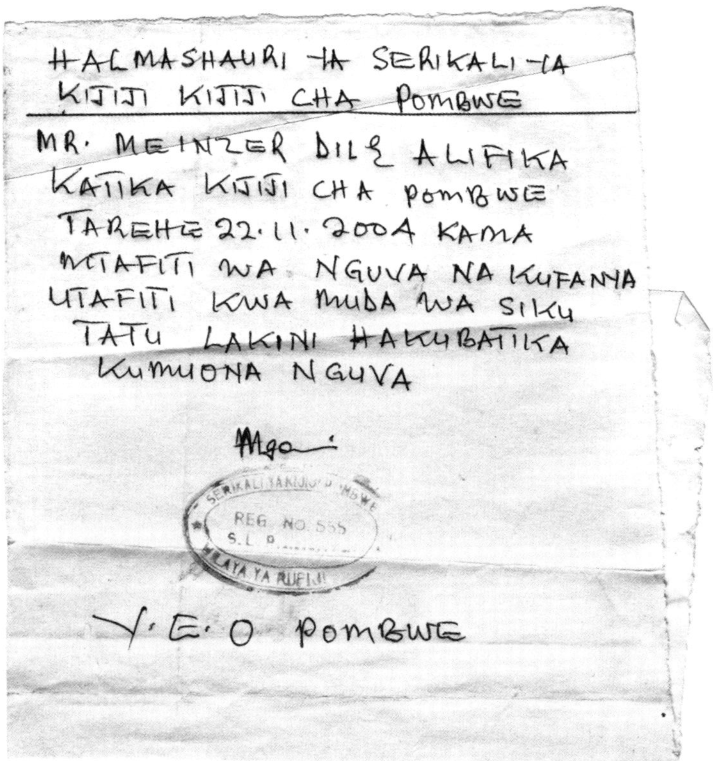

HALMASHAURI YA SERIKALI YA
KIJIJI KIJIJI CHA POMBWE

MR. MEINZER DILE ALIFIKA
KATIKA KIJIJI CHA POMBWE
TAREHE 22.11.2004 KAMA
MTAFITI WA NGUVA NA KUFANYA
UTAFITI KWA MUDA WA SIKU
TATU LAKINI HAKUBATIKA
KUMUONA NGUVA

SERIKALI YA KIJIJI POMBWE
REG. NO. 555
S.L.P. ....
WILAYA YA RUFIJI

V.E.O POMBWE

Alternativ Rat der Regierung
Regierungsvertreter des Dorfes Pombwe, im Bezirk Rufiji am Meer

Captain Ibrahim zeigt mir eines der kleinen grauen haarigen Tiere und sagt, die fressen sich nachts beim Schlafen unter die Fußnägel, die sich dann entzünden und abfallen. Das Radio rauscht die ganze Nacht hindurch, manchmal ließ sich ein Gebetsgesang erahnen.

Pombwe: Kuba – Suni – Kilambani. Pombwe hat drei Ortsteile. Kata kiongaroni-tarafa mwbera na suni. Schweißgebadet, schwindelig vor Entkräftung wate ich stundenlang Ibrahim hinterher. Den 10-l-Trinkwasserkanister auf dem Kopf knietief durch die Wasserstraßen in den Hohlwegen des Sumpfes nach Suni. Mr. Asmani, der Sekretär des mwenjenkiti, lädt mich morgen zu sich zum Schlafen ein, um meine Sicherheit zu gewährleisten. Mr. Pesa ist mein Führer für die Suche im tumbwie. Zusammen rudernd den Sirenen entgegen. Captain Ibrahim hatte Angst um mich im Lager. So bin ich eine Nacht bei Mr. Mduwa und seiner Familie, dann die weiteren Nächte bei Asmani.

Stürze, falle, grau.

Leo Alhamisi. Waren mit dem Tumbwi von 7 bis 15.00 Uhr auf See. Die Fahrt begann auf schmalen Schneisen durch den Mangrovensumpf, wo über uns verschiedenste Vögel und Affen kreuzten. Das Rudern war sehr anstrengend, und ich verbrannte meine Haut gänzlich. Sie glüht jetzt frisch gewaschen im Hof von Mr. Asmani. Es gibt nur salziges Wasser zu trinken, ich trockne aus. Keine Verbindung über Land aus dem Sumpf. Um 5 aufgestanden, einstündiger Fußmarsch durch die Dunkelheit durch den Sumpf, von Kilambani nach Suni. Salzigen chai und Bohnen mit Zucker. 1 Stunde weiter bis an die Wasserkanäle. Fischer haben eine riesige Schildkröte erbeutet, die langsam im Einbaum verblutet. Asmani hat zwei Frauen und zwei Kinder. Ich schlafe in einem richtigen Bett anstatt auf der Erde mit der Matte oder auf Kambaflechtbett. Nguva wieder nicht gefunden, obwohl ich über 2 Stunden durchs Wasser getaucht bin. Weit auf offener See, bestimmt 2 km vom Festland entfernt. Es überkommt mich manchmal panische Angst beim Hinabtauchen ins dunkle trübe Unendliche. Die See war heute ruhiger und die Sicht unerwartet gut (2 Meter). Die Stelle war ideal, weil Seegras wuchs, in großen Wiesen. Mein rechter Fußzeh ist vereitert und schmerzt: Weiß nicht warum und ich weiß auch nicht, wie ich meine verkohlte Nase schützen soll. Die Leute fischen mit Dynamit, und so sind die Sirenen in den letzten Jahren auch hier selten geworden. Der Hexer ist nicht da, um ihn nach Tränen zu fragen. Es wird Nacht. 7 Stunden rudern, 2 Stunden schnorcheln, zurück, und dann kommen die Moskitos und greifen an!

8. 10. 04, Freitag. Sehr viel auf See. Ich halluziniere Richters Seestücke. Das Wasser und das rhythmische monotone Paddelgeräusch. Der Himmel und die Hölle werden miteinander verbunden. Die Sonne, die Wolken, das Dunkle, über das wir hinweggleiten. Das Blut von der Schildkröte hat das Boot besudelt, und es stinkt furchtbar. Weiterrudern! Ideales Wetter! Keine Wellen, kein Wind! Was mache ich da im Wasser? Stunden über Stunden rudern, stundenlange Planwasserbeobachtung, und ich habe Glück. Wir hörten sie Luftholen mehrere Male und einmal tauchte ein

Tier nicht weit vom tumbwi entfernt auf, doch zu kurz, um es erkennen zu können, aber es war gewiss kein Kassa, von denen es an dieser Stelle gerade so wimmelt. Große Tiere spielten an der Oberfläche. Haie waren anhand vieler Finnen zu erkennen, und andere große Fische ließen das Wasser aufkochen durch die Jagd. Die Sonne fordert ihren Tribut. Mein Organismus macht mit den Strapazen nicht mehr mit. Alles dreht sich, vertieft sich. Das Boot kenterte kurz vor Land, und wir konnten uns und die Sachen gerade noch retten. Die Kamera war gut eingepackt und erlitt keinen Schaden. Meine Lippen sind aufgeplatzt. Die Augen wachsen zu. Meine Sandalen sind kaputt, und ich laufe barfuß. Weil es so heiß ist, leiht mir Mduva seine Sandalen bis Pwani. Morgens Bohnen, abends Fisch. Salziges Wasser, keine Früchte, außer madafu, keine Toiletten, aber Pisshütten, die auch zum Duschen benutzt werden, ein Palmwedelverschlag mit Untergestell aus fito, eine Mückenquelle. Eine Stechteufelbrutanlage. Man zappelt hysterisch beim Pinkeln und schlägt nutzlos um sich. Ein typisches Gebiet für Colera in Regenzeiten, wo keiner raus und rein kommt als über die lange Seestrecke. 60 Kinder kamen aus Jaja zum ngoma. Ich schlief kurz nach der Großspeisung ein und wachte von den Gesängen zwischen 2 und 3 Uhr morgens auf, ein bisschen verrückt setzte ich mich zu ihnen und machte bis in die Morgenstunden Tonaufnahmen. Von da an schlief ich im Haus von Mr. Juma nee, dem mwenjenkiti. Ratten haben meine Seifendose zerfressen. Mein ganzer Körper ist übersät von juckenden Bissen und Stichen. Bin am Ende. Letzter Fußmarsch durch die dünnen kochenden Wasserstraßen im Mangrovenhohlweg. Das Wasser, das ich mitgeschleppt habe, ist bis auf einen halben Liter aufgebraucht. Meine Kleider liegen steif vom Dreck, Blut und Salz über mir – Wunde.

Bin aufgeregt. Montag, der 11. 10. 04. Bin nur zum Waschen, Reinigen und Biertrinken und Warten auf die Fotoentwicklung gekommen. Kann nicht mehr schlafen und merke, wie lange ich alleine gewesen bin. Trinke noch mehr Bier und kaufe Früchte für Anke. Präpariere das ganze Zimmer, schmücke es, lasse Blumen bringen. Noch mehr Bier getrunken. Es mit Onanieren und Kiffen probiert. Hilft wieder nicht. Die Kleider werden nicht mehr sauber, mein Mund gleicht einem vereiterten Loch, und während mir der Schweiß aus allen Poren spritzt, denke ich, es ist Sommer, freue mich, Anke ist gleich da. ❑

Fichte